金融の仕組みがすべてわかる《金融英語入門書》

基礎からわかる
金融英語の意味と読み方

Financial English

西村信勝
清水和明
ジェラルド・ポール・マクリン
＝共著

まえがき

　急速に進むグローバル化の影響なのか、書店にはビジネス英語の本やTOEIC、TOEFLなどの受験対策本が所狭しとばかりに並べられています。金融英語の本も増えてきています。それだけ英語に対する需要が増えてきていることを感じます。英語に限りませんが、外国語をマスターするには忍耐力が必要です。少しずつではあっても、毎日、英文を読み、書き、そして聞く訓練をすることです。語学のマスターにマジックはないというのが私の実感です。金融英語も同じだと思います。ただ単に金融に関連した単語を理解するのではなく、極力多くの金融に関する本や雑誌、新聞を読むことによって、英文全体の中で金融英単語や熟語を身につけていくという正攻法が、最終的には勝利すると思います。

　この本にはいくつかの特徴があります。まず、内容は極めて初歩的なのですが、金融の基本から金融市場の将来まで極力幅広い金融分野をカバーしたことです。金融商品などの詳細は日本語で書かれた専門書や解説本を読んでいただくという前提で、この本ではカバーする範囲に重点を置きました。そして、原則として、一つの節を見開き2ページで完結させました。左のページで、その節で採り上げている項目について英単語を挿入しながら解説し、右のページで関連英文と訳例、キー・ワードの解説をつけました。この方法をとることで、読者の皆さんが当該項目に関して一応の理解をした上で、英文を読むことができると考えました。掲載した英文はマクリン先生に作成していただいたものに加え、インターネットからも抜粋しました。

　二つ目の特徴は、新聞や雑誌から抜粋した比較的長文の英文を、「力試し」として各章の終わりに掲載したことです。それほど難しい英文ではないので、復習も兼ねて挑戦してみてください。また「コーヒー・ブレーク」は、楽しみながら、M&Aや人事などの分野でよく使われる単語を理解していただければとの思いで書きました。

　三つ目の特徴は、巻末に極力多くの英単語を索引として掲載したことです。この索引をうまく利用することで、この本をちょっとした辞書として使ってもら

えればとの希望をもって巻末の索引を作りました。

　当初の予想に反して、この本の完了までには1年以上という長期間を要しましたが、マクリン先生や清水和明さんと楽しく共同作業をすることができたことに感謝しております。その間、忍耐強くアドバイスをし英文の選択と訳も一部お手伝いいただいた編集の尾崎泉さん、出版を引き受けていただいた日興企画の竹尾社長に感謝申し上げます。

2003年3月　　　西村信勝

　西村さんから、金融に関する英語が分かるようになる本を書くので一緒に書いてもらえませんか、との依頼があったとき、予てから金融英語の分かりやすい参考書が非常に少ないと感じていたので、二つ返事で賛成しました。

　本書は、"これなら分かる"、をモットーに金融の入門書としても利用できるよう書いたものです。日本でバブルの清算が長引いている理由の一つに国全体として金融そのものに対する理解が足りない、という思いがあって次のような観点からも実務家の立場から解説を試みたつもりですが、どこまで達成できたかは必ずしも自信がありません。

　日本では第二次大戦中から戦後にかけて長く続いた金融統制と、為替管理のために海外と断絶された金融システムが出来上がり、金融制度や為替管理の自由化が進んでも行政指導のためになかなか欧米並みの自由な金融制度に追いつけない状態が続きました。これに加えて戦前からお金に関することは、最も関心がありながら汚れたこととして本気で取り組まない風潮もありました。こうした背景から日本では政治家、官僚、学者、一般の民間人の別を問わず、揃って金融オンチが多いという情けない状態になっていました。

　1980年代のバブルが崩壊した後、1997年末から大手の金融機関までが次々に破綻し、経済の血流ともいうべき金融システムが崩壊するのではないかという懸念が大きくなり、ようやく国会が収拾に乗り出したのが1998年の夏でした。しかし国会の実力者には金融の理解も知識も不十分で、政策新人類といわれた若手の議員の活躍により10月になって金融再生と金融機能早期健全化のための法律が成立し、破綻した長期信用銀行2行を国有化して、金融危機は一応収束

しました。このときの経験からみても、金融システムの重要性や不良債権のもつ意味を国民が理解することがいかに大変かが分かると思います。

このように金融に関する理解を深めるには、海外との違いや比較によって共通語の英語を通じて金融を分かりやすく解説した参考書があると便利ではないか、この本はこうした理解を深めるのに少しでも役立つことを願いつつ書かれたものです。

末筆ながら本書執筆にあたりいただいた関係者のご支援ご協力に感謝するとともに、永年にわたり国内、国外を問わず筆者を支えてくれた亡妻雅子に本書を捧げたい。

2003年3月　　　清水和明

目　次

まえがき　*iii*

第一部　金融の基本　1

第1章　金融とは　*2*
1. 金融とは　*2*
2. 金融システム　*4*
3. 通貨　*6*
4. 金利　*8*
5. 固定金利と変動金利　*10*
6. 為替1　*12*
7. 為替2　*14*
8. 金融政策　*16*

第2章　金融の担い手　*18*
1. 銀行　*18*
2. 証券会社　*20*
3. 保険会社　*22*
4. 投資信託委託会社　*24*
5. ノンバンク　*26*
6. 機関投資家と一般投資家　*28*

第3章　金融市場　*30*
1. 金融市場　*30*
2. 短期金融市場　*32*
3. 資本市場　*34*
4. 発行市場と流通市場　*36*
5. 証券取引所　*38*
6. 店頭取引　*40*

- 7 | 第3次市場と第4次市場 *42*
- 8 | 公募と私募 *44*
- 9 | 新規株式公開 *46*

□力試し1 *48*

第二部　金融商品（基本編） *51*

第1章 | 預金 *52*
- 1 | 流動性預金 *52*
- 2 | 固定性預金 *54*
- 3 | 当座預金 *56*
- 4 | ペイオフ *58*

第2章 | 貸付 *60*
- 1 | 商業貸付 *60*
- 2 | 担保貸付 *62*
- 3 | シンジケート・ローン *64*
- 4 | 消費者ローン/住宅ローン *66*

第3章 | 外国為替 *68*
- 1 | 外国為替とは *68*
- 2 | 直物相場 *70*
- 3 | 先物相場 *72*

第4章 | 債券 *74*
- 1 | 国債と地方債 *74*
- 2 | 普通社債、転換社債、ワラント債 *76*
- 3 | 仕組み債券 *78*
- 4 | ユーロ債と円建外債 *80*
- 5 | クーポンと発行価格 *82*
- 6 | 利回り *84*

7 | 債券の格付け　*86*

第5章 | 株式　*88*
1 | 株式会社　*88*
2 | 資本金　*90*
3 | 株主の権利　*92*
4 | 株主総会　*94*
5 | 普通株式と種類株　*96*
6 | 優先株　*98*
7 | インセンティブ・ストック・オプション　*100*
8 | トラッキング・ストック（業績連動株）　*102*
9 | 額面株式と無額面株式　*104*

第6章 | 投資信託　*106*
1 | 契約型投資信託　*106*
2 | 会社型投資信託　*108*
3 | オープン・エンドとクローズド・エンド　*110*
4 | 公社債投信と株式投信　*112*
5 | 不動産投資信託　*114*
6 | ロード・ファンドとノーロード・ファンド　*116*
7 | 運用手法　*118*
8 | オルターナティブ・インベストメント　*120*

第7章 | 保険　*122*
1 | 保険　*122*
2 | 生命保険　*124*
3 | 損害保険　*126*
4 | 変額保険と年金保険　*128*
5 | 第三分野の保険　*130*

●金融商品のまとめ（比較表）　*132*
□力試し2　*134*

第三部　金融商品（応用編） *137*

第1章 | デリバティブ *138*
- 1 | デリバティブとは *138*
- 2 | 先物 *140*
- 3 | 先渡し *142*
- 4 | スワップ1 *144*
- ▶ | コーヒーブレーク *147*
- 5 | スワップ2 *148*
- 6 | オプション1 *150*
- 7 | オプション2 *152*
- 8 | デリバティブのメリットとリスク *154*
- 9 | 仕組み商品 *156*

第2章 | 証券化 *158*
- 1 | MBS *158*
- ▶ | コーヒーブレーク *161*
- 2 | ABS *162*
- 3 | ABSの仕組み（その1） *164*
- 4 | ABSの仕組み（その2） *166*
- 5 | ABSのメリット *168*
- ▶ | コーヒーブレーク *171*

第3章 | M&A *172*
- 1 | M&Aビジネス *172*
- 2 | 合併と買収 *174*
- 3 | 会社分割 *176*
- 4 | M&Aのメリット *178*
- 5 | 会社価値評価1 *180*
- 6 | 会社価値評価2 *182*
- 7 | 精査 *184*
- ▶ | コーヒーブレーク *187*
- 8 | 株式公開買い付け *188*

□ 力試し3 *190*

第四部　リスクとリターン　193

第1章｜リスクの種類　194
1. 信用リスク　194
2. 市場リスク　196
   ▸ コーヒーブレーク　199
3. 法務リスク　200
4. オペレーション・リスク　202

第2章｜リスクとリターン　204
1. リターン　204
2. リスク　206
3. リスクの計測　208
4. リスクの分散　210
5. システマティック・リスク　212
6. 資本資産価格モデル　214
7. バリュー・アット・リスク　216
8. 株主資本利益率と経済付加価値　218
9. リスク調整後株主資本利益率　220
   ▸ コーヒーブレーク　223

第3章｜株式投資の実務　224
1. 株式総合利回り　224
2. ファンダメンタル分析　226
3. 株価収益率　228
4. 株価純資産倍率　230
5. 累積投資　232
   ▸ コーヒーブレーク　235
6. 株式指数　236
7. 内部者（インサイダー）取引　238
   ▸ コーヒーブレーク　241
8. 信用取引　242

□ 力試し4　244

第五部　金融マーケットの行方　*247*

1 | 不良債権　*248*
2 | 不良債権処理方法　*250*
3 | 金融機関を取り巻く環境の変化　*252*
4 | 低くなる業界の壁　*254*
5 | 新しい金融業へ　*256*
6 | 情報産業としての金融業　*258*

☐力試し5　*260*

英文索引　*267*

第一部

金融の基本

　お金を貸すのは銀行だけでなく、借りるのも会社に限りません。証券会社や保険会社など多くの金融機関がお金や為替、株式、債券などの市場で取引を行います。こうした取引を取り持つものは金利や為替相場、あるいは株式相場などで、これらの動きによって景気の良し悪しも左右されます。
　ここでは金融の基本として金融の担い手、金利や為替相場、金融のシステムから政府のとる金融政策、金融市場の種類などについて述べます。

1章 金融とは

1 | 金融とは
Finance, Financing

　お金の余っている主体（家計、企業、政府）を「黒字主体」(surplus unit)、お金が不足している経済主体を「赤字主体」(deficit unit) といいますが、黒字主体から赤字主体にお金を融通することを「金融」といいます。英語ではfinanceです。複数形のfinancesは「財源」、「財力」の意味となり、たとえば"It is unclear where the finances will come from for this plan."（この計画の財源がどこからくるのかはっきりとしていない）というように使います。また、動詞で使うと"finance a new venture"（新しい事業資金を調達する）のように「資金調達をする」という意味になります。形容詞のfinancialは「金融の、財務の、財政の」など「お金に関するもの」を指します。Financial institutionは「金融機関」、financial uncertaintyは「金融不安」、financial yearは「会計年度」となります。

　金融を学ぶと最初に出てくる言葉が「間接金融」(indirect financing) と「直接金融」(direct financing) でしょう。間接金融とは、銀行や信用金庫が預金 (deposit) の形でお金を集め、貸出 (lending) や国債購入等の形で運用 (investment) する、つまりお金の出し手である黒字主体とお金の借り手である赤字主体の間に銀行などの金融仲介機関 (financial intermediary) が介在している形態をいいます。一方、直接金融とは、黒字主体が赤字主体にお金を「直接」融通する形態です。会社が発行した株式 (stock, share) や債券 (bond, debenture) を投資家 (investor) が購入するのが典型的な直接金融です。通常は証券会社 (securities company, investment bank) などが仲介をしますが、証券会社の役割は基本的には「取次ぎ」(brokerage) であり、間接金融の仲介機関とは異なると考えられています。

　海外でもdirect financingという言葉がありますが、日本とは解釈が異なり、証券会社の「引受け」(underwriting) がなされた場合には、直接金融とはみなされません。"Direct financing: Financing without the use of underwriting."（直接金融：証券会社の引受けを介さずに必要な資金を調達すること。）(http://www.investorwords.com)

　右頁の例文にあるようにindirect financingという言葉は日本とアジアの一部では使われていますが、欧米では見当たりません。

● 英文で理解しよう

Several factors contributed to the slowdown in lending growth. First, domestic banks continued to aggressively write off past-due and non-performing loans and were more conservative toward new loans. …Fourth, the trend of direct financing continued to increase while indirect financing became less popular.

(http://www.gio.gov.tw/taiwan-website/5-gp/yearbook/chpt11-2.htm)

いくつかの要因で、貸出の伸びが鈍化している。ひとつは、国内の銀行が延滞貸出や不良債権を積極的に償却しているだけでなく、新規貸出に慎重になっていることである。(中略)四つ目は間接金融への需要が減少している反面、直接金融が引続き伸びる傾向にあることである。

Bank：An organization, usually a corporation, chartered by a state or federal government, which does most or all of the following: receives demand deposits and time deposits, honors instruments drawn on them, and pays interest on them; discounts note, makes loans, and invests in securities; collects checks, drafts, and notes; certifies depositor's checks; and issues drafts and cashier's checks.　　(http://www.investorwords.com)

銀行：通常は株式会社の組織体で、州または連邦政府の認可の下で以下の業務の大部分あるいは全てを行う：要求払い預金および定期預金の受け入れ、預金口座宛てに振り出された証券類の支払い、預金利息の支払い；手形の割引、貸出しの実行、有価証券投資；小切手、為替手形、約束手形の取立て；預金者の小切手の支払保証；銀行手形や預金小切手の発行。

英文読解のポイント

- 台湾のホームページからの抜すい。アジアではindirect financingがしばしば使われる。
- Write-offは「償却をする」、past-due loanは「返済が延滞している貸出」、non-performing loanは「返済不能となった不良債権」をいう。
- Honors instruments = checks and draftsを支払うの意。Instrumentsは「文書」を意味するがここでは証券類を指す、financial instrumentsは「金融商品」。
- Drawn on themは「口座宛てに振り出された」の意味。
- Certifies depositor's checks は小切手の券面上に銀行が支払保証をすることで「支払保証小切手」。Cashier's check は 日本の預金小切手。

1章 金融とは

2 金融システム
Financial System

　1988年10月に発表された国際決済銀行（Bank for International Settlements=BIS）のレポートのなかに以下の文章があります。

　"The Working Group on Strengthening Financial System sought consensus on principles and policies that foster the development of a stable, efficient financial system."（金融システム強化のための作業部会は、安定的で効率的な金融システムの発展を促進する原則・方針に関する合意を求めてきた）。そして金融システム強化の要因としてcorporate governance, risk management (including liquidity management) and safety net arrangement（企業統治、流動性リスクを含むリスク管理、セーフティ・ネットの設置）を挙げています（なお、詳細についてはhttp://www.bis.org/publ/othp01.htmを参照してください）。

　上記の英文で理解できる通り、金融機関が持つ決済機能（clearing function）や信用機能（credit function）など経済の血流ともいうべき金融に対する信頼や信認を支えているもの全体が金融システムといえます。この金融システムを担っているのが、中央銀行（central bank）、銀行・証券会社・保険会社などの金融機関（financial institution）、ノンバンク（non-bank finance company）、資金や為替のブローカー（broker）などです。さらに金融庁などの監督官庁（regulatory authority）、証券取引の場である証券取引所（stock exchange）や手形・小切手の交換決済を行う手形交換所（clearing house）、自主規制団体（self-regulatory organization）である銀行協会（Bankers Association）や証券業協会（Securities Dealers Association）なども金融システムの重要な担い手です。

　金融システムの中核をなすのが中央銀行ですが、日本では日本銀行（Bank of Japan）、英国ではイングランド銀行（Bank of England）が中央銀行に相当します。米国の中央銀行制度はFederal Reserve Systemと呼ばれ、ワシントンDCにある連邦準備制度理事会（Board of Governors of the Federal Reserve Systemで略してFederal Reserve Board＝FRBという）が中枢機関となり、この下に12の連邦準備銀行（Federal Reserve Bank）や連邦公開市場委員会（Federal Open Market Committee）が置かれています。

● 英文で理解しよう

Central bank : A government or quasi-government entity charged with the responsibility of setting and implementing a nation's monetary policy, as well as handling currency settlements. The central bank is the main regulatory bank of the country's financial system. Examples include the Federal Reserve System in the United States, the Bank of England in the United Kingdom, the Bundesbank in Germany, and the Bank of Japan in Japan.

中央銀行：一国の金融政策を策定・実施し、また通貨決済に責任をもつ政府ないし準政府機関。中央銀行は国の金融制度を監督する主要な銀行である。例としては、米国の連邦準備制度、英国のイングランド銀行（英蘭銀行ともいう）、ドイツのブンデスバンク、そして日本の日本銀行。

Banking Act of 1933 : A Congressional act designed to restore financial stability to the country during the Great Depression, through the creation of federal deposit insurance and the separation of commercial banking and investment banking through the Glass-Steagall Act.

(http://www.investorwords.com)

1933年銀行法：「大恐慌」の間に米国に金融の安定を取り戻す目的でつくられた議会法で、連邦の預金保険制度を創設し、グラス・スティーガル法による商業銀行と投資銀行の分離をその内容としている。

英文読解のポイント

- 中央銀行は、各国の通貨制度や金融制度の要ともいうべき存在。金融システム、通貨、金利の各項の説明を参照のこと。
- A government or quasi-government entity：各国とも、中央銀行は特別の法律に基づいて設立され、人事権も政府がもっているが、日本銀行も米国の連邦準備制度も株式会社組織で民間がかなりの株式を所有している。このため、ここでは「準」という意味のquasiが使われている。
- 大恐慌は株式市場の大暴落から始まったが、商業銀行（commercial bank）と投資銀行（investment bank）の利益相反（conflict of interests）がその原因の一つとされ、1933年銀行法で両者を明確に分離した。Glass-Steagall Actは立法者の名前をとったもの。なお、1999年11月に成立したGramm-Leach-Bliley Actによって、銀行・証券の垣根が撤廃された。

1章 金融とは

3 | 通貨
Currency

　お金を意味する英語はいろいろあります。なかでもmoneyがもっとも広く使われます。Make money（儲ける）、save money（お金を蓄える）、borrow money（借金する）、raise money（資金調達する）などmoneyを使った用法は数え切れないほどあります。Cashはすぐに使える紙幣（note）や硬貨（coin）、つまり「現金」を意味します。そのほか、changeは「小銭」、doughは「お金」を意味するスラングです。

　通貨とは「特定の国で流通しているお金」を意味しますが、英語ではcurrencyが通貨に相当します。たとえば、"We do not accept foreign currency"（外国通貨は受入れません）と使います。Currencyをより公式にいうとlegal tender、つまり「法定通貨」となります。日本では円（yen）、米国ではドル（dollar）、中国では元（yuan）などが法定通貨です。紙幣の発行（issue of bank notes）は中央銀行の仕事（日本の紙幣には「日本銀行券」という文字が印刷されています）ですが、硬貨は補助通貨として政府が発行します。通貨の主な機能として次の四つがあげられます。

① 交換の手段（medium of exchange）
② 価値の尺度（measure of value）
③ 決済手段（means of settlement）
④ 価値の保存手段（means of preserving（storing）value）

　紙幣や硬貨などが上記の機能を持っていますが、銀行預金も決済手段として利用できる（手形、小切手の支払い、クレジットカードの支払いなど）ため、現金通貨と同じ決済機能を持っています。紙幣や硬貨を現金通貨（cash currency）と呼び、銀行預金を預金通貨（deposit currency）と呼びます。

　各国間の貿易やサービス、資本取引（capital transaction）を決済するときは、それぞれの通貨の価値が換算されて決済がされますが、このときの交換比率を為替レート（exchange or conversion rate）といいます。

　なお、覚えておきたいcurrencyを使った用語としては、foreign currency（外貨）、local currency（国内通貨）、key currency（基軸通貨）、convertible or hard currency（交換可能通貨）などがあります。

● **英文で理解しよう**

Currency : A country's official unit of monetary exchange. When investing overseas, currency risk can be problematic. Even when foreign economies are doing reasonably well, currency fluctuations can have a negative effect on stock prices. While stocks in the chosen country could be soaring, a decline in the value of the currency's exchange rate to the dollar could eliminate your stock gains.　(http://datek.smartmoney.com/glossary)

通貨：一国のお金のやり取りに使われる国の公式単位。海外に投資する場合、通貨のリスクが問題となる。外国の経済が比較的良好な状態にあるとしても、通貨の変動は株価にマイナスの影響を与える。投資先として選んだ国の株式が急騰していたとしても、その国のドルに対する通貨の為替相場が下がれば株式からの利益を失うこともある。

Exchange rate risk : Also called currency risk; the risk that an investment's value will change because of currency exchange rates.
　　　　　　　　　(http://www.bloomberg.com/money/tools/bfglosa.html)

Clearing House Interbank Payment System (CHIPS): An international wire transfer system for high-value payments operated by a group of major banks.　　　(http://www.bloomberg.com/money/tools/bfglosa.html)

為替相場のリスク：通貨のリスクともいわれ、通貨の為替相場のため投資の価値が変動するリスクのこと。

手形交換所銀行間支払決済システム（CHIPS）：主要銀行グループ（日本の銀行を含む）が運営する大口決済用の国際電信送金システム。

英文読解のポイント

- Exchange は「為替、交換」や「やり取り」の意味にも使われる。
- Fluctuation は「波のように動く」が元の意味。上下動、変動。
- Soaring は rising sharply で decline は fall と同義。
- Investment's value（投資資産の価値）だけでなく、外貨建て負債（borrowing in foreign currency）も為替リスク（currency exchange risk）にさらされる。
- CHIPSとは、国際的な大口資金決済が多い世界の大手銀行が、risk control の観点から運営する決済システム。

1章 金融とは

4 金利
Interest Rate

　英語のinterestには、「関心、興味、趣味、利権、利害関係、株式」と実にさまざまな意味がありますが、「金利、利息、利子」という意味もあります。Interest rateは金利のrate（率）で、「利率」と訳します（もちろん、金利や利息とも訳せます）。金利の表示は、3 percent per annum、3％ p.a.のように年率（annual percentage rate）表示されるのが一般的です。p.a.が付されていない場合でも年率表示と考えるべきでしょう。

　金利は、お金を物と考えればそれを借りるときに払う賃料、または使用料（the fee charged for the use of borrowed money）に相当します。したがって、金融機関からお金を借りると通常は金利が発生します。先に利息を払う「前払い利子」をinterest advanced、「未払い利息」はinterest payable、「経過利子」はaccrued interest、「元利金支払い」はprincipal and interest paymentなどと使います。なお、「～に対する金利」というときにはinterest on deposit（預金利息）、interest on loans（貸出金利）と前置詞のonを使うことに注意してください。

　銀行など金融機関が日本銀行から借り入れをするときの金利は、公定歩合（official discount rate）といいます。米国の連邦準備制度（Fedと略称される）の場合は単にdiscount rateと呼びます。公定歩合は銀行の貸出金利など金利全般に大きな影響を与えるので、公定歩合の上げ下げは中央銀行の金融政策（monetary policy）のひとつとなっています。

　"Interest rate is subject to the laws of supply and demand of funds."といわれる通り、金利は一般的に資金の需給によって決まります。たとえば経済活動が上向きになると、企業は設備投資（capital expenditure）や在庫（inventory, stock）を増やすための資金需要が強くなります。この結果、金利は上昇します。同様に、年末にかけて手元流動性（liquidity）を確保する場合や、地域紛争が激化するなど不安材料が発生すると金利が上昇します。金利の変動にはさまざまな動詞が使われます。たとえば、金利の上昇ではincreaseやriseなど、金利を引き上げる時にはraiseやhikeなどを使います。金利の下落はfall、decreaseで、引き下げはcut、lower、reduceなどです。

● **英文で理解しよう**　　　　　　　(http://www.finance-glossary.com)

Prevailing interest rate : Banks decide the rates of interest that they will pay on deposit, and the rates of interest they will charge their borrowers, on the basis of the prevailing interest rate which is in turn decided by the Bank of England.The Bank's Monetary Policy Committee meets once a month to set the official rate at which it provides funds to the banking system. The High Street banks and Building Societies follow the Bank's lead to set their base rates, so in effect what the Bank does has a direct bearing on what you pay as a borrower and what you receive as a saver.

市場実勢金利：銀行は預金に対する支払い金利および借入人に課する金利を市場実勢金利に基づいて決めるが、その市場実勢金利はイングランド銀行によって決められる。イングランド銀行の金融政策委員会は月一回会合を開き、銀行システムに資金を供給する際の公式金利を定める。市中の銀行および住宅金融組合はイングランド銀行に倣ってそれぞれの基準金利を決めるので、イングランド銀行は、借入れ金利や預金金利に事実上直接の関係をもつことになる。

Monetary policy : The policy established by the central bank of a country to achieve its fiscal objectives, mainly by influencing the money supply, interest rates or currency exchange rates. Monetary policy is usually directed towards controlling inflation or deflation. The amount of money in circulation and interest rates have a large impact on the overall health of industry and, hence, the economy.

金融政策：一国の財政上の諸目的を達成するため中央銀行が策定する政策で、主として通貨供給量、金利または為替相場に影響力を行使することで行われる。金融政策は通常インフレーションもしくはデフレーションを抑制する方向で行われる。流通している通貨量と金利は産業、従って経済の全般的健全性に大きな影響を与える。

英文読解のポイント

● 英国では公定歩合（official discount rate）という名称を廃止しており、市中に供給する資金の金利は official rate、base rate という。
● Prevailing interest rate は market interest rate と同義で市場実勢金利。
● 英国の High Street は表通りの意味で、市中銀行または商業銀行のこと。
● Building Societies は英国の住宅専門金融機関で、米国の savings and loan associations に相当する。

1章 金融とは

5 固定金利と変動金利
Fixed Rate/Floating Rate

　預金でも借入れでも、契約期間について金利がつきます。契約時から満期（maturity）まで金利が変わらないのが「固定金利」で、預けている期間中でも金利が変動するのが「変動金利」です。固定金利は文字通りfixed interest rate、変動金利はfloating interest rateとかvariable interest rateといいます。Changeable interest rateとはいわないので注意してください。

　変動金利は、基準金利（reference rate）に一定の利ざやを上乗せする形で定期的（たとえば、3ヵ月毎）に変動するのが一般的で、50 basis points over LIBOR（ロンドン銀行間貸出金利に50ベーシス・ポイントを上乗せした金利）などと表示されます。Basis pointは0.01％を意味するので、50 basis pointsは0.5％となります。なお、基準となる金利をreference rateといいますが、これは「参考として使われる金利」という意味です。LIBORだけでなく短期国債（日本ではshort-term government bond、米国ではTreasury bill）利回りなど、誰でも容易にチェックできる金利がreference rateに選ばれます。

　金利の計算方法には単利と複利の二通りあります。経過した期間の金利を元本（principal）に組み入れないで期間計算する方法を単利（simple interest）といい、金利を元本に組み入れて再投資する前提で計算するのを複利（compound interest）といいます。金融の世界では、現在価値（present value）の計算など複利を利用することが多いので、複利計算に慣れておくことが必要です。

　また、金利を期間で分けて、短期金利と長期金利ということもあります。通常、短期（short-term）とは1年未満を指し、1年以上については全て長期（long-term）といいますが、3年から5年あたりを中期（medium-term）として区別する場合もあります。長期間になるほどインフレなど不確定要因が多くなるので、長期金利の方が短期金利より高くなるのが普通です。但し、金利の低下が予想される場合には、当面短期で資金を調達して金利の低下を待つ人が増え、短期資金の金利が長期金利を上回ることも起こります。前者の状態を順イールド・カーブ（normal yield curve, positive yield curve）といい、後者を逆イールド・カーブ（inverted yield curve, negative yield curve）といいます。

● 英文で理解しよう

Fixed-rate loan : A loan whose rate is fixed for the life of the loan.

Floater : A bond whose interest rate varies with the interest of another debt instrument, e.g., a bond that has the interest rate of Treasury Bill + .25%.

Simple interest : Interest calculated as a simple percentage on the original principal amount.

Compound interest : Interest paid on previously earned interest as well as on the principal.

Short-term debt : Debt obligations, recorded as current liabilities, requiring payment within the year.

Long-term debt : An obligation having a maturity of more than one year from the date it was issued. Also called funded debt.

(http://www.bloomberg.com/glossary)

固定金利貸出：貸出の期間中、金利が固定されている貸出。

フローター：債券の金利が別の債務証書の金利に連動するもの、例えば金利が財務省短期証券金利＋0.25％となっている債券。

単利：当初の元本額について単純な百分率で計算した金利。

複利：元本だけでなくこれまでの受け取り利息に対しても支払われる金利。

短期債務：流動負債として表示される借入債務で、1年以内に支払いを要するものを指す。

長期債務：発生日から1年を超える期日をもつ債務。funded debtともいう。

英文読解のポイント

- Floater は floating rate note（FRN）の別名。ここでは米国の例なので変動金利の基準として財務省短期証券の金利を使っているが、ユーロ市場では、LIBOR（銀行間貸出金利）が基準金利となることが多い。
- Debt instrumentは債務を示す証書、証券類を指す。Financial instrumentは金融商品。
- 複利のpreviously earned interestは以前に得た金利（既に元本に加えられている金利）のこと。
- Debtもobligationも同じ意味をもつ。日本語でも借入債務という。
- Current liabilityはバランスシート上の流動負債、流動資産はcurrent assetという。

1章　金融とは

6 為替1
Exchange

　実際に現金を輸送することなく資金を移動させることを為替といいます。国内取引の場合は内国為替、英語ではmoney orderといいますが、海外との取引の場合は外国為替（foreign exchange）といい、外貨との交換比率（為替相場）の問題や時差や日数の問題などが発生します。

　内国為替の場合は関係金融機関が日本銀行に保有する当座預金（checking account, current account）を通じて資金の決済（settlement）が行われますが、海外との場合は、日本の銀行がドル勘定を保有する外国の銀行と決済に関するコルレス契約を結び、これを通じて決済が行われます。コルレスはcorrespondentの略語でコルレス契約はcorrespondent agreement、コルレス銀行はcorrespondent bankといいます。なお、correspondentにはforeign correspondent（海外特派員）のように「特派員」の意味もあります。

　通貨間の交換レートを為替相場（exchange rate）といい、常に変動しています。exchange rateは"exchange rate of yen to US dollar"（米ドルに対する円の為替レート）などと使います。通常ニュースで見る為替相場は、銀行間取引を意味するインターバンク為替レート（inter-bank exchange rate）で、企業や個人との取引にはinter-bank rateに一定のマージンを乗せた対顧客相場（exchange quotation）が適用されます。為替レートには、電信買い相場（telegraphic transfer buying rate=TTB）と電信売り相場（telegraphic transfer selling rate=TTS）があります。ここでいう売買レートは、銀行から見た売買レートだという点に注意してください。たとえば、TTS（売りレート）が120円でTTB（買いレート）が118円とすると、あなたがドル預金をする（銀行があなたにドルを売る）場合にはTTS（120円）が適用されます。3ヵ月後に再び円に交換する場合には、もしも為替相場が変わっていないとすれば118円のTTBが適用されます。つまり、あなたは最初から2円のハンディを負っているのです。

　1ドル125円が130円になると、5円余計に払わないと1ドルが買えない、つまり円はドルに対して5円弱くなった訳で、これを円安（depreciation of yen）といいます。逆の場合は円高（appreciation of yen）といいます。Weaker/stronger yenとはいいますが、higherは使いません。

● **英文で理解しよう**

Floating exchange rate : Currency exchange rate which is determined by free market forces, rather than being fixed by a government.

Dollar terms : Quoting exchange rates in terms of how many units of the foreign currency equal one U.S. dollar. Also called reciprocal of European terms. Opposite of European terms.

European terms : Quoting exchange rates in terms of how many U.S. dollars equals one unit of the foreign currency. Opposite of dollar terms.

Correspondent : A bank, brokerage or other financial institution that performs services for other banks, brokerages or other financial institutions, where the latter does not have direct access.

(http://www.investorwords.com)

変動為替相場：政府が決めるのではなく、実勢市場の諸要因によって決まる通貨の交換相場。

ドル方式：1米ドルに対する外国通貨の交換レートの公示方法。ヨーロッパ方式に相対するものでヨーロッパ方式の逆。

ヨーロッパ方式：外国通貨1単位に対する米ドルの為替相場の公示方法。ドル方式の逆。

コルレス（銀行）：銀行や証券会社などの金融機関が、直接の出先を持たない他の銀行や証券会社などに代わって業務を遂行することを指す。

英文読解のポイント

● 世界の主要国の多くは変動為替相場を採っているが、途上国の一部では現在も fixed exchange rate を採用している。Fixed exchange rate の実体は、米ドルとの関係を固定することで、pegged to the dollar ともいう。Peg は「釘付け」から転じて「価格の安定操作」を意味し、peg the market price（市場価格の安定操作をする）などと使う。

● Dollar terms は US$＝¥125.00 のような公示の仕方を指す。これは米国における言い方で、日本では「円の対米ドル邦貨建相場」と呼ぶ。

● European terms は ¥100.00 = US$0.80 のような公示の仕方を指す。これも米国における言い方で、日本では「円の対米ドル外貨建相場」という。

● 海外など遠隔地に支店がない金融機関が、別の金融機関と行う業務代行の契約を correspondent agreement という。

1章 金融とは

7 為替2
Exchange

　為替相場はなぜ変動するのでしょうか。時々刻々変動する相場は外国為替市場（foreign exchange market）で売買される各通貨の需要（demand）と供給（supply）の関係が基本になります。通貨間の需給を国際収支（balance of payments）で説明したのが国際収支説です。たとえば、経常収支が黒字になると、日本が受取った外貨を円に交換するため、外貨売り円買いが起こり、為替レートは円高・ドル安に動きます。逆に、経常収支が赤字になると、外国に外貨を支払う必要が生じるため、円を売って外貨が買われるので円安・ドル高となります。ところで、国際収支は大きく分類すると、①貿易収支（balance of trade）や保険・特許料などのサービス収支（balance of services）で構成される経常収支（balance of current account）と②直接投資（direct investment）や証券投資（securities investment）などの資本収支（balance of capital account）で構成されます。

　また、購買力（purchasing power）で為替変動を説明する購買力平価説（purchasing power parity）があります。この説では、国境を越えて取引を自由に行えるならば物の値段はどこでも同じのはずであり、米国の物価が日本より安ければ、米国の製品を買う人が増えて米ドルは上昇すると説明します。たとえば、食品、家具、衣料品などさまざまな品目の平均価格をまとめて比較して、日本が150万円で米国が1万ドルとすれば、1ドル＝150円が購買力から見た為替相場であると考えます。Parityは「等しい」という意味ですが、転換社債の理論上の価格を表すconversion parity、所得均衡のparity income、農産物価格支持政策として特定の期間の基準値をベースとしたparity priceなどの意味もあります。こうした実需に基づく取引のほか、巨額の資金を動かす投資家や投機家の思惑によって（on speculation）も為替は大きく変動します。

　為替相場の急激な変動は国内経済に与える影響が大きいため、多くの国では中央銀行が必要に応じてmarket intervention（市場介入）を行います。Interventionは急激な変動を抑えることはできても、中長期的な傾向まで変えることはできません。為替相場を見極めるには、社会的・経済的な基礎条件、つまりfundamentalsをよく比較検討し、国際収支や、物価上昇率（inflation rate）、失業率（unemployment rate）などをチェックする必要があります。

● **英文で理解しよう**　　　　　　　　(http://www.investorwords.com)

Speculation : Taking large risks, especially with respect to trying to predict the future; gambling, in the hopes of making quick, large gains.

Fundamentals : Any factor that could be considered central to the understanding of a particular business. Fundamentals are usually considered outside the context of the market as a whole.

Balance of payments : An accounting record of all transactions made by a country over a certain time period, comparing the amount of foreign currency taken in to the amount of domestic currency paid out.

投機：特に将来を予測しようとして大きな危険を冒すこと。素早く巨額の利益を得ようとして博打を打つこと。

ファンダメンタルズ（基礎条件）：特定のビジネスを理解するのに主要と考えられる要素をいい、通常市場全体の状況とは別のものと考えられる。

国際収支：一国の一定期間にわたる全ての取引の会計記録で、受け取った外国通貨の額と支払った国内通貨の額を対照したものである。

Purchasing power parity : The notion that the ratio between domestic and foreign price levels should equal the equilibrium exchange rate between domestic and foreign currencies.　　　(http://www.bloomberg.com)

購買力平価：国内と外国の価格水準の比率は国内と外国の通貨の均衡為替相場に等しくなるとの概念をいう。

英文読解のポイント

- マクロ経済などでfundamentalsはよく使われる。市場動向や詳細にわたる要素・条件などではなく、物事の基礎的な要素・要件を指す。Balance of payments（国際収支）、economic growth rate（経済成長率），consumer price index（消費者物価指数）など。

- Purchasing power parityとは、2ヵ国の通貨間の交換比率であるexchange rateは、長期的にはpurchasing powerによって決まるという説。現在世界の殆どの国で売られているMcDonald'sのハンバーガーの価格を比較して、これに基づいて作成した"Big Mac Index"というものもある。

- Parityはここでは平価と訳しているが、「同格、同一」を意味し、par（同等、標準、額面）と同根の言葉。

1章 金融とは

8 金融政策
Monetary Policy

　金融政策を一言でいうと、regulating the money supply and interest rates by a central bank to control inflation and stabilize currency（インフレを抑制し、通貨を安定させるために、中央銀行が通貨供給量や金利を調節すること）です。景気動向（economic trend）や国内総生産（Gross Domestic Product＝GDP）、失業率（unemployment rate）、通貨供給量などの指標を活用して必要な金融政策をとります。日本ではコール・レート（call rate）を睨みながら金融政策を行います。callとは「要求あり次第」という意味ですから、無担保コール翌日物（unsecured overnight call）を意味します。米国のfederal fund（FF）に相当します。

　日本銀行の政策手段は、公定歩合操作（official discount rate operation）、公開市場操作（open market operation）、預金準備率操作（reserve requirement operation）の三つです。公定歩合操作とは、「日銀の民間銀行に対する貸付金利操作」で、公定歩合が下がると民間銀行の貸付金利（interest on loans）も下がり、その結果経済活動が活発になるという効果があります。ただし、現在では民間銀行の貸出金利は公定歩合と連動せず、短期金融市場（money market）金利に連動するので、公定歩合の効果は従来に比べ小さくなっています。とはいえ、日銀の金融政策を示す最重要指標としてのアナウンスメント効果（announcement effect）は依然としてあります。

　公開市場操作は、日銀が手形や国債などを直接売買することによって市場で流通する通貨供給量（マネー・サプライ）を調節する方法です。たとえば、景気が低迷している時には、日銀が手形などを買うことで資金を市場に供給します。日銀の買い操作をopen market purchase、売り操作をopen market saleといいます。単純な売買だけでなく、現先と呼ばれる買戻し条件付の売買も行われます。なお、現先の英語はrepurchaseとかrepoですが、gensakiでも通用します。

　預金準備率操作とは、民間銀行の預金の一定量を強制的に日銀に預けさせた預金準備金の増減を通じて、通貨供給量を調整する方法です。景気を刺激したい時には預金準備率を下げ、逆に抑えたい時には準備率を上げます。一般に景気刺激策を金融緩和策（easy money policy）といい、景気の行き過ぎを抑える政策を金融引締め策（tight money policy）といいます。

● **英文で理解しよう**

Money supply : Total stock of money in the economy, consisting primarily of currency in circulation and deposits in savings and checking accounts. Too much money in relation to the output of goods tends to push interest rates down and push inflation up; too little money tends to push rates up and prices down, causing unemployment and idle plant capacity. The Federal Reserve manages the money supply by raising and lowering the reserves banks are required to hold and the discount rate at which they can borrow money from the Fed. The Fed also trades government securities (called repurchase agreements) to take money out of the system or put it in. (http://datek.smartmoney.com)

Open market operation : Open market operation refers to the purchase or sale of government securities by the monetary authorities in response to an over or an under supply of money in the economy. Governments also engage in open market operations in order to stabilize currency.

マネー・サプライ（通貨供給量）：主として流通貨幣と貯蓄性および当座勘定の預金から成る通貨の合計残高を指す。財の生産に比して通貨が多すぎると金利を押し下げ、インフレーションを押し上げる傾向がある一方、通貨が少なすぎると金利は上がり物価は下がり、失業と遊休工場設備の原因となる。連邦準備理事会（Fed）は銀行が保有を義務付けられている支払準備金や銀行がFedから資金を借りる際の公定歩合を引き上げたり引き下げたりしてマネー・サプライを管理する。Fedはまた政府証券を売買して（現先取引という）金融システムから資金を引揚げたり注入したりする。

公開市場操作：公開市場操作とは、通貨供給量の過不足に応じて通貨当局が政府証券を売買することを指す。政府はまた通貨を安定させる目的で市場に介入することがある。

英文読解のポイント

● Repurchase agreements は左ページのgensaki、repoと同じ。
● Government securities はTreasury bill（短期）、Treasury note（中期）、Treasury bond（長期）を指す。日本国債はJapanese government bond（略してJGB）。
● 通貨安定の操作は、市場介入（market intervention）と呼ぶ。各国との協調介入はcoordinated（or concerted）interventionという。

2章　金融の担い手

1 銀行
Bank

　金融の担い手の最大勢力は銀行でしょう。銀行を意味するbankの語源は、中世イタリアの両替商が仕事で使っていた机（banco）といわれています。日本語の「銀行」は、明治時代の銀本位制の「銀」と、中国語で店舗を表す「行」から銀行となったようです。銀行の最大の特徴は、法律により預金の受け入れが認められている点です。

　日本では設立根拠法により普通銀行、長期信用銀行と信託銀行に分かれます。普通銀行（ordinary bank）は銀行法（Banking Act）に基づいて設立され、大都市を基盤に全国に支店網を有する都市銀行（city bank）と地方を基盤とする地方銀行（regional bank）に分かれます。主として、預金の受け入れ、貸出、内国・外国為替業務を提供しています。長期信用銀行（long-term credit bank）は、金融債（bank debenture）を発行して長期資金（long-term fund）を調達、長期の資金貸出（long-term loan）を行う銀行です。高度成長時代に設備資金の供給に貢献しましたが、日本経済の安定成長化と金融自由化に伴い歴史的使命を終え、2行が経営破綻後別銀行として再発足、残る1行も都市銀行と経営統合しました。信託銀行（trust bank）は、銀行法に基づく普通銀行で信託業務（trust service, fiduciary service）を兼営する銀行を指します。貸付信託（loan trust）、金銭信託（money trust）、年金信託（pension trust）等の運用・管理や、投資顧問業務（investment advisory service）、不動産売買仲介（real estate brokerage）と鑑定評価（appraisal）、証券代行業務（transfer agent business）などを提供します。上記の分け方は戦後の日本に独特なものでしたが、業態を超える金融再編（financial industry reorganization）や他業種の金融業務参入によって、業態間の垣根は消滅しつつあります。

　米国で銀行に相当するのがcommercial bankです。日本と同様に全国展開をするmoney center bankと地方に特化するregional bankがあります。Regional bankではあるが規模が拡大した場合にはsuper regional bankと呼ぶこともあります。また、顧客基盤で分類して、大企業を対象とするwholesale banking、中小・個人企業を対象とするretail bankingあるいはsmall business banking、特定の富裕層を対象とするprivate bankingと呼ぶこともあります。あるいはフランスのようにbanques de depots（預金銀行）とbanques d'affaires（起業銀行）と分類されることもあります。

● **英文で理解しよう**

Commercial bank：A commercial bank provides a wide variety of financial services to companies and individuals such as taking current and time deposits, making secured and unsecured loans, and converting foreign currency. Many commercial banks also provide financial advisory services and offer facilities such as credit cards. Commercial banks are highly regulated, but the recent trend in many countries is to allow commercial banks to enter fields that historically were the province of securities and insurance companies.

商業銀行：法人および個人に対して当座預金や定期預金受け入れ、担保付や無担保の貸出し、外貨の交換など幅広い銀行サービスを提供する。多くの商業銀行は金融に関するアドバイザリー・サービスを提供し、クレジット・カード発行の便宜も図る。商業銀行は厳しい規制を受けているが、最近の傾向として多くの国で、歴史的に証券会社や保険会社の領域であった分野に商業銀行が進出することを認める方向にある。

Money market center bank：A big commercial bank located in a large metropolitan center. Money market center banks play a leading role in trading financial instruments, determining market interest rates, and providing leadership to commercial banks located outside the money centers. (http://www.xrefer.com/entry/589172)

マネー・センター・バンク：大都市圏に拠点を有する大手商業銀行。マネー・センター・バンクは、金融商品の売買、市場金利の決定、マネー・センター外に所在する商業銀行の指導などで主導的な役割を果たす。

英文読解のポイント

- 預金の受入れはtaking depositとtakeを使う。Taking deposits と making loansの違いは、takingが受身の受入れに対し、makingは能動的なこと。
- Securedは担保（collateral）が差し入れられた場合、unsecured は無担保の場合。
- Financial advisory services：単なるアドバイスは商業銀行で直接行うこともあるが、専門的な資産運用（fund management）やクレジットカードcredit cardに関する業務は、子会社（subsidiary）を通じて行うのが普通。
- 世界的な自由化の流れを受けて、分野別の銀行業務の壁も低くなりつつあり、相互進出（mutual entry）や、同質化（homogenization）の動きが各国で見られる。

2章　金融の担い手

2 証券会社
Securities Company

　証券会社は会社が発行する株式や債券等の有価証券（negotiable securities）を引受け（underwriting）、投資家に販売（distribution）することを主たる業務としています。銀行や保険会社と異なり、自らが金融取引の当事者とはならない非金融仲介機関と分類されます（脚注1）。日本では証券取引法（Securities and Exchange Act）に基づき設立され、

① 引受業務（underwriting）：募集（primary offering）や売出し（secondary offering）の際に、売れ残りリスクを負担する業務
② 募集または売出し業務（selling）：新規証券や売出し証券の販売
③ 委託売買業務（brokerage）：有価証券の売買注文を取次ぐ業務
④ 自己売買業務（dealing）：自己勘定で行う有価証券の売買

の4つを主たる業務として顧客に提供しています。

　証券会社のことを、日本ではsecurities companyと訳しますが、米国では、引受けを主たる業務とする総合証券会社をinvestment bankあるいはinvestment dealerと呼びます。また、自己名義で証券を売買する業者をdealer、顧客からの注文を取り次ぐ業者をbrokerまたはbrokerage firmと分けます。大手のdealerはdealingとbrokerageの両方の業務に携わっており、broker-dealerとも呼ばれます。店頭取引（over the counter trading）で値付けをするmarket makerやニューヨーク証券取引所で特定の株式の値付けをするspecialistもdealerです。また、米国では大手証券業者をwire house、小口投資家（retail investors）を対象とする小規模業者をretail houseと呼びます。Wire houseは通信設備で全米をカバーしたことに由来します。また、インターネットを利用して低い手数料で注文を受けるdiscount brokerも台頭してきています。Discount brokerには注文株数で手数料を決めるshare brokerと注文金額で手数料を決めるvalue brokerの2つの種類があります。

　株式の委託売買業務（brokerage commission）は証券会社にとって収益の重要な源泉ですが、手数料の自由化によってこの部門だけに依存することが難しくなり、投資信託の販売や引受け、トレーディング収益など収益源の拡大が求められています。

（脚注1）引受業務は当事者として金融の仲介をしていると見て、金融仲介機関に入れる考えもあります。

英文で理解しよう

Investment bank: A securities firm that helps companies take new issues to market. An investment bank purchases new securities from the issuer, then distributes them to dealers and investors, profiting on the spread between the purchase price and the offering price. Additionally, an investment bank handles the sales of large blocks of previously issued securities and private placements.

投資銀行：会社の新規証券発行の手助けをする証券会社。投資銀行は発行会社から新規証券を買い取り、それをディーラーや投資家に販売し、売値と買値の価格差を利益とする。さらに投資銀行は既発証券の大口売買や私募ベースでの販売を取り扱う。

Brokerage firm: A brokerage firm is a legal entity established for the purpose of engaging in the business of handling customer orders for the sale or purchase of securities. Brokerage firms act as agents for their customers and are usually paid a commission for every order executed on behalf of a customer. Brokerage firms employ brokers to take and execute customer orders. Brokers are required to be registered with any securities exchange where they trade securities.

証券取次業者：取次業者は、顧客の有価証券売買注文を取り扱う業務に従事する目的で設立された法的な存在である。取次業者は顧客の代理人として行動し、執行した注文ごとに手数料を受ける。取次業者は顧客の注文を取り、執行するために外務員を雇用している。外務員は、証券の売買を行う証券取引所に登録する必要がある。

英文読解のポイント

- 投資銀行（investment bank）は、米国で証券業務全般を営む大手の金融機関の総称。bankとは呼ばれても、預金の受け入れは認められていない。Bankと呼ぶ理由は株式の新規公開や債券の引受など重要な機能を果たしているため。
- Private placementは特定少数の投資家あるいは機関投資家を対象とする債券の発行・販売のこと。一般投資家を対象としないので、当局への登録が免除される。
- Brokerは証券の取次ぎをする個人を指す。証券外務員試験（securities examination）をクリアして登録をしたbrokerはregistered representative（登録外務員）と呼ぶ。Account executiveとも呼ばれる。

2章　金融の担い手

3 保険会社
Insurance Company

　保険会社は、人が死亡したときに保険金を支払う生命保険会社（life insurance company）と事故や災害に際して財産の補償を行う損害保険会社（casualty insurance company）の二種類に大きく分かれます。しかし、保険の自由化に伴い、介護保険（nursing care insurance）、医療保険（medical care insurance）やがん保険（cancer insurance）、所得保障保険（income indemnity insurance）など従来の生保と損保の中間に属する新しい保険（第三分野といわれる）も普及しつつあります。

　保険業界の規制緩和（deregulation）に伴い、保険業界では大きな再編が進んでいます。特に外資系保険会社が破綻保険会社を買収する形で積極的に参入している点が目立ちます。米GEによる東邦生命（GEエジソン生命保険）、カナダのマニュライフによる第百生命（マニュライフ生命保険）、仏アクサによる日本団体生命（アクサ生命保険）などという具合です。また、日本の保険会社間でも統合やグループ化など大きな再編が進んでいます。さらに、生保と損保間の垣根を超えた業務提携（business alliance）も実現しており、総合保険化が着実に進展しています。

　日本の損保会社は株式会社組織ですが、生命保険会社は保険契約者が会社の出資者となる相互会社（mutual company）と株式会社（corporation）の2形態がみられます。保険会社は保険リスクを緻密に計算しているとはいえ、予期せぬ大きな保険金支払いも発生します。このリスクを軽減するためにreinsurance、つまり引き受けたリスクをほかの保険会社に「再保険」します。再保険専門の再保険会社（reinsurance company）もありますが、一般の会社が子会社として再保険会社を設立し、保険料の軽減を図ることもあります。子会社の保険会社をcaptive insurance companyといいます。

　米国の保険の販売員には、一社の保険を専属で販売するcaptive agentと、複数の会社の保険を販売するindependent agentがいます。また、顧客から手数料を取って顧客のために最善の保険を斡旋するbrokerも存在します。

　保険会社は加入者から集めた保険料を、企業に対する融資や有価証券投資という形で運用していますので、銀行と同様に金融仲介機関といえます。

● **英文で理解しよう** (http://www.finance-glossary.com)

Insurance : A contract in which payment of premiums covers the insured against something which may, or may not occur. For example motor insurance covers the insured against accidents which may occur. In the UK insurance is differentiated from assurance (life assurance) which is protection against something which will inevitably occur.

Mutual life insurance company : A licensed insurance company under professional management that is owned and controlled by the policyholders is known as a mutual life insurance company. Mutual life insurance companies do not issue stock and surplus earnings are paid to the policyholders in the form of dividends.

保険：保険料の支払いにより、起こるかどうかわからない事態に対して被保険者を付保する契約をいう。例えば自動車保険は、起こるかも知れない自動車事故に対して被保険者を付保する。英国では将来必然的に起こることに対する保護手段としてのassuranceとinsuranceを区別している。

生命保険相互会社：保険契約者が所有・監督し、専門の経営陣が経営する保険会社を生命保険相互会社という。生命保険相互会社は株式を発行せず、剰余利益金は配当金として保険契約者に支払われる。

英文読解のポイント

● The insured（被保険者）は保険契約の受益者（beneficiary）で、保険の対価として保険料（insurance premium）を払う。受益者が払わないで、第三者が支払っても保険は成立する。

● Insuranceは、米国においてはnon-life or casualty insurance と life insuranceを同じように使うが、英国では確実に起こる「死亡」についてはassuranceの語を使う。Assuranceは元々フランス語から来たものであるが、最近では英国でもinsuranceが両方の意味に使われる。

● Mutual life insurance companyの形式は日本の大手生命保険会社に多く見られるが、これは歴史的にmutual insurance（相互保険＝保険加入者を構成員とした相互の保険）を行うことを目的として結成された特殊な法律上の団体を目的として設立されたことによる。相互会社は、株式を発行しない（do not issue stock）ので株主は存在しないが、保険契約者が経営陣を選び、経営を委任する。利益が上がった場合は、保険契約者が配当金として利益の配分を受ける（surplus earnings are paid to the policyholders in the form of dividends）。

2章　金融の担い手

4 投資信託委託会社
Investment Trust Management Company

投資信託委託会社とは、リスクに見合ったリターンをあげるべく、分散投資（diversified investment）などのパッシブ運用（passive investing approach）やリサーチに基づいて特定の株や債券に投資するアクティブ運用（active investing approach）など、専門的な技術を用いて投資信託（investment trust）を運用する資産運用専門会社をいいます。投資信託については別の章で詳しく説明していますが、一言でいえば多くの投資家から集めた資金のプールをいいます。日本では信託銀行（trust bank）の信託勘定（trust account）を利用した契約型投信（contractual type investment trust）が中心になっているので、「投資信託」という単語がファンドを意味します。そして信託銀行に運用指示を出す資産運用会社を投資信託委託会社といいます。

米国ではmutual fundと呼ばれるオープン・エンド型会社型投信が中心でクローズド・エンド型のinvestment trustはあまり使われません。Investment trust management companyに似た単語にinvestment companyがありますが、これは会社型投信であるmutual fundそのものを指します。日本でいう会社型投信（corporation type investment trust）の「投資法人」に相当します。Mutual fundの運用はfund managerと呼ばれる運用の専門家が行います。Investment companyは不特定多数の投資家の資金を運用するので、法律（Investment Company Act of 1940）に基づいて報告義務、開示義務など厳しい管理下で運用されます。

投資顧問会社（日本では英文名をasset management companyとすることが多い）と呼ばれる資産運用専門会社もあります。投資顧問会社とは、年金基金（pension fund）などに対して報酬を徴求して運用に関する助言を与えます。日本では当局（金融庁や財務局）に登録することが求められます。米国ではinvestment adviserが投資顧問会社に相当します。日本と同様に、investment adviserは法律（Investment Advisers Act 1940）に基づいて、米証券取引委員会（SEC = Securities Exchange Commission）に登録しなければなりません。Investment adviserは潜在的な利害関係（conflict of interest）を有することは認められません。たとえば、顧客に推薦している株を自らが保有することなどが利害関係に相当します。

● **英文で理解しよう**　　　　　　　　(http://www.investorwords.com)

Investment trust : A closed-end fund established to produce income through investments. They have a fixed number of shares, trade like stocks, and are regulated by the Investment Company Act of 1940.

投資信託：投資を通じて収益を生み出すために設定されたクローズド・エンド型ファンド。発行株数は固定されており、株式のように売買され、「1940年投資会社法」の規制を受ける。

Diversification : Investment jargon for not keeping all your eggs in one basket. Diversification implies that you distribute your capital among various assets to reduce loss if, through bad luck or judgement, one of them fails you. Most people agree that diversification is essential to reduce risk. There is an argument that to make exceptional returns, you have to concentrate your investments - the big winners theory. "Put all your eggs in one basket and watch that basket very closely."

(http://www.finance-glossary.com)

分散投資：投資の業界用語で、一つのバスケットに卵を全部入れて置くなということ。分散投資の意味するところは、運が悪いか判断を誤るかして、どれかが期待を裏切ることがあった場合でも、損失を軽減するために投資資金をさまざまな資産に分散せよ、ということである。
大部分の人は分散投資がリスクを削減するために不可欠であることに異存はない。しかし桁外れの利益を上げるためには投資資金を集中しなくてはならないとの反論もある。つまり、一人勝ちの法則である。「卵を全て一つのバスケットに入れ、そのバスケットから目を離すな」。

英文読解のポイント

- Investment trustは米国の会社型投信の内、発行された証券の買戻しを認めないclosed-end fund。買戻しを認めるものはopen-end fundと呼ばれる。Mutual fundはopen-endの会社型投信をいう。
- 会社型の投信（investment trust, mutual fund）は、日本では投資法人と呼ばれ、投資家は投資法人の株式に投資する。
- Diversificationだけで分散投資という意味がある。
- If one of them fails youは、資産の内どれかが投資家を裏切る、失望させる（fail）、ことがあっても。

2章　金融の担い手

5 ノンバンク
Non-bank

　原則として会員または組合員を対象として資金の融通をする金融機関に信用金庫（shinkin bank）、信用組合（community bank）、農業協同組合（agricultural cooperatives）などがあります。米国のcredit unionは信用組合に近い性格の金融機関（financial institution）といえます。銀行とは呼ばない（英文名はbankとなっていますが）ものの預金を受け入れることができる金融機関で、中小企業や農業、漁業従事者にとり重要な存在です。これら協同組織的な金融機関はノンバンクではありません。

　日本でいうノンバンクとは文字通り「銀行でない」金融機関、つまり銀行法の規制を受けない金融会社を意味します。具体的には、消費者金融会社（consumer finance company）、信販会社（consumer credit company）、クレジットカード会社（credit card company）、リース会社（leasing company）など、貸金業規制法の適用を受ける会社がノンバンクに相当します。ノンバンクは出資法の規制により不特定多数から資金を集めることが禁止されており、銀行やその他の金融機関からの借り入れが主たる資金調達源（source of fund）です。しかし最近は規制緩和が進み、一定の条件を満たすノンバンクは、社債やコマーシャル・ペーパー（CP）の発行や貸出債権（loan assets）の証券化（securitization）などを通じて、資金調達源を拡大しています。

　ノンバンクの範囲は広く多種多様ですが、簡便な審査や営業時間の工夫などにより、消費者や中小事業会社への貸出基盤を固め、金融の需要の「すきま」（ニッチ＝niche）を埋める重要な地位を占めるようになりました。最近では、大手都市銀行も消費者金融会社と提携をして消費者金融の分野に進出を図っています。また、外国資本も日本の消費者金融分野に本格的に参入するようになり、米国のGE CapitalやCitigroupは買収を通じて基盤を積極的に拡大しています。

　米国でnon-bankというと、銀行以外の業種、たとえば証券会社や保険会社などの非銀行金融会社や、メーカーや小売業などの事業会社で、金融分野に進出する会社を意味します。Non-bank bankという単語もありますが、これはcommercial bankの主要業務である「預金の受け入れ業務（deposit taking business）」あるいは「商業貸出業務（commercial lending business）」のいずれかを行わず、銀行法上の規制を回避した業者を指します。

● **英文で理解しよう**

Credit union : A non-profit financial institution that is owned and operated entirely by its members. Credit unions provide financial services for their members, including savings and lending. Large organizations and companies may organize credit unions for their members and employees, respectively. (http://www.investorwords.com/)

Finance company : A company whose business and primary function is to make loans to individuals, while not receiving deposits like a bank.
(http://www.bloomberg.com)

Niche marketing : A sales and marketing strategy used by relatively small companies intent on exploiting segments of the market that are of little interest to their larger competitors.
(Encyclopedic Dictionary of Business Terms, Prentice Hall)

信用組合：非営利金融機関で、会員がすべて所有し運営する。信用組合は、会員に対して貯蓄と融資のサービスを提供する。大手の機関や企業は、その会員や従業員のために信用組合を設立することもある。

金融会社：個人に貸付を行うことを主たる業務とする会社であるが、銀行のような預金の受け入れは行わない。

隙間の市場開拓：比較的小規模の会社が、大規模の競争相手が参入に興味を示さない分野（ニッチ）に注力して市場を開拓する戦略。

英文読解のポイント

- Non-profitは「非営利」。営利法人はprofit corporation、profit-making corporation。
- Depositの受け入れが認められていないことがfinance companyの特徴。つまり一般の人から預金を受け入れるには銀行のlicenseが必要になる。
- Businessは、type of business、category of business（いずれも業種の意味）のように一般的な仕事、業務の意味でよく使われる。
- Nicheの元の意味は、彫像や花瓶などを置くために設けた壁のくぼみで、発音はニッチ、またはフランス語から来たニシュ。
- Sales and marketing strategyのsales、marketingはほぼ同じ意味だが、marketingにはsales以外の手法を含むと考えられため、重ねて使ったもの。
- Exploitはここではpromoteの意味で使われているが、「利用する、開拓する」の他、「不当に使う、搾取する」という意味にも使われることがある。

2章 金融の担い手

6 | 機関投資家と一般投資家
Institutional /Retail Investor

　顧客から預かった資金を運用・管理する法人投資家を総称して機関投資家 (institutional investor) と呼んでいます。具体的には、銀行、生命保険会社、損害保険会社、信託銀行、投資運用会社、年金信託などを指します。銀行は預金者の資金を、生命保険会社や損害保険会社は保険加入者の保険料 (insurance premium) を、また投資信託委託会社は投資信託 (investment trust、mutual fund) の購入者の資金を元手として投資活動をします。顧客が満足するような投資結果をあげるために、プロの投資家として機関投資家はさまざまな投資テクニックを駆使します。また、機関投資家は大量の資金をまとめて運用するので市場価格 (market price) に大きな影響を与えるだけでなく、大口株主として積極的に株主権 (stockholder's right) を行使して会社の経営に関与するようになっています。特に米国でこの傾向が強く見られます。日本でも2000年あたりから同様の動きが見られるようになっています。

　ところで、機関投資家のinstitutionalにはさまざまな意味があります。たとえば、institutional bank（公共的性格を持った機関銀行）、institutional reform（制度改革）、institutional advertising（企業広告）などです。名詞のinstitutionにも、「機関、公共的団体、企業、協会、団体、制度、規則、慣習」などさまざま意味があります。

　機関投資家に対して、サラリーマンや個人会社のオーナーなどを一般投資家または個人投資家 (individual investor, retail investor、public investor) といいます。個人投資家は機関投資家のようなプロの投資家ではないので、証券の発行条件や発行者の営業・財務内容を記載した目論見書 (prospectus) の作成などさまざまな規制によって個人投資家を保護する仕組みがつくられています。

　一方、機関投資家のみを対象として新規証券を私募 (private placement) ベースで販売する場合には、当局への登録を行う必要がありません。米国では個人投資家でも、一定の条件を満たす富裕層（wealthy individuals＝純資産額100万ドル以上または年収20万ドル以上などの人を指す）や団体（総資産500万ドル超）はaccredited investor（有資格投資家）と呼ばれ、SEC（米証券取引委員会）に届けていない私募証券を制限なく購入できます。

● **英文で理解しよう**

Institutional investor : Entity with large amounts to invest, such as investment companies, mutual funds, brokerages, insurance companies, pension funds, investment banks and endowment funds. Institutional investors are covered by fewer protective regulations because it is assumed that they are more knowledgeable and better able to protect themselves. They account for a majority of overall volume.

Qualified institutional investor : An institutional investor permitted under SEC rules to trade private placement securities with other qualified institutional investors without registering the securities with the SEC. Requires a minimum of $100 million in assets under management.

Accredited investor : To qualify as an accredited investor, an investor must either be: A) a financial institution; B) an affiliate of the issuer; or C) an individual with a net worth of at least $1 million or an annual income of at least $200,000, and the investment must not account for more than 20% of the investor's worth. (http://www.oneinvest.com/ilAAc.htm)

機関投資家：投資会社、ミューチュアル・ファンド、証券会社、保険会社、年金、投資銀行や寄付基金など、多額の投資をする団体・組織。機関投資家は証券投資の知識もあり、投資リスク対策も十分行っていると見られているので、規制によって保護されることは少ない。証券出来高の大半が機関投資家によって占められている。

適格機関投資家：米証券取引委員会（SEC）規則で、SECへの登録をすることなく、ほかの適格機関投資家と私募証券を売買することを許された機関投資家をいう。少なくとも1億ドルの資産を運用していることが条件。

有資格投資家：有資格投資家の資格条件としては、A）金融機関　B）発行体の関係者　C）純資産100万ドル以上あるいは年収20万ドル以上の個人投資家で、投資額が純資産の20％を超えないこと。

英文読解のポイント

- Investment companyは「投資会社」で、日本でいう会社型投信の投資法人に相当。
- Private placementは特定少数の投資家あるいは機関投資家だけに販売する「私募」。不特定多数に販売する場合はpublic offering（公募）という。
- Affiliateは「関係者」で、10％以上の大株主や取締役などを指す。
- Net worthは総資産から負債を引いた「純資産」。Net assetも同じ意味。

3章　金融市場

1 金融市場
Financial Market

　株（stock）、債券（bond）、投資信託（investment trust, mutual fund）などの金融商品（financial instrument）が売買される場所を金融市場、英語ではfinancial marketといいます。金融取引が行われる場所というと、立会い場（trading floor）をもっている証券取引所（stock exchange）をすぐに連想しますが、必ずしも目に見える場所だけが金融市場ではありません。米国のNASDAQや日本の店頭売買取引などでは、電話やコンピュータを使って金融取引が行われます。立会い場を廃止してコンピュータ化した取引所も多くなっています。つまり、金融市場とは物理的な市場だけでなく、抽象的な概念も含めた広い市場をいいます。

　Marketには「不特定多数が参加して商品を売買する場所」の意味があります。金融市場でも、金融機関だけでなく一般の会社や個人が直接あるいは金融仲介機関（financial intermediary）を通して参加しています。そこでは金融商品が活発に売買されます。したがって、marketableは「容易に売買できる、つまり市場性の高い」という意味になり、marketable securitiesは「容易に売買できる市場性の高い有価証券」となります。商いが活発なactive marketが望ましいのですが、経済状況などで取引が不活発になるthin market（薄商い市場）も起こります。

　景気が良く、株式市場が活発で株価が全体的に上昇している状態をbull marketといいます。これは雄牛（bull）が獲物を角で突き上げるイメージからきています。反対に、市場が弱気で株価が下落傾向にある状態をbear marketといいますが、これは熊（bear）が相手と戦う時に手を振り下ろすことに由来しているといわれています。

　金融市場を金融商品別に、短期金融市場（money market）、資本市場（capital market）、公社債市場（bond market）、株式市場（stock market）、外国為替市場（foreign exchange market）、商品市場（commodities market）などと分類することもあります。ただ、どの市場の参加者も証券会社、銀行、保険会社、ブローカーなどほとんど同じで互いに密接に関連しているので、総合的に金融市場の動きを見ることが大切です。

● 英文で理解しよう

Marketability: This term refers to the relative ease with which ownership of an asset can be transferred or sold at or near market price in a reasonable period of time. Marketable assets, such as real property, stocks, bonds and commodities, lose value to the extent they cannot be readily transferred or sold, other than at a deep discount, whenever the owner desires to do so. Marketability is also a measure of supply and demand. A highly marketable asset is one which the owner can promptly sell at a fair market price, while an asset with low marketability may take more time or require concessions on the part of the seller.

市場性：市場性とは、適切な期間内に市場価格近辺で資産を比較的容易に譲渡したり売買できたりすることをいう。不動産、株式、債券、商品など市場性のある資産の所有者がそれを譲渡・売却したいときに、大幅な割引をしない限り容易に譲渡・売却できないと「それだけ市場性を失った」ことになる。市場性は需要と供給の尺度でもある。流通性の高い資産とは、公正な市場価格ですぐに売却できる資産をいい、逆に市場性の低い資産とは、売却に時間がかかったり、値引きをせざるを得ない資産をいう。

英文読解のポイント

- Market priceは「市場価格」つまり、流通市場で売買されている時価をいう。Fair market priceは、買い手も売り手も納得する公正な市場価格の意味。
- Transferは「譲渡」であるが、ここでは「売却」と同じ意味で使っている。
- 不動産はreal propertyのほか、real estate、realtyともいう。
- Deep discountは「大幅な割引」で、deep discount bondは額面に対して大幅に割引いて発行される「ディープ・ディスカウント債」をいう。割引率が大きいため、利息（クーポン=coupon）が付いていない債券をzero coupon bondという。
- Concessionは「譲歩」だが、ここでは「値引き」。

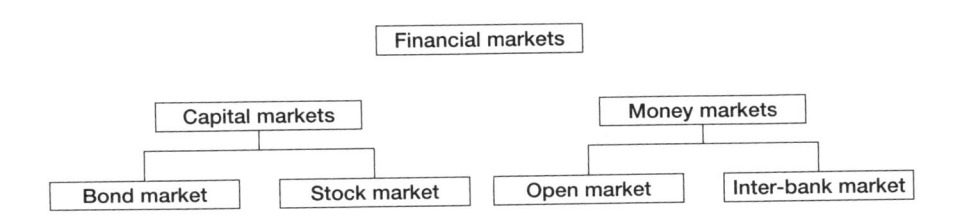

```
                    Financial markets
                   /                \
           Capital markets        Money markets
            /        \             /          \
    Bond market  Stock market  Open market  Inter-bank market
```

3章 金融市場

2 | 短期金融市場
Money Market

　短期金融市場は英語ではmoney marketといい、償還期限が1年以下の金融商品が取引される市場です。米国で人気のあるMMFはmoney market fundの略で、短期金融商品のみに投資するオープン・エンド型会社型投資信託をいいます。通常short-termという単語は1年以下の期間を指しますが、債券ではshort-term bondというと償還期限が2年以下を指すこともあるので注意が必要です。一般的には、2年から10年の中期債がmedium-term bondで、10年以上はlong-term bondといいます。

　日本の短期金融市場には、①市場参加者が金融機関に限定されるインターバンク市場（inter-bank money market）と、②事業法人や地方公共団体なども参加できるオープン市場（open market）があります。Inter-bankは文字通り「銀行間」という意味で、ロンドン市場における「銀行間貸し手レート」であるLIBORは"London inter-bank offered rate"の頭字語です。

　インターバンク市場の代表格がコール市場（call market）です。コール市場は金融機関相互間の資金過不足を調整する場所として自然発生的に成立しました。通常、翌日に返済がなされる超短期の市場です。コール市場のcallは「要求あり次第返済する」という意味に由来します。たとえば、貸し手から要求を受け次第返済しなくてはならないローンをcallable loanといいます。ただ、ここで注意しなくてはならないのは、callには「借り手が繰上げ償還（call）をする権利」を意味する場合もあることです。たとえば、callable bondは債券の発行者（借り手）に繰上げ償還の権利があります。逆に債券保有者（貸し手）に繰上げ償還権がある債券はputtable bondといいます。また、オプションの世界では、callは「買う」という意味になります。たとえば、call optionは「買う権利」となります（デリバティブの章を参照）。Callとputは金融の世界でしばしば出てくるので混乱しないように注意が必要です。

　オープン市場では、短期国債（short-term government bond）、譲渡性定期預金（negotiable certificate of deposit）、コマーシャル・ペーパー（commercial paper）などの短期金融商品（money market instrument）が取引されます。一定期間後の買戻し条件付きで債券を売買する債券現先取引も短期金融市場で活発に行われています。現先取引というよりも、repurchase agreementのほうが分かりやすいですね。

英文で理解しよう

Money market: A money market is a market for short-term debt instruments maturing in one year or less, which include commercial paper, banker's acceptance, Treasury bills and negotiable certificate of deposits. The primary benefit of having money in a money market fund is that the principal is less risky and the investment is highly liquid.

短期金融市場：短期金融市場とは、満期までの期間が1年以下の短期債務証書の市場をいう。短期債務証書には、コマーシャル・ペーパー、銀行引受手形、短期財務省証券や譲渡性預金証書などが含まれる。マネー・マーケット・ファンドに資金を置いておく主たるメリットは、リスクが少なく流動性が高いことである。

Commercial paper: Debt instruments that are issued by established corporations to meet short term financing needs. Such instruments are unsecured and have maturities ranging from 2 to 270 days. Commercial paper is rated by Standard & Poor's and Moody's.

(http://www.oneinvest.com/ilCnCo.htm#CommercialPaper)

コマーシャル・ペーパー：基盤の確立した企業が、短期の資金調達目的で発行する短期債務証書。無担保で発行され、満期は2日から270日の期間である。コマーシャル・ペーパーはStandard & Poor'sや Moody's（格付会社）によって格付される。

英文読解のポイント

- Short-term debt instrumentsは「短期債務証書」。Instrumentは「法的拘束力を有する文書」を意味するが、financial instrumentsは金融文書から発展して「金融商品」をいう。
- One year or lessは「1年以下」の意味で、less than one yearが「1年未満」となるので、使い方に注意すること。
- Negotiableは「交渉可能な」ではなく、ここでは「譲渡性がある」という意味。
- Treasury billは米国財務省短期証券で、日本のshort-term government bondと同じ。なお米国では財務省中期証券はTreasury note、長期証券はTreasury bondという。
- Unsecuredは「無担保の」。Security（安全、担保）の動詞形。複数（securities）になると「有価証券」の意味となる。

3章　金融市場

3 資本市場
Capital Market

　日本銀行の用語解説によると、「取引される商品の満期までの期間が1年以内である市場を短期金融市場（マネー・マーケット）といいます。同じく1年を超える市場を長期金融市場といいます。」（出所：http://www.boj.or.jp/wakaru/yougo/yougo_t.htm）とあります。長期資本市場をlong-term financial marketと訳すことは間違いではありませんが、金融の世界ではcapital marketというのが一般的です。Capital（資本）というと「株主が出資した資本金」と考えがちですが、実際には株主資本金だけでなく、長期債券などの長期借入金も資本として取り扱います。たとえば、会社を100億円で買収する場合には、通常30億円を株主資本で賄い、残額を外部からの長期借入金で行います（会社の買収は長期にわたって収益を回収するので、短期借入金で資金調達をするのはリスクがあります）。この場合、30億円がequity capital（株主資本）で、70億円がdebt capital（借入資本）での調達となります。外部借入金にcapitalという単語が使われているのに注目してください。（詳しくはWACCの項目を参照）

　上記のとおり、capitalは株主資本と長期借入資本の双方を意味するので、capital marketも基本的には株式市場と満期が1年超の公社債市場（bond market）を指します。金融の世界では、株式市場をequity capital market、公社債市場をdebt capital marketとも呼びます。Capitalizationにはさまざまな意味があるので注意が必要です。株主資本と借入れ資本を合計した「長期資本総額」という意味がある一方、market capitalizationは発行株数に現在の株価を掛けて算出する「時価」も意味します。また収益を一定の利率で割り戻して現在価格（present value）を求める収益還元法をcapitalization methodといいます。資本金勘定に組入れる場合もcapitalizationを使い、たとえば、capitalization of accumulated earnings（積立てた収益の資本への組入れ）といいます。

　ところで、銀行からの長期借入れ（long-term loan）は資本市場に入るのでしょうか。長期金融市場というと長期借入れも含まれますが、capital marketというときには基本的に株や公社債を指し、長期借り入れは含まれません。なお、貸付市場はloan marketといいます。

● **英文で理解しよう**（http://www.gs.com/our_firm/corporate_information/）

Investment Banking: The activities of our Investment Banking segment are divided into two categories: Financial Advisory and Underwriting. Financial Advisory includes advisory assignments with respect to mergers and acquisitions, divestitures, corporate defense activities, restructurings and spin-offs. Underwriting includes public offerings and private placements of equity and debt securities.

Trading and Principal Investments: Our Trading and Principal Investments business facilitates customer transactions and takes proprietary positions through market making in and trading of fixed income and equity products, currencies, commodities, and swaps and other derivatives. In addition, we engage in floor-based and electronic market making as a specialist on U.S. equities and options exchanges.

The activities of our Trading and Principal Investments segment are divided into three categories: Fixed Income, Currency and Commodities, Equities and Principal Investments.

投資銀行部：当社の投資銀行部は、ファイナンシャル・アドバイザリー・グループと引受グループで構成されています。ファイナンシャル・アドバイザリー・グループの活動には、企業の合併・買収、分割、敵対的買収に対する防御、企業再構築、分社などに関するアドバイザリー・サービスを含みます。引受グループは、株式や債券の公募や私募ベースなどの引受業務を提供します。

トレーディング・プリンシパルインベストメント部：当社のトレーディング・プリンシパルインベストメント部では、債券・株式、通貨、商品、スワップなどのデリバティブズ商品のマーケット・メイキングやトレーディングを通じて、顧客取引の支援や自己勘定取引を行なっています。さらに、当社は米国株・オプション取引所のスペシャリストとして、取引所立会場や電子市場を通してマーケット・メイキングを行なっています。

英文読解のポイント

● 米国有力投資銀行であるGoldman SachsのWebサイトから抜粋したもの。
● proprietary positionsは自己勘定でポジション(買い持ちや売り持ち)を持つことをいう。proprietary tradingは自己勘定での売買。
● principal investmentsは、自己勘定で投資をして将来のキャピタル・ゲインをねらう活動で、merchant bankingともいう。

3章　金融市場

4 | 発行市場と流通市場
Primary Market/Secondary Market

　株や債券などの有価証券を新規に発行して、それを投資家に販売する市場を発行市場といいます。英語ではprimary marketとかissue marketといいます。譲渡制限がつかない限り有価証券は自由に売買できるので、発行後の証券（既発証券）は投資家の間で売買されます。既発証券（issued securities）が売買される場所を流通市場といいます。発行市場に「第一」を意味するprimaryという単語が使われているので、流通市場はこれに呼応して「第二」を意味するsecondary marketと呼ばれます。Issue marketに呼応してdistribution marketという呼び方もありますが、金融マンの世界では圧倒的にprimaryとsecondaryを使います。

　発行市場と流通市場の基本的な相違は、発行市場では投資家が支払ったお金は証券の発行者（issuer）が受取りますが、流通市場では既発証券を売却した元の保有者がお金を受取ります（これは当然のことですが）。

　発行市場や流通市場で発行者と投資家を結びつける重要な役割を果たすのが証券会社です（米国では業務内容によってinvestment bank、brokerage house、broker、dealerなどさまざまな呼び方があります）。銀行にお金を預ける場合（間接金融）と違って、証券を購入する投資家が、発行者のリスクを直接取らなければなりません。発行者が倒産（bankruptcy）すると投資金は返ってきません。また、金利や外国為替レートの変動などによって、投資した債券や株式の価格が投資額を大きく下回ることもあります。証券会社には投資家に投資リスクを十分説明する義務や、投資家がリスクを取るだけの知識と経験があるかを判断する義務などが課せられています。米国の証券マンには"Know Your Customer Rule"と"Suitability Rule"を遵守することが強く求められます。つまり「顧客をよく知らないで取引をしない（顧客熟知ルール）」ことと「証券投資のリスクを取るだけの知識・経験・資産がない投資家にはリスクのある商品を売らない（適合性の原則）」ことです。もちろん、日本でも証券取引法などによって同様の規則が証券マンに課せられています。そのほか、回転売買（churning）や顧客からの注文を成立させる前に自己売買をするフロント・ランニング（front running）などの行為も禁止されています。

英文で理解しよう

Primary market and secondary market: The primary market is where the first purchaser buys newly issued securities. Securities that have already been issued in the primary market are traded subsequently in the secondary market. In the secondary market, trades are made between investors as opposed to between the issuer and the investors.

発行市場と流通市場：発行市場とは、新規に発行される証券を投資家が最初に購入する市場をいう。発行後の証券は、その後流通市場で売買されることになる。発行市場での取引が証券の発行者と投資家間の取引であるのに対し、流通市場では投資家間の取引となる。

Know Your Customer: Securities industry ethics established by exchange rules, NASD Rules of Fair Practice and other authorities regulating broker-dealer practices. In order to satisfy the "know your customer" rules, when opening an account with a brokerage firm, the customer must provide information regarding his financial situation. Based upon the facts disclosed by the customer, the broker must have a reasonable belief that the recommendation they are making is suitable for the customer.　　　　　　　　　　(http://www.csfbprivateclient.com)

顧客熟知：証券取引所規則や証券業協会の公正慣習規則、証券会社活動を規制する当局によって確立された証券業界倫理規定。「顧客熟知」規則を遵守するために、顧客は口座を開設する際に自分の財務状態に関する情報を提示しなければならない。顧客から開示された事実に基づいて顧客に適していると判断できる十分な根拠がない限り、顧客にその商品を推薦してはならない。

英文読解のポイント

- Exchangeは「証券取引所」の意味。世界最大の証券取引所であるNew York Stock Exchangeは"Big Board"とか、Theをつけて"The Exchange"とよばれる。
- Rules of Fair Practiceは「公正慣習規則」で、「不公正な取引を防止して取引の信義則を助長する目的」で定められた規則（日本証券業協会）。
- Brokerは顧客注文の委託専門の業者でdealerは自己勘定でも取引する業者をいう。日本の証券会社は通常brokerでありdealerでもある。

3章　金融市場

5　証券取引所
Stock Exchange

　既に発行された証券は証券会社や投資家間で売買されますが、大きく分けると、①証券取引所での売買と、②それ以外の場所での売買（総称して店頭市場＝over the counter marketという）に分類できます。英文解説では証券取引所を"organized marketplace"としばしば説明していますが、これは証券取引所が投資家保護の観点から、制度面・取引面で高度に「組織化された市場」であることによります。

　日本では現在、東京、名古屋、大阪、札幌、福岡の5取引所があります。従来、取引所は証券会社による会員組織でしたが、2000年5月の証券取引法改正によって株式会社組織が認められ、大阪証券取引所と東京証券取引所が株式会社組織に移行しています。米国では、ニューヨーク取引所とアメリカン取引所がＮＹ市にあるほか、フィラデルフィアやボストンなど主要都市に証券取引所が存在します。ニューヨーク市以外の証券取引所を総称してregional stock exchangesと呼びます。

　売買を集中することで流動性（liquidity）を高め、公正な価格（fair market price）で取引を行うことが証券所取引の最大の目的です。取引所での売買を「売買立会」（floor trading）といいますが、東京証券取引所では、迅速で正確な処理をするために、株式売買はすべてコンピュータ・システムで処理されています。売買立会での売買では、買い呼値（bid）や売り呼値（offerあるいはasked）が行われます。

　取引所における売買方法は、売買注文を市場に集中して、価格優先・時間優先の原則にしたがって売買の優先順位を確保します。そして約定価格は、最も低い売り注文と最も高い買い注文が値段的に合致すれば取引が成立するという個別競争売買方式（auction）で決まります。

　証券取引所で取引される株式は、株主数、株主資本金額や収益など一定の上場基準（listing requirement）を満たした会社に限定されています。取引所に上場した会社をlisted companyといいますが、publicly held company（一般の投資家に株が保有されている会社）ともいいます。ちなみに、未上場会社はunlisted companyまたはprivately held companyといいます。なお、上場を廃止する場合にはdelistを使います。

● **英文で理解しよう**

How the NYSE Auction Market Works

The NYSE is an agency auction market. What does that really mean and what are the advantages? The essential point is that trading at the NYSE takes place by open bids and offers by Exchange members, acting as agents for institutions or individual investors. Buy and sell orders meet directly on the trading floor, and prices are determined by the interplay of supply and demand. In contrast, in the over-the-counter market, the price is determined by a dealer who buys and sells out of inventory.

At the NYSE, each listed stock is assigned to a single post where the specialist manages the auction process. NYSE members bring all orders for NYSE-listed stocks to the Exchange floor either electronically or by a floor broker. As a result, the flow of buy and sell orders for each stock is funnelled to a single location. (http://www.nyse.com/floor/floor.html)

ニューヨーク証券取引所の競争売買方式の仕組み

ニューヨーク証券取引所（NYSE）は競争売買を仲介する市場である。これは何を意味し、どういう強みがあるのか。重要な点は、NYSEでの売買が、機関投資家や個人投資家の委託を受けた取引所会員による公開競争売買方式で行われることである。買い注文と売り注文は取引所の立会い場で突合わされ、需給関係で取引価格が決まる。これとは対照的に、店頭市場での取引では、自己勘定で取引を行う証券会社によって取引価格が決められる。

NYSEでは、各銘柄ごとに取引ポストがあり、スペシャリストが競争売買を取り仕切る。NYSE取引所会員は、すべてのNYSE上場株式の注文を、コンピュータあるいはフロアブローカーを通じて立会場に出さなければならない。このシステムによって、各銘柄の売り買い注文が一ヶ所に集中することになる。

英文読解のポイント

● Agency auction marketは、「競争売買方式をとっている市場」で、取引所の役割はあくまで買い手と売り手の「仲介役」という意味。

● Bids and offersのbidは「買い呼び値」、offerは「売り呼び値」をいい、bidとofferの差をspread（スプレッド）という。

● Out of inventoryは「在庫から」と直訳するのではなく、「自己勘定で取引をする」。

● Specialistは、委託および自己売買を行うだけでなく、均衡を維持する役割を負うNY取引所会員を意味する。

3章　金融市場

6 店頭取引
Over The Counter

　店頭取引とは、「組織化された証券取引所以外での取引（not traded on an organized stock exchange）」を意味します。つまり、証券会社と直接行う取引や非上場証券の取引などはすべて店頭取引となります。証券取引所が高度に組織化された（organized）市場であるのに対し、店頭市場は非組織の市場といえます。しかし、情報技術の飛躍的発展にも支えられ、今日では「組織化された店頭市場」が急速に拡大しています。その代表格が米国のNASDAQであり、日本のJASDAQ（店頭売買市場）です。NASDAQは米国の自主規制団体（self-regulatory body）である全米証券業協会（National Association of Securities Dealers = NASD）の管轄下にあり、世界最大の取引量を有します。JASDAQの場合、日本証券業協会（JSDA）に登録された「店頭登録株式」が売買されます。なお、英語では「登録株式」もlisted stockと呼び、取引所の上場株式と同じ用い方をします。オプションなどのデリバティブ（derivatives）取引も、取引所で行われる場合と、取引所外で直接業者と顧客間で行われる店頭デリバティブ（OTC derivatives）があります。

　JASDAQは、米国のNASDAQシステム（National Association of Securities Dealers Automated Quotation System）にならって、高度にコンピュータ化されたシステム（JASDAQシステム）のもとで運営されています。店頭売買市場での売買方法には、競争売買方式（auction）とマーケット・メイク（値付け＝market making）方式があります。競争売買方式は証券取引所の競争売買方式と基本的に同じで、売り買いの注文を集中させるやり方です。マーケット・メイク方式では、マーケット・メーカー（値付け業者＝market maker）が売りと買いの呼び値（気配）（bid and asked）と数量を継続的に発表し、顧客や他の会員会社から売買注文があればその気配値と数量で売買に応じる義務を負います。マーケット・メイクは、流動性の低い店頭銘柄の流動性（liquidity）を高める効果があります。マーケット・メーカーやマーケット・メイクは米国店頭市場で使われるmarket makerやmarket makingをそのまま使っています。なお、ニューヨーク証券取引所では、market makerと同じ役割を果たしている業者をspecialistと呼びます。

● **英文で理解しよう**　　　(http://www.nasdaq.com/about/about_nasdaq.stm)

As the world's largest electronic stock market, Nasdaq(R) is not limited to one central trading location. Rather, trading is executed through Nasdaq's sophisticated computer and telecommunications network, which transmits real-time quote and trade data to more than 1.3 million users in 83 countries. Without size limitations or geographical boundaries, Nasdaq's "open architecture" market structure allows a virtually unlimited number of participants to trade in a company's stock.

電子店頭市場として最大規模を誇るNasdaqの機能は、単に中央取引所のひとつにとどまらない。それどころか、Nasdaqの高度なコンピュータと電子ネットワークを通じて、83カ国、130万以上の利用者にリアルタイムで株価や取引データを送信している。取引規模にかかわらず、またどこからでもNasdaqの「オープン・アーキテクチャー」な市場の仕組みを通じて、数限りない人々が株式売買に参加することができる。

Market Makers : More than 500 market making firms trade on Nasdaq, acting as distributors for Nasdaq-listed securities. They are required at all times to post their bid and ask prices in the Nasdaq network where they can be viewed and accessed by all participants. By being willing to buy or sell stock using their own funds, market makers add liquidity to Nasdaq's market.　　(http://www.nasdaq.com/about/about_nasdaq.stm)

マーケット・メーカー：500社以上の会社が、Nasdaq市場でNasdaq上場銘柄の販売元としてマーケット・メーキングを行っている。マーケット・メーカーは常にNasdaqネットワークを通じて買い気配値と売り気配値を表示しなければならない。Nasdaqネットワークはすべての参加者がアクセスして見ることができる。自己資金で株の売買をすることで、マーケット・メーカーはNasdaq市場の流動性を高めることになる。

英文読解のポイント

● Executeは「取引を執行する」という意味。必要関係書類を完了し、証券の受渡しを完了してはじめてexecuteしたことになる。
● Open architectureは、一般に公開された情報技術関係のインフラをいう。
● Bid priceは"price someone is prepared to buy"、つまり「買い呼び値」。逆にasked priceは「売り呼び値」の意味。Offer priceも「売り呼び値」。

3章　金融市場

7 | 第3次市場と第4次市場
Third Market/Fourth Market

　大口投資家である機関投資家などのニーズが多様化したことや証券市場の国際化、さらには通信技術の発展などを背景に、証券の売買取引方法が多様化しています。

　ひとつが、証券取引所上場株式を取引所外で取引する方法です。1998年12月の「取引所集中義務」の撤廃で、証券取引所を経由せずに直接証券会社と投資家が取引をすることが解禁となりました。証券取引所を経由しないので、投資家は市場価格の変動を心配せずに大口取引をすることができるだけでなく、取引時間帯拡大というメリットを受けられます。ただし、取引所外取引はややもすれば取引価格形成が不透明になることから、売買価格に関して一定の制約が課せられています。

　ふたつめが「私設取引システム」です。これは認可を受けた証券会社が開設する「私設電子証券市場」をいい、私設市場を通じて投資家同士で株の売買を直接行うことができます。この結果、取引時間の終了した夜間でもインター・ネットで証券取引仲介サービスを受けられます。日本ではproprietary trading system（PTS）といいますが、米国ではelectronic communications network（ECN）、あるいはalternative trading systemと呼ばれます。PTSでは、取引の透明性を保つために、さまざまな規則が定められています。

　なお、米国では数字で取引市場を表すこともあります。たとえば、the first marketは"the trading on the floor of an exchange of stocks listed on the exchange"（上場証券の証券取引所内での売買）で、the second marketは"the trading of nonlisted stocks over the counter"（非上場株式の店頭取引）を意味します。The third marketは"the over the counter trading of stocks listed on exchanges"（上場株式の店頭取引）で、日本では「上場証券の取引所外取引」と呼んでいます。The fourth marketは"the direct trading of large blocks of securities between institutional investors through a computer network"（証券会社を介さずに直接投資家間で行う取引）で、ECN取引がこれに相当します。

● 英文で理解しよう

Third market : Over-the-counter trading of exchange-listed securities among institutional investors and broker/dealers for their own accounts (not as agents for buyers and sellers). Stock exchange members or non-members may trade large blocks of stock off the floor to avoid the transaction's unsettling effect on the market, or avoid paying a commission on the sale. (http://www.nasdg.com/glossary/t.asp#thirdmkt)

第3次市場：証券取引所上場証券を、機関投資家や証券会社が自己勘定で（売り手や買い手の委託ではなく）店頭売買（取引所外売買）をすること。証券取引所会員業者や非会員業者は、市場への波乱要因を避ける目的あるいは取引手数料の支払いを避ける目的で、大口取引を取引所外で行うことがある。

Instinet's services enable buyers and sellers worldwide to trade securities directly and anonymously with each other, have the opportunity to gain price improvement for their trades and to lower their overall trading costs. Through its electronic platforms, Instinet clients can access over 40 securities markets throughout the world. The Firm acts solely as an agent for its customers and does not trade securities for its own account or maintain inventories of securities for sale.

(http://www.instinet.com)

Instinetのサービスを通じて、世界中の買い手や売り手はお互いに直接かつ匿名ベースで証券の売買を行い、より有利な取引価格を得る機会をもち、全体の取引コストを下げることができます。Instinetの電子システムを通じて、顧客の皆さまは世界の40以上の証券市場にアクセスすることができます。当社は皆さまのための仲介業務のみを提供するだけで、自己勘定で取引をしたり販売証券を自己保有することはしません。

英文読解のポイント

- Exchange-listed securitiesは「取引所上場証券」。Exchangeだけで証券取引所を意味する場合もあるので注意のこと。
- Agentは「代理」。ここでは顧客の「委託取引」を指す。「本人」として取引する場合にはprincipalあるいはown accountを使う。
- Price improvementのpriceは「取引価格」の意味。"At any price"は「どんな犠牲を払っても」となり、"at a price"は「かなりの高値で」となる。

8 | 公募と私募
Public Offering/Private Placement

　Publicは「公共、一般、公開」という意味ですが、ここでは不特定多数の市場参加者と解すべきでしょう。つまりpublic offeringは「不特定多数の投資家を対象に売る」ことを意味します。「不特定多数」とは、日本の法律では個人投資家（retail investor）や機関投資家（institutional investor）を含み、投資家数が50名以上の場合をいいます。

　ここで注意しなければならないことは、同じ不特定多数の投資家を対象として売出す場合でも、「募集」と「売出し」の2種類があることです。つまり、新規証券発行を売出す場合が「募集」で、既に発行された株式（たとえば、大株主が保有する株式）を不特定多数の投資家に販売する場合が「売出し」となります。「公募」という言葉を使うこともありますが、これは「募集」と同じ意味です。ところで、英語でも「募集」と「売出し」を区別しています。「募集（または公募）」をprimary offeringとかprimary distributionといい、「売出し」をsecondary offeringとかsecondary distributionといいます（この単語が、第一次市場を表すprimaryと第二次市場を表すsecondaryによるのは3章の4節の説明で理解できますね）。また、公募に相当するpublic offeringもprimary offeringと同じ新規発行の場合を意味します。公募の場合には、不特定多数の投資家を対象とするだけに、投資家保護の観点から有価証券届出書（registration statement）の提出や目論見書（prospectus）の作成などさまざまな規制が証券会社に課せられます。

　これに対して、特定かつ少数（50名未満）の投資家を対象とするか、あるいはプロの機関投資家のみを対象として新規証券や既存証券の勧誘を行うことを私募（private placement）といいます。機関投資家だけを対象とするときには、50名以上となっても私募ベースで発行できます。ただし、機関投資家のみを対象として私募形式で証券を発行する場合には、後で機関投資家以外の投資家に転売されないことが条件となります（証券取引法第2条3項）。転売をしない旨確約する文書をinvestment letter（投資確認書）といいます。私募は公募に比べて目論見書のような詳細な情報開示を求められていないので、比較的低コストで発行できるというメリットがあります。

● **英文で理解しよう**

Primary distribution : A primary distribution, or primary offering, occurs when an issuer offers new securities for sale to the public. A secondary offering, or secondary distribution, occurs when a shareholder offers a large block of previously issued securities for sale to the public. In a primary distribution, the issuer receives the proceeds of the sale of the securities. In a secondary distribution, the proceeds go to the selling shareholder.

募集：募集とは証券の発行者が新規証券を一般投資家に販売することをいう。売出しとは、株主が既に発行された証券を大量に一般投資家に販売することをいう。募集の場合には、発行会社が発行額を受取ることになるが、売出しの場合には売出し額は株を販売した元の株主が受取ることになる。

Preliminary prospectus/red herring : In order to sell stock in a public offering, the issuer is required to provide potential investors with a prospectus that sets forth a variety of information about the issuer and the securities being offered. A preliminary, or a "red herring," prospectus is one that has been prepared for use by the underwriter to solicit interest from select investors in the public offering. It is understood that the preliminary prospectus is subject to change prior to the actual issuance of any securities.

仮目論見書：公募で株を販売する場合には、発行会社は購入見込みのある投資家に目論見書を提示しなければならない。目論見書には、発行会社や発行証券に関するさまざまな情報が記載される。レッド・ヘリングとも呼ばれる仮目論見書は、引受業者が公募の際の有力な見込み投資家を勧誘するために使われる。実際の発行前に仮目論見書の内容は変更され得る。

英文読解のポイント

- Proceedsは「発行手取金」。通常は販売に掛かる手数料などを引いた手取金をいう。
- Red herringの字義は「燻製にしん」という意味だが、仮目論見書の表紙が赤字で印刷されていることからこのように呼ばれる。
- Subject toはよく使われる言葉で「条件付」を意味する。たとえば"subject to approval of the board"は「取締役会の承認条件が前提」という意味。

3章 金融市場

9 新規株式公開
Initial Public Offering

　株式が経営者や経営者の関係者など少数の株主に保有されており、一般投資家に公開されていない会社を非公開会社（private company）と呼びます。非公開会社が成長してくると、さらなる発展のために新たな資金が必要となってきます。このような場合に、株式を不特定多数の投資家に公開して広く資金を集めることが有効な手段となります。これを「新規株式公開」（Initial Public Offering = IPO）といいます。IPOをすることで"going public"、つまり公開会社（public company）になるわけです。ちなみに、公開会社を買収して非公開会社にすることを"going private"といいます。

　IPOを簡単に定義すると"the first sale of stock by a company to the public（株を一般投資家に初めて販売すること）ですが、似たような言葉にpublic offeringがあります。これは既に公開している会社が、新規や既存の株式や債券を不特定多数の投資家に販売する、つまり「募集」や「売出し」を意味します。初めて公開会社となる「新規株式公開」とは意味が異なるので混同しないように注意してください。

　株式の公開方法としては、証券取引所や証券業協会が定める「株式上場基準」（listing requirement）をクリアして、取引所に上場するかあるいは店頭登録をします。なお、取引所上場も店頭登録も英語ではlistingという単語を使っています。

　IPOの際には、新規に発行する株式に加え、大株主が既に保有している既存株式（issued share）を同時に販売するのが一般的です。新規株式の販売を「募集」（primary distribution）といい、既存株の販売を「売出し」（secondary distribution）ということは既に説明しましたね。新規株と既存株を同時に売出すことを英語ではpiggybackといいます。Piggyback（背に乗った）から転じて「相乗り販売」という意味で使われます。

　株式公開のメリットとしては、多額の資金を調達できることに加え、知名度が高まることによって会社の社会的信用が高まり、その結果業容の拡大や有能な人材の獲得が可能となることです。一方、投資家保護の観点から、公開後は有価証券報告書（米国では10Kや10Q）を決算後一定の時期までに作成・発行するなど、投資家に対する情報開示（disclosure）が求められます。

● **英文で理解しよう**

Initial Public Offering : An issue of new stock by a once private company to transform itself into a publicly held one. IPOs are usually done to raise cash for growing young companies that need larger sources of capital than the private sector can provide. The new shares are sold to one or more investment banks, which then sell them to the public.

(http://www.nyse.com/)

新規株式公開：非公開会社が公開会社になる目的で、新たに株式を発行すること。若い成長企業が、限られた資金源以上の大きな財源を求めて資金を調達する場合にIPOが利用されることが多い。新規発行株は一社あるいは複数の投資銀行が購入した上で、一般投資家に販売される。

Listing Requirements : Rules of eligibility that a corporation must meet before its stock can be listed for trading on an exchange. Each exchange has different requirements--the New York Stock Exchange (NYSE) being one of the most stringent. Some of the NYSE's requirements are that a corporation must have (1) at least 1,100,000 shares publicly held with a minimum market value of $18 million (2) a minimum pretax annual net income of at least $2.5 million. (http://www.oneinvest.com/ilLiLn.htm)

上場基準：証券取引所で売買されるためには株式を上場することになるが、それには上場基準を満足させなければならない。取引所によって基準は異なるが、ニューヨーク取引所の要件は最も厳しいもののひとつである。たとえば、(1) 時価総額が最低18百万ドルあって110万株が一般投資家に保有されること (2) 税引き前利益が少なくと2.5百万ドルあることなど。

英文読解のポイント

● Growing company は「成長会社」。Growth company ともいう。Growth stock は「成長株」、growth fund は「成長株を主体に投資するファンド」をいう。
● Shares are sold to an investment bank の sold は実際には投資銀行が販売目的で「引き受ける」ことを意味する。一般投資家に完売できない場合には、しばらくの間自己勘定で保有せざるを得ない。
● Market value は「時価」。時価は「そのときの市場株価×発行総株数」で算出され、100％の株を市場で買う場合の総額をいう。

力試し 1　　　　　　英文金融記事を読みこなす

As for the financial environment, the outstanding balance of current accounts at the Bank of Japan is recently moving at around 20 trillion yen, as the Bank provides ample liquidity. Under these circumstances, in the money markets the overnight call rate continues to hover at very close to zero percent. Moreover, longer-term interest rates continue to be at low levels on the whole, and the markets remain steady to date as the fiscal year-end approaches.

Yields on long-term government bonds declined again to the range of 0.7-0.8 percent after moving in the range of 0.8-0.9 percent until mid-February. Yield spreads between private bonds (bank bonds and corporate bonds) and government bonds are contracting slightly.

Stock prices are weakening slightly reflecting the heightened uncertainty about geopolitical developments and uncertainty regarding the domestic economic outlook. The Nikkei 225 Stock Average is recently moving at the 8,000-8,500 yen level.

In the foreign exchange market, the yen is currently traded in the range of 117-119 yen to the U.S. dollar, as the dollar continues to be weak due mainly to greater tension in the Middle East.

With regard to corporate finance, private banks remain cautious in extending loans to firms with high credit risks while they continue to be more active in extending loans to blue-chip companies. The lending attitudes of financial institutions as perceived by firms, particularly small ones, are severe. In the corporate bond and CP markets, the issuing environment for firms with high credit ratings is accommodative, but the environment for firms with low credit ratings is severe.

Credit demand in the private sector continues to follow a downtrend mainly because business fixed investment remains sluggish and firms are continuously reducing their debts.　　日本銀行Webサイトから抜粋
(http://www.boj.or.jp/en/seisaku/03/pb/gp0303_f.htm)

訳

　金融面をみると、日本銀行が潤沢な資金供給を行うもとで、日本銀行当座預金残高は20兆円程度で推移している。こうしたもとで、短期金融市場では、オーバーナイト物金利が、引き続きゼロ％近傍で推移している。また、ターム物金利も、全体として低水準が続いており、年度末を控えつつも、市場はこれまで落ち着いた地合いを維持している。

　長期国債流通利回りは、２月中旬まで0.8％台でのもみ合いとなったあと、再び0.7％台に低下した。この間、民間債（銀行債、事業債）と国債との流通利回りスプレッドは、幾分縮小している。

　株価は、国際政治情勢の不透明感の高まりや国内景気の先行き不透明感を背景にやや軟化しており、日経平均株価は、最近では８千円台前半で推移している。

　円の対米ドル相場は、中東情勢の一段の緊迫化を背景とする米ドルの軟化基調継続のもとで、最近では117〜118円台で推移している。

　資金仲介活動をみると、民間銀行は、優良企業に対しては、貸出を増加させようとする姿勢を続ける一方で、信用力の低い先に対しては、慎重な貸出姿勢を維持している。企業からみた金融機関の貸出態度も中小企業等では総じて厳しい。社債、ＣＰなど市場を通じた企業の資金調達環境も、高格付け企業は緩和的であるが、低格付け企業では厳しい状況にある。

　資金需要面では、企業の借入金圧縮スタンスが維持されている中で、設備投資が低調に推移していることなどから、民間の資金需要は引き続き減少傾向を辿っている。
日本銀行Webサイトから抜粋　　（http://www.boj.or.jp/seisaku/03/pb/gp0303_f.htm）

Key Word

- **Outstanding balance of current accounts at the Bank of Japan**：「日本銀行の当座預金勘定に預けられている残高」。当座預金とは無利息で出し入れが自由な預金勘定で、日本銀行当座預金とは、金融機関が日本銀行に保有している当座預金を指す(当座預金については「預金の章」を参照)。
- **Ample liquidity**：ここでは「潤沢な資金供給」と訳されているが、liquidityは「流動性」という意味で、資金の流動性が高い、つまり潤沢な資金供給となる。Liquidity riskは、資金の流動性がタイトになって、予定通りの資金調達ができなくなるリスクをいう。
- **Money markets**：3章金融市場2節で解説したように、money marketsは償還期限が1年以下の金融商品が取引される市場をいう。これに対し、債券や株式など長期金融商品の市場をcapital market(資本市場)という。

Overnight call rate：コール市場（call market）とは、金融機関のごく短期の資金（原則として1ヵ月未満）の貸借を行う市場をいう。コール市場には国債などの担保を裏づけとした有担保コールと無担保で行われる無担保コールがある。Overnightは約定日の翌日に決済が行われる翌日物を意味する。

Fiscal year-end：Fiscal year-endは「会計年度末」でここでは3月末を意味する。多くの日本企業は3月末をfiscal year-endとしているが、欧米の企業では12月末をfiscal year-endとするところが多い。一方、暦どおりの年末はCalendar year-end。

Yield spread：yieldは「利回り」、つまり「投資した元本に対する収益の割合」をいう。Spreadは「格差」を意味するので、ここでは「国債と民間債の利回りの格差」となる。なお、イールド・スプレッドだけだと長期金利と株式の益利回りとの格差を意味する。

High credit risk：credit riskとは、破産や業況悪化のために返済履行ができなくなる「信用リスク」を意味し、high credit riskは「信用リスクが大きい」、つまり返済できないリスクが高いことをいう。同じパラグラフにあるlow credit rating（信用格付が低い）と同じ意味となる。逆に、low credit riskとhigh credit ratingはblue-chip company（優良会社）を意味する。

Issuing environment：Issuingとは資金調達を目的として債券や株など有価証券を発行することを意味するので、issuing environmentは「発行する市場環境」つまり市場からの「資金調達環境」となる。

Credit demand：ここでいうcreditは「信用」から転じて「借入れ」を意味する。したがって、credit demandとは企業などからの「借入需要、資金需要」となる。

Business fixed investment：「設備投資」。Capital expenditureも設備投資を意味する。

解説

上記の英文・日本文とも、日本銀行のホームページに掲載されている「金融経済月報 基本的見解 2003年3月」から抜粋したもの。日本銀行や財務省などのホームページを利用すると、英文と日本文を同時に見ることができるので、有益な英文読解のツールとして活用できる。

この記事の英文はさほど難しいものではないが、内容をしっかりと理解するためには金融特有の単語が何を指しているかをきちんと理解する必要がある。この英文に出てくるcurrent account、spread、issuing environment、creditなどは単語それ自体としては日常よく使われるものだが、金融商品を理解していないと何のことだか分からなくなる。

第二部

金融商品

（基本編）

　金融の自由化が進む前は、金融商品というと元本が保証された預金、元本保証のない株式と債券、それに生命保険くらいでした。しかし規制撤廃にともなって、欧米先進国で取り扱われる数多くの金融商品が日本にも流入してきました。一部の投資家を除いて、大半の人は元本保証の金融商品しか経験していなかったので、リスクと利益の関係を理解せずに新しい商品に飛びつくことは危険です。ここでは各種金融商品の解説を試みます。

1章 預金

1 流動性預金
Liquid Deposit

　預金の種類は流動性預金（liquid deposit）と固定性預金（fixed deposit）とに大きく分けられます。流動性預金はすぐに引出し（withdrawal）ができるので要求払い預金（demand deposit）とも呼ばれます。通知預金（deposit at notice）は、7日間の据置きと2日前の引出し予告（at 2 days' advance notice after 7 days from the deposit date）が必要ですが、流動性預金に含まれます。

　日本では普通預金が流動性預金の代表格でしょう。出し入れが自由で利息も付くためもっとも広く利用されています。給与の振込み、公共料金やクレジットカードの利用代金支払い、キャッシュカードによる振込みや現金引き出しなど、普通預金は支払いの手段として幅広く利用されています。普通預金に比べ、自動預入れや支払いに制限があるものの利息が普通預金より高い貯蓄預金もあります。

　米国や英国では利息の付く預金をsavings accountと総称していますが、passbook（通帳）を使ったordinary savings accountが日本の普通預金に相当します。Savings accountの一種で、より高い金利が付き、入出金も自由にできるのがmoney market deposit account（MMDA）です。これは1970年代後半に人気があったmoney market fund（マネーマーケット・ファンド）に対抗するために、1982年に米国のcommercial bank（商業銀行）やsavings bank（貯蓄銀行）に認められた要求払い預金です。Money market fundと同じように、短期金融市場金利（money market rate）に連動した金利が付きます。MMDAに小切手発行の機能を持たせたのが1980年に登場したNOW account（negotiable order of withdrawal）や1982年に登場したSuper NOW accountです。Negotiable order of withdrawal（譲渡可能払い戻し指図書）が発行され、小切手と同様に利用できます。しかし、1986年の金利自由化後は、これらの貯蓄性預金を一本化してMMDAとして提供する銀行が増えています。

　証券会社も銀行預金に対抗して、貯蓄、小切手、投資、借入れ、クレジットカードなどの機能を一元化したサービス（all-in-one service）を提供しています。Merrill Lynchが始めたCash Management Accountがその典型例です。

【一口メモ】普通預金、貯蓄預金や定期預金を一冊の通帳にまとめたものが総合口座（multiple purpose bank account）で、普通預金の預金残高が不足する場合に自動的に定期預金を担保に融資が受けられるため、手続きの面でも金利の面でも預金者にとって便利で有利になっている。

● 英文で理解しよう

Demand deposit : A demand deposit is any account where the depositor has immediate access to the account and can withdraw some or all of the funds at will. A checking account is one type of demand deposit.

Savings account : A savings account is any deposit account whereby the depositor entrusts money to a bank or financial institution in return for the payment of a specified interest rate. Savings accounts do not entitle the holder to write checks, but the funds can usually be withdrawn at any time on demand.

要求払い預金：要求払い預金とは、預金者がその口座を即時利用でき、その資金の一部または全額を自由に引き出すことのできる口座を指す。小切手口座は要求払い預金の一種である。

貯蓄性預金：貯蓄性預金とは、預金者が銀行または金融機関に特定の金利支払いと引き替えにお金を預ける預金口座をいう。貯蓄性預金では預金者が小切手を振り出すことはできないが、資金は要求すれば何時でも引き出せる。

英文読解のポイント

- Demand deposit は、文字通り要求があれば直ぐ払う預金で immediate access（直ちに利用する権利）があるが、term deposit にはそれがない。
- Checking account は小切手を使用する口座という意味で、主に米国で使われ、米国以外では current account という。Current account とは、当座の資金を入れておく口座の意味。
- Savings account は savings deposit ともいうが、預金通帳（passbook）によって出し入れをするのが多い。欧米では決済口座として小切手口座（current account, checking account）が使われるが、日本では普通預金が決済口座として利用されているので、米国でいう savings account は、日本の貯蓄預金（日常の決済に使えない代わりに金利が高めに設定される）に近いものと理解した方が良い。
- Entrust は to または with を伴って「委託する、預ける」の意味に用いられる。
  entrust money to a bank = entrust a bank with money
- On demand は最近日本語でも使われることがあるが、"The service is available on demand" のように、「請求あり次第（または要求すれば）、そのサービスを受けられる」のように使われる。

1章 預金

2 固定性預金
Fixed Deposit

　固定性預金（fixed deposit）は預入れ期間と利息が固定（fixed）された預金で、定期預金（time deposit）がその代表格です。Time depositのtimeは「時間、時期」という「時」だけでなく、期限を有する「定期性」の意味もあります。たとえば、いつでも支払われるsight bill（一覧払い手形）に対して、time billは一定期間後に支払われる期限付き手形となります。Time depositも同様に一定期間後に引出しができる預金です。一定期間後の期日をmaturityとかdue dateといいますが、maturityまでは払い出しができない分、普通預金など要求払い預金に比べて高い利息が付きます。ただし、期日前に解約する（cancel）と、penalty clause（契約に記載される違約条項）にしたがって低い利率が適用されます。Penaltyは「罰則」という意味で、金融だけでなくスポーツにもよく使われる単語です。Penalty interest（契約違反に対する違約金利）、penalty tax（追徴税）、penalty area（サッカーなどのペナルティ・エリア）などといった具合です。

　通常の定期預金のほか、利息が変動する変動金利定期預金（variable rate time deposit）、あらかじめ期日を指定する期日指定定期預金（maturity-designated time deposit）、一定期間積み立てる積立定期預金（installment time deposit）などがあります。

　銀行に預ける預金は定期預金に限らず、一般に譲渡を禁止する特約がついていますが、この特約がなく、第三者に譲渡できる預金を譲渡性預金（NCD＝negotiable certificate of deposit）といいます。NCDは銀行など預金取扱い機関が発行し、発行金額・期間・金利・譲渡先に制限はありません。NCDは1951年に米国の銀行が始め、日本では1979年に導入されましたが、現在では金融機関以外の企業や地方公共団体なども参加できるオープン市場（a market which is widely accessible to all investors including corporations and local communities）で活発に売買される商品となっています。Negotiableは「交渉の余地がある」という意味のほかに、「譲渡可能な」という意味があります。NCDだけでなく、小切手（check）や手形（note）もnegotiable instrumentsです。

英文で理解しよう

Time deposit : Any savings account held in a bank or other financial institution for a fixed term, or with the understanding that the owner of the funds can only withdraw the money by giving a specified period of notice (such as 30 days) in advance of withdrawal. Time deposits are contrasted with demand deposits where the depositor has a right to withdraw the money held on deposit at any time.

定期預金：銀行またはその他の金融機関に対して、固定された期間預けられるか、もしくは引出し前の特定の期間（例えば30日など）の通知によって資金の引き出しができるとの了解の下で、預けられた貯蓄預金。定期預金は、預金されたお金をいつでも預金者が引き出せる要求払い預金と対比される。

Certificate of deposit (CD) : A receipt issued by a bank for a cash deposit for a specified period of time at a fixed rate of interest (determined by the marketplace). Upon maturity, the bank pays the depositor the principal plus all accumulated interest. Negotiable CDs may be transferred before maturity; non-negotiable CDs are not readily transferable, and early withdrawals are subject to interest penalties.

(http://www.aigvalic.com/valic2000/valicweb.nsf/contents/glossaryA?opendocument&noload)

定期預金証書（CD）：現金を固定金利（金利は市場金利をもとに決められる）で一定期間預けた際に銀行が発行する預金証書。満期日に元本とすべての累積した利息が支払われる。譲渡性CDは満期前に譲渡（転売）できるが、譲渡性のないCDは譲渡ができず、早期引出しには違約金利が課せられる。

英文読解のポイント

- Time deposit はterm depositとも呼ばれる。通常3ヵ月、6ヵ月、1年などのfixed termで設定される。日本で期日指定定期預金（maturity-designated time deposit）と呼ばれているものは、預け入れ後1年据え置き（with deferred period of one year）、その後1ヵ月前の解約通知（at one month advance notice of withdrawal）で引き出す形となっている。

- Certificate of deposit はtime depositの証拠として発行される証書。日本ではcertificate of depositには譲渡禁止（not-negotiable）の特約がついていて、質入（pledging）もできない。米国で開発されたnegotiable CDが金融自由化に伴って日本にも導入されたが、negotiableである以外は通常の定期預金とほぼ同じ。

1章 預金

3 当座預金
Current Deposit

　当座預金（current accountともいう）は主として企業の資金決済用の要求払い預金で、支払いは当座勘定取引契約に基づいて小切手（check）や手形（note, bill, draft）を通じて行われます。このため、米国等ではchecking account とも呼ばれます。支払った小切手などは受取人の銀行口座に入金され、手形交換所（clearing house）を通じて支払銀行に提示され、当座預金から引き落とされて決済が終了します。つまり、支払銀行での決済が完了するまで引き出せないわけです。英語では、これをclearing house funds（交換所を経由するお金）といって、即日引き出せるgood moneyと区別します。また、引出せない状態のお金をuncollected fundsといい、小切手などを預金した日から決済が確認できるまでの期間をfloatといいます。

　ここで、当座預金で使用する小切手に関する英語を調べてみましょう。受取人（drawee）の記載がなく小切手の所持人に支払われる小切手をbearer check（無記名小切手）といいます。Bearer bond（無記名債券）と同じいい方です。"Pay to the order of Mr.X" と受取人が記載されているのをspecified check（記名小切手）、盗難などに備えて小切手面に横線を引いたものをcrossed checkといいます。また銀行が支払を保証した安全な小切手をcertified checkといいます。

　当座預金に貸出の機能を与えたのが当座貸越口座（overdraft account）です。預金残高が不足しても一定の限度額（limit of overdraft）まで借入れができるものです。手続きが簡単であり、印紙税（stamp duty）を払う必要もないため利用残高は増えています。

　小切手や手形が預金残高あるいは当座貸越の金額限度を超えて振り出されると、不渡り（unpaid or dishonored）として請求してきた銀行に返却されます。不渡り小切手はdishonored checkとかbad checkといいますが、「ゴムボールのように跳ね返ってきた小切手」という意味からbounced checkとかrubber checkとも呼ばれます。

　盗難などによる場合を除き、不渡りが6ヵ月以内に2回発生すると、その後2年間一切の当座預金と貸出の取引が停止されます。これによって商取引ができなくなり、多くの場合倒産に至ります。不渡りから取引停止に至る手続は国により異なりますが、米国ではcriminal offense（刑事犯）となります。

● **英文で理解しよう**

Current account : A current account is an account offering a number of facilities including checking accounts, deposit accounts, direct debit accounts and overdraft accounts. This term can also be used to refer to the balance of payments between two entities that are engaged in trading transactions.

Dishonored check : Any check that a bank refuses to honor upon submission, usually for lack of funds in the checking account. Dishonored checks are also known as bounced checks or rubber checks. It is a crime intentionally to write a check knowing that there are insufficient funds available in the account to cover the check. Check kiting, which is also illegal, occurs when a check is issued before funds are deposited in an account to cover the check upon presentment.

当座預金：当座預金口座は多くの便宜を提供する口座で、小切手口座、預金口座、直接引き落とし口座および当座貸越口座などとして利用できる。この用語はまた取引関係にある二つの主体間の収支について用いられることもある。

不渡り小切手：通常、当座預金の資金不足などにより呈示時に銀行が支払いを拒絶する小切手のこと。不渡り小切手はまたbounced checkとかrubber checkとも呼ばれる。小切手金額に見合うだけの資金が口座にないことを知りながら意図的に小切手を振り出すことは犯罪である。小切手の融通とは、これも違法であるが、呈示に際し小切手相当分の資金を口座に預金する以前に小切手を振り出すことをいう。

英文読解のポイント

● Current account, current deposit はほぼ同じ意味で使われる。Current account は check や draft による日常の支払いのために使われるほか、debit card の引き落とし口座としても利用される。

● Entities とは「事業体、団体」を意味するが、ここでは企業、国などの独立した主体という意味。

● Submission, presentment は、共に小切手や手形を支払いのため銀行に「呈示」することで、presentation も同じ。

● Dishonored check の別名として bounced check や rubber check があるが、check kiting は kite bill（融通手形）に見られるように取引の裏付けなしに資金繰りのため振り出すときに使われる。

1章 預金

4 ペイオフ
Pay-off

　2002年4月からペイオフが解禁されました。Pay-offには「支払い、報酬」等の意味がありますが、ここでは金融機関が破綻（failure）した場合に、預金保険機構が一定額まで預金の払い戻しを保証することを指します。米国では1933年に設立したFederal Deposit Insurance Corporation（FDIC）のもとで、預金保険加入金融機関に預けられた米国内預金について10万ドルまで保証されます。保険対象預金はdeposit insuredといいます。ところで、FDICのwebサイト（http://www.fdic.gov/bank/historical/reshandbook/ch4payos.pdf）によると、deposit payoffの方法として2つ説明されています。FDICが付保預金を預金者に直接払い戻すstraight deposit payoffと、受け皿となる健全な金融機関に保険預金を移管して預金者は受け皿銀行とそのまま預金を継続するか預金の払い戻しを受けるinsured deposit transfersです。

　日本では金融機関が倒産しても政府の預金者保護政策により、預金は全額保護されてきましたが、2002年4月から普通・当座・別段預金以外の預金を対象としてペイオフが実施され、2005年4月からは無利息の決済用預金を除くすべての預金がペイオフの対象となりました。日本では、預金保険加入金融機関の預金は1預金者当たり元本1千万円とその利息が保証されます。ただし、外貨預金や譲渡性預金は保険対象外です。

　しかし、お手本とした米国においても、数ある銀行倒産のうち、預金の払い戻しが実施された例はほんの僅かで、実際には救済合併や資金援助などで破綻した銀行を救済（bailout）しています。Encyclopedic Dictionary of Business Terms, (Prentice Hall) でも、"When a bank fails, the FDIC, instead of paying off depositors, usually merges the failing institution with another bank"（銀行が破綻すると、FDICは預金者に払い戻しをするのではなく、破綻銀行をほかの銀行に合併させることが多い）と説明しています。だから日本でもそうなるとは限りませんが、預金者も自己責任で金融機関を選び、同時に投資信託や債券、株式などにも分散投資（diversified investments）するなど、リスク管理（risk management）をする時代になったといえます。一方、金融機関も情報開示（disclosure）を進めて、より開かれた公正な金融市場にしていくことが求められます。

● **英文で理解しよう**

Pay-off : The Pay-off (Deposit Insurance Cap) System enables a government to set a limit on deposit guarantees in the event of a bank or financial institution failure. The original meaning in the banking context of the term pay-off came from the refunding of deposits upon liquidation of a bank or financial institution.　　　　(http://www.investorwords.com)

FDIC : The Federal Deposit Insurance Corporation's mission is to maintain the stability of and public confidence in the nation's financial system. To achieve this goal, the FDIC was created in 1933 to insure deposits and promote safe and sound banking practices.

(http://www.fdic.gov)

ペイオフ：ペイオフ（預金保険上限）制度により、政府は銀行または金融機関倒産の場合の預金保証に限度を設けることができる。ペイオフという用語の銀行業務上の元の意味は、銀行または金融機関の清算に当たり預金を払い戻すことからきている。

連邦預金保険公社（FDIC）：FDICの使命はわが国の金融システムの安定と金融システムに対する国民の信頼を維持することである。この目的を達成するために、FDICが預金に付保することと安全で健全な銀行業務を促進すべく、1933年に創設された。

| 英文読解のポイント |

● Deposit insurance cap の cap は、cap loan、cap interest rate などと同様に「帽子を被せる、上限を設ける」という意味。因みに cap loan は変動金利に上限を設けたローンのこと。cap の逆は floor という。

● Bank or financial institution failure の failure は倒産、破産、破綻の意味。「失敗、しそこない」とか power failure（停電）のように「故障」の意味もある。

● FDIC は米国の預金保険制度（Deposit Insurance System）の中心となる機関で、預金保険関連事務（operations for collecting insurance premiums, paying-off, etc.）や、破綻した銀行などの清算手続き（liquidation procedure）や、加盟金融機関の検査（inspection or examination）も行う。日本の預金保険機構は FDIC にならって設立された。

● Thrifts は thrift institutions（貯蓄金融機関）のことで、米国の場合 savings and loan association（貯蓄貸付組合）や credit union（信用組合）などを指す。日本の信用金庫、信用組合などに相当する。

2章 貸付

1 商業貸付
Commercial Loan

　貸出はloanあるいはlending、貸出人はlender、借入人はborrowerといいます。銀行貸出は期間によって短期貸出（期間1年未満）と長期貸出（期間1年以上）に分けられます。短期貸付（short-term loan）の代表格がcommercial loanで、在庫資金などの運転資金（working capital）の調達が主な資金使途（purpose of funds）です。通常は3ヵ月ごとに借り換え（rollover）されます。金利は貸出銀行によって異なりますが、優良会社に対する貸出金利であるプライムレート（prime rate）を基準とするのが一般的です。Primeは「最高の、第一の」という意味なので、prime rateは「最優遇貸出金利」とも訳されます。Prime customer（最優良顧客）、prime location（一等地）などと使われます。最上級の大臣（Prime Minister）は総理大臣（首相）ですね。

　短期のcommercial loanは一般的に担保をとらずに、信用扱い、つまり無担保で供与されます。英語ではunsecured loan、あるいはloan without collateralなどといいます。

　貸出の形式としては、商業手形（bill of exchange, note）等の手形を期日前に割り引いて（利息を差引いて）買い取る形で資金を供給する手形割引（bill discount）と、銀行に差出される約束手形（promissory note）を見返りに貸出す手形貸付け（loan on note）が日本では一般的です。また、当座預金の項で述べた当座貸越（overdraft loan）もよく利用されます。米国では、一定の限度額内であればいつでも借入ができるline of credit（credit line）が最も一般的な短期貸出形式です。借入人に正式に通知したcredit lineをadvanced lineとか confirmed lineと呼び、与信枠設定料としてcommitment feeを請求します。銀行内だけで枠を設定して借入人に連絡しない場合はguidance lineといい、commitment fee（約定料、コミットメント・フィー）は請求しません。また運転資金を調達する目的で、在庫（inventory）を担保としたinventry loanや売掛金（account receivable）を担保としたaccounts receivable financeもよく利用されます

　以上のいずれかの取引を開始するときは、銀行取引約定書（banking transaction contract）や借入契約書（loan agreement）を銀行に差し入れます。

● 英文で理解しよう

Bridge loan: A bridge loan refers to any short-term financing extended to a borrower usually for the purpose of providing funds until such time as long-term or permanent financing arrangements can be put in place. The proceeds of the long-term financing are used to pay back the bridge loan, which is also sometimes referred to as a swing loan or bridge financing.

つなぎ融資：つなぎ融資とは借入人に供与される短期の金融で、通常長期または恒久的な金融の取り決めが実施されるまでの間、資金を供与する目的のものをいう。長期借入金でつなぎ融資を返済する。つなぎ融資はswing loanやbridge financingともいわれる。

Overdraft: An overdraft occurs when a borrower uses funds in excess of its deposits. Banks and financial institutions often provide overdraft credit facilities to good customers as a way of allowing the borrower to manage its current cash obligations.

当座貸越：当座貸越は借入人が預金額を超えて資金を使用するときに発生する。銀行および金融機関は優良顧客に対し、現金支払い方法の一つとして当座貸越を供与することがよくある。

英文読解のポイント

- Bridge loanは本来 long-term financing（長期の借入）の手続が間に合わないときにつなぎ（bridge）として借り入れることからこのように呼ばれる。
- Proceedsは通常複数形として使い、「結果、収穫、売上金」などの意味がある。この文章のように「受取金」を意味することも多い。
- 売上金（sales proceeds）の回収（collection）までのつなぎとして、売上金を返済資源として一時的に借りるものを swing loanと呼ぶことがある。
- Overdraftは、預金残高を超えてdraft（手形）を振り出す「過剰振り出し」が元の意味。
- Overdraft facilities は、"to manage its current cash obligations" つまりキャッシュフローの管理上便利な手段といえる。
- Good customersでない顧客が、手違いから（by some mistake）、或いは意図的に（intentionally）overdraftを発生させると、the odds are that the bank will dishonor the check for the reason of insufficient fund（多分銀行は資金不足を理由にその小切手を不渡りにするだろう）ということも起こりうる。

2 担保貸付
Secured Loan

　短期貸付と比較すると、設備投資（capital expenditure）や長期プロジェクトなどへの長期貸付（long-term loan）は期間が長いため、元本や利息の返済リスクが増えます。従って、借入人の返済能力（repayment capacity）を補完する目的で担保を徴求するのが一般的です。担保には物的担保と人的担保とがあります。通常担保といえば物的担保を意味し、借入人または第三者から財産の提供を受け、返済が滞った場合は担保物件を処理して優先的に弁済に充てることができます。人的担保とは借入人以外から債務の返済を保証させるものです。

　担保に関する英語はたくさんありますので混同しないようにしてください。Secure（保証する、確実にする）の名詞であるsecurityはもっとも広義に担保を意味します。Collateralは物的担保全般を意味するので、物的担保をcollateral security といい、人的担保をpersonal securityといいます。担保物件の占有権（possessory right）が貸出人に移動（transfer）する質権はpledgeとかhypothecationといいます。一方、担保物件がそのまま借入人に占有される場合で、担保物件が不動産（real estate）だとmortgageといい、機械などの動産（personal property）だとchattel mortgageといいます。Lienは「先取特権」と訳しますが、債務不履行（default）の場合に担保物件を確保してlienを実行します。

　人的担保である保証はguaranteeといい、保証人をguarantorといいます。通常、債務者（debtor）が支払わない場合に保証人に請求がなされますが、債務者と同格の債務を負う形式の保証を連帯保証（joint and several guarantee）といいます。保険会社が第三者の行為や約束を保証する場合にはsuretyといいます。建設会社の建設工事完了を保証する場合もsuretyで、保険会社あるいは保証会社が発行する保証書をsurety bondと呼びます。

　担保物件のキャッシュ・フローだけに返済資源を限定して、借入人には請求しない形式の貸出しをnon-recourse loanといいます。発電所建設のようなプロジェクト・ファイナンスは典型的なnon-recourse loanで、貸出人はプロジェクトが失敗しても、借入人に支払いを訴求できません。一方、recourse loanの場合には、保証人や手形の裏書人（endorser）などに訴求できます。

● 英文で理解しよう

Security： Any property, tangible or intangible, pledged to secure a financial obligation of the borrower is known as security or collateral.

Pledge： Pledge refers to the process of committing property to secure a loan. Property that is pledged by a borrower remains in the possession of the borrower, but the lender has a legal interest in it until such time as the underlying debt has been repaid in full.

Non-recourse： Non-recourse lending refers to any loan whereby the lender is limited, in the case of default, to seeking recovery exclusively from the assets pledged in support of the loan. This means that the lender has no legal right to seek recovery of funds from the borrower if the value of the assets is not sufficient to satisfy the borrower's obligations.

担保：借入人の金融債務を担保するために差し入れる財産は、有形か無形かを問わず担保または物的担保と呼ばれる。

担保権設定：担保権設定とは、借入の担保として財産を差し入れる手続をいう。担保設定された財産は借入人が引続き所有するが、原債務が全額返済されるまで貸し手が担保財産の法的権利を有する。

ノンリコース：ノンリコース・ローンとは、債務不履行の場合でも、貸出金の回収が担保資産に限定される貸出を指す。つまり、担保資産の価値が借入人の債務をカバーするのに十分でない場合でも、貸し手は借入人に返済を求める法的権利がない。

英文読解のポイント

- Tangible property は stocks（株券）や bonds（債券）など有形財産、 intangible property は copyright（著作権）などの無形財産を指す。
- Security や collateral は担保という意味だが、security は保証という意味が強く、collateral は collateral security（副担保）のように付随的という意味がある。
- Securities と複数形になると有価証券の意味。証券会社は securities company で security company は警備会社。
- Legal interest in ～ の interest は、 right（権利）に近い意味。
- Recourse は「頼ること」の意味であるが法律用語としては、「遡及、求償権の意味で使われる。Non-recourse loan は求償権のない貸出。

3 | シンジケート・ローン
Syndicated Loan

　単独では難しい大型融資の場合に、複数の銀行がグループを組んで行う融資を協調融資あるいはシンジケート・ローン（syndicated loan）といいます。1970年代初頭のヨーロッパ市場で、複数の銀行が欧州に存在するユーロ・ドル（Eurodollar）を利用して、発展途上国や民間企業に協調融資した時からこの言葉が広く使われるようになりました。特に第一次石油危機（1973年）の際に、産油国に流入した巨額の余剰資金（surplus fund）を非産油途上国や先進国に還流（recycle）させるためにシンジケート・ローンが大きな役割を果たしました。借入人の多くが国または政府機関（sovereign）だったこともあり、国のリスクつまりcountry riskという概念が注目されるようになりました。

　協調融資では、agentと呼ばれる銀行が借入人と金額や期間などの条件（terms and conditions）について交渉します。条件がまとまると、借入人はagentに協調融資団（syndicate）を組成する権限（mandate）を与えます。agentは通常、lead manager（主幹事）兼book-runnerとしてsyndicateを組成します。Lead managerの下に、co-lead manager（副主幹事）、manager（幹事）、co-manager（副幹事）、participants（一般参加行）と続きます。ところで、book-runnerとは「帳簿の責任者」という意味から転じてシンジケート組成責任者となったものです。Lead managerはmanagement feeと呼ばれる手数料を優先して獲得します。これをpraecipuum（プレシピアム）と呼びます。

　ここで、シンジケート・ローンでよく使われる英語を列挙しましょう。貸出を約束することをcommitmentといい、未実行額に対して一定率のcommitment fee（約定料）を請求します。借入人が借入を実行することをdrawdown、drawdownできる期間をdrawdown period、一定の期間返済（repayment）を猶予する猶予期間をgrace period、途中の返済が行われず期限に一括返済することをbullet payment（弾丸のような返済方法）、期中返済はあるが期限の返済額が大きいballoon payment（風船のように膨らんだ返済）、すべての債権者を同じ扱いとするpari passu、準拠法はgoverning law、裁判管轄地をjurisdiction、貸出銀行が自分の貸出債権（loan asset）を譲渡するassignmentなどです。

● 英文で理解しよう

Loan syndication：Loan syndication occurs when a group of banks or financial institutions join together on a temporary or project finance basis to loan money to a borrower for a specific project. Syndicates are often used when the amount of the loan is too large for a single lender to fund.

Country risk：The potential volatility of foreign stocks, or the potential default of foreign government bonds, due to political and/or financial events in the given country.　　　　(http://www.investorwords.com)

LIBOR： LIBOR is an acronym for the London Inter-Bank Offered Rate. This is the interest rate paid by large financial institutions when borrowing funds from other large financial institutions. LIBOR is frequently used as an international standard for a base rate from which floating or variable interest rates are calculated.

融資シンジケート団の組成：融資シンジケート団の組成は、一団の銀行または金融機関が一時的にまたはプロジェクト毎に共同で、特定のプロジェクトのために借入人に貸し付ける際に行われる。シンジケートは貸出金額が大きすぎて単独の貸し手では調達ができないケースでよく用いられる。

カントリー・リスク：特定国の政治的および金融面の、またはそのいずれか一方の出来事によって起こる外国株式の潜在的な価格変動、または外国政府債の潜在的債務不履行をいう。

LIBOR：LIBORとはLondon Inter-Bank Offered Rate（ロンドン銀行間貸出金利）の頭文字をとった頭字語。大手金融機関が他の大手金融機関から資金を借りる際に支払う金利をいう。LIBORは変動金利を算出する国際標準の基準金利としてよく使われる。

英文読解のポイント

- Loan syndicationの結果 syndicated loan（協調融資）となる。Syndicateは loanや underwriting（引受け）のためのシンジケート団のこと。
- Defaultは債務不履行、event of default（債務不履行事由）が発生すると、直ちに借入人は期限の利益を失うことになる。
- Volatilityは volatile（変動しやすい）の名詞で「変動」。リスクとも訳せる。
- Floating or variable interest ratesはいずれも変動金利。Floating exchange rateも変動為替相場と訳し、浮動とは言わない。

2章　貸付

4 消費者ローン/住宅ローン
Consumer Credit/Mortgage

　消費者ローン（consumer loan）とも呼ばれ、住宅ローン以外の個人に対する貸出の総称です。銀行や保険会社などの金融機関だけでなく、クレジット・カード会社、信販会社や消費者金融会社などのノン・バンクも消費者ローンを取り扱っています。資金使途を限定しないローン（外国の銀行はpersonal loanと呼ぶ）や、自動車ローン（auto loan）、教育ローン（education loan）など使途を限定したローンもあります。

　消費者ローンの貸出限度額や金利は借入人、貸出形態や担保の有無などによって大きく異なります。同じ銀行の消費者向けローンでも、担保付き教育ローン（secured education loan）は無目的ローンに比べ、期間も長く（例えば10年）金利も低くなります。貸出方法も固定金利や変動金利の中長期ローンや、貸出限度額（line of credit）内であれば何度でも借換えできるリボルビング・クレジット（revolving credit）もあります。前者の返済期限のあるローンを英語でclosed-end credit、後者をopen-end creditともいいます。Closed-end creditの場合、毎月の元利金（principal and interest）を割賦返済（amortization）する方式となりますが、現在の収入は低いが将来の収入増が見込まれる場合などには、毎月の元利返済額を下回る返済を認め、不足分は元金に上乗せするnegative amortizationもあります。一方、open-end creditの場合には、毎月一定の最低返済額（minimum payment）が求められますが、限度額内であれば繰り返して借入ができます。金利は借入残高に対して計算されますが、毎日の借入残の平均額に金利を掛けるaverage daily balance method、前月の残高に金利を掛けるprevious balance methodなどの金利計算方法があります。

　ノン・バンクによる消費者ローンは、銀行のローンに比べ貸出条件が緩い代わりに、銀行より高い金利を適用し貸出限度額も制限します。

　住宅ローン（residential mortgage）は、購入住宅を担保とするローンですが、担保の裏づけがあるので、期間も長く金利もほかの消費者ローンよりかなり低く設定されます。返済方法には、利息を含めた毎月の支払額が均等となる元利均等返済方式と、元本の返済を毎月均等に行う元金均等返済方式があります。また住宅の時価が担保設定額を上回る部分をhome equityといい、これを担保として借入をする形態をhome equity loanといいます。

● 英文で理解しよう

Consumer credit : Money loaned to individuals, usually on an unsecured basis, requiring monthly repayment. Bank loans, credit cards and installment credit are examples of consumer credit.

(http://www.datek.smartmoney.com)

Residential mortgage : A loan extended by a bank or other financial institution to an individual for the purpose of purchasing a residence. In order to secure repayment of the loan, the lender will require a mortgage over the property that gives the lender a priority interest in the property in the event of default. The lender will typically require the borrower to have sufficient equity in the property so that, if the property is foreclosed upon, the sale value will be enough to pay the outstanding principal and interest on the loan. It is possible for a borrower to have more than one mortgage on a single property. Later mortgages have priority over general creditors, but not over the holder of any mortgage that is senior in time.

消費者信用：個人あての貸出で、通常無担保で月々の返済を要する。銀行のローン、クレジット・カード、割賦信用は消費者信用の例である。

住宅ローン：銀行またはその他の金融機関が個人に対して供与する住宅購入目的の貸出。ローンの返済を確実にするため、債務不履行の場合に貸し手が優先権を持つように購入住宅に抵当権を設定する。抵当権を行使した際に、売却価格でローンの未払い元本および利息の支払いが十分できるように、住宅購入時に十分な自己資金の投入を求める。一つの不動産に複数の抵当権を設定することができる。後順位の抵当権は、一般債権者に対しては優先権があるが、先順位の抵当権者に対しては劣後する。

英文読解のポイント

- On an unsecured basis（無担保を基準として）、つまり「無担保で」の意味。
- Installment credit は「分割払い、月賦払い」などの信用供与を指す。
- Mortgage の用語は「抵当、抵当権」を意味するが、residential mortgate は住宅に mortgage が設定されることから住宅ローンという意味になる。
- Require the borrower to have sufficient equity は、「頭金が多い方が銀行にとって望ましい」との意味。
- General creditors とは、一般的債権者。抵当権者には劣後する。

3章　外国為替

1 外国為替とは
Foreign Exchange

　為替の項で述べた通り、外国との間で現金を動かさずに諸取引の決済を行うことを外国為替といいます。最も単純な外国為替取引の例として、日本のAさんが米国留学中の息子Bさんに5,000ドル送金するとします。下図のようにAさんはX銀行で当日の銀行の電信売相場1ドル130円で換算した65万円を払い込むと、X銀行はドル口座を置いているY銀行に支払指図（payment order）を出します。この支払指図を郵便で送る方法を郵便（普通）送金（mail transfer）、電信で送る方法を電信送金（telegraphic or cable transfer）といいますが、送金小切手（remittance check）をBさんに送りたい場合はX銀行に依頼してY銀行支払いの送金小切手を発行してもらいます。いずれの場合も適用される為替相場は同じですが、送金方法により手数料が異なります。

　次に貿易取引で一般的に使われるのが荷為替手形（documentary bill）です。輸出入取引は遠隔地取引であるため、荷為替信用状（documentary credit）という銀行の信用状（letter of credit（L/C））に基づいて行われることが多かったのですが、最近ではL/Cなしの取引の比率が高くなっています。日本のC社が米国のD社に輸出した場合で見ると、C社は輸出代金取立てのためにD社を支払人とする為替手形を振り出し（L/Cに基づく場合はY銀行が支払人）、契約通り船積みしたことを証明する船荷証券（bill of lading）や送り状（invoice）、包装明細書（packing list）などの船積書類（shipping documents）を揃えてX銀行に持ち込み、Y銀行に送って貰います。L/C付きの場合はX銀行が書類をL/Cとチェックして直ちに買い取るのが普通です。D社はY銀行経由で船積書類と引替えに代金を支払い、これで取引が完了します。

〈5千ドル送金の例：Remitting ＄5,000〉

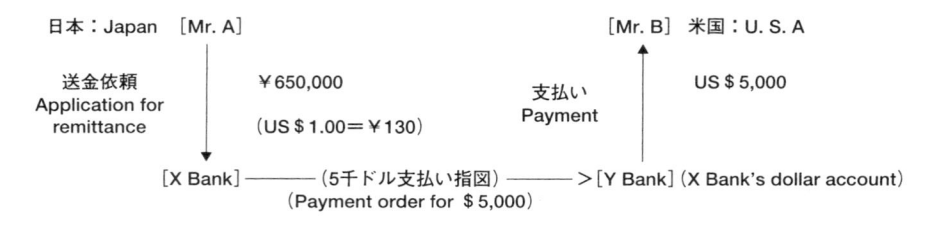

日本：Japan　[Mr. A]				[Mr. B]　米国：U.S.A
送金依頼 Application for remittance	￥650,000 ↓ （US＄1.00＝￥130）		支払い Payment	US＄5,000 ↑
[X Bank]	――（5千ドル支払い指図）―― （Payment order for ＄5,000）	>	[Y Bank]　(X Bank's dollar account)	

● **英文で理解しよう**

Documentary credit: A documentary credit, also known as a letter of credit, is a promise to pay a specified amount of money in the future against the submission of documents. When a seller of goods is not able to assess or to rely on the creditworthiness of the buyer, a letter of credit will be required. A letter of credit is issued by the buyer's bank thereby replacing the buyer's credit with the credit of the bank. The issuing bank charges the buyer a fee for this service and usually requires the buyer to maintain a balance on deposit equal to the amount of credit. The bank is authorized to pay the seller up to the amount of the credit against the submission of specified documents. The bank is liable if it pays against non-conforming documents.

荷為替信用状：荷為替信用状は、信用状としても知られているが、将来、書類の提出に対して特定の金額を支払うという約束である。商品の売り手が買い手の信用力を判断できないか、その信用力に依存できないときに信用状が必要になる。信用状は買い手の銀行が発行し、それにより買い手の信用力を銀行の信用力に置き換えるものである。発行銀行は、このサービスに対して手数料を徴収し、通常この与信額に等しい預金残高を維持するよう求める。銀行は特定の書類の提出があれば与信額を限度に売り手に支払いを行う権限を与えられる。信用状の条件と一致しない書類に対して支払いを行えば、その銀行は責任を負う。

Telegraphic transfer: Telegraphic transfer refers to the payment between a bank and one of its foreign correspondents to transfer local or foreign currency by telegraph, cable or telex.

電信送金：電信送金とは、ある銀行とその外国のコルレス先との間で、電信、電報またはテレックスによって行う現地または外国通貨の送金支払いのことを指す。

英文読解のポイント

● Documentary credit も letter of credit も共に一種の保証状（letter of guarantee）で、一定の条件を満たせば一定限度額まで支払うというもの。条件とは bill of lading（船荷証券）、invoice（送り状）などの shipping documents（船積書類）。

3章　外国為替

2 直物相場
Spot Exchange Rate

　外国為替というと、1ドル＝120円という言い方がすぐに浮かびますが、1円＝0.0083ドルという表示の仕方もあります。前者のように外国通貨1単位に対して自国通貨がいくらとなるかを示すのが「自国通貨建て（rate in home currency）」といい、後者を「外国通貨建て（rate in foreign currency）」といいます。為替相場は通常米ドルを基準通貨（base currency）として表示するので、円と米ドル以外の通貨との為替相場を見るためには、対米ドル相場から計算することになります。たとえば、1米ドル＝120円、1米ドル＝1.5カナダドルの場合、1カナダドル＝120円/1.5＝80円と計算します。ある通貨からみたほかの2通貨の為替レートをクロスレート（cross rate）といいます。

　海外のwebページで為替相場を見るとUSD/JPYとなっています。最初に表示されている通貨（この例ではUSD）がbase currencyで、後ろの通貨（JPY）がquote currencyです。USD/JPYはquote currencyを買う（あるいは売る）ためにいくらのbase currencyが必要かを示します。

　たとえば、USD/JPY:118.50/55となっていれば、1ドルで118.50円を買うことができる、あるいは1ドルを買うためには118.55円が必要となることを意味します。前者をbid price、後者をasked priceといいます。銀行間の取引相場（inter-bank exchange rate）では、通常bid priceとasked priceの二つの相場が示されます。これをtwo-way quotationといいます。なお、International Standards Organization（ISO）が各国通貨の略称を定めています（右ページ参照）。

　顧客に対する相場は、銀行間相場に一定のさや（銀行の利益）を上乗せします。これをcustomer exchange rate（顧客相場）と呼びます。

　外国通貨とその対価の受渡しをいつ行うかにより、直物相場（spot rate）と先物相場（forward rate）に分けられ、取引日の2営業日後の受渡しを直物と呼びます。営業日とは英語でbusiness dayと呼び、銀行休日（bank holiday）は含まれません。直物取引でも、例外的に当日に決済する当日渡し（value today）や翌日渡し（value tomorrow or overnight delivery）もあります。なお、銀行と顧客との直物取引は当日渡しに限られ、上記の銀行間直物相場を基準とした相場が公示されます。

英文で理解しよう

Spot market： Market for the purchase or sale of financial instruments, commodities, or other assets for cash settlement and immediate, as opposed to future, delivery. Also called the cash market.

(http://www.americanbanker.com)

Spot price： The price for a currency, index, commodity or share for immediate settlement or delivery (as opposed to a future price).

(http://www.finance-glossary.com)

直物市場：金融商品や商品などの資産を、現金で決済し将来ではなく直ちに受け渡しをする市場をいう。現物市場とも呼ばれる。

直物価格：通貨、指数、商品または株式の即時決済あるいは即時受け渡しをする取引での価格（先物価格に対するもの）。

英文読解のポイント

- Commodities は一般的に商品（商品取引の穀物、金、銅など）と訳す。
- Cash settlement and immediate delivery はお金の決済と物の受け渡しが即時に行なわれることを意味する。
- Immediate, as opposed to future, delivery は、future と対比するものとしての immediate の意味。この future は形容詞で、先物という名詞は futures のように複数形となる。
- Spot の価格は直ちに決済したり受け渡しするもので、cash price と考えれば分かりやすい。

〈ISO（International Standards Organization）による通貨の略称〉

USD：US dollar	JPY：Japanese yen	AUD：Australian dollar
CAD：Canadian dollar	EUR：Euro	GBP：(British) Sterling Pound
CNY：Chinese yuan	HKD：Hong Kong dollar	INR：Indian rupee
IDR：Indonesian rupiah	NZD：New Zealand dollar	KWN：(South) Korean won
MYR：Malaysian ringgit	PHP：Philippine peso	SGD：Singaporean dollar
CHF：Swiss franc	TWD：Taiwan dollar	THB：Thai baht

3章　外国為替

3 | 先物相場
Forward Exchange Rate

　先物為替取引とは、外国為替取引成立後3営業日以降の特定日あるいは特定期間内に対価の受渡しが行われる取引をいいます。将来の為替変動リスク（currency risk, exchange rate risk）を回避する目的で行われます。たとえば、自動車販売会社が車を100万ドルで輸出する契約をしたとします。仮に輸入業者からの支払いが3ヶ月後とすると、現時点で3ヵ月後の為替レートを予約することができれば為替リスクを回避できることになります。この3ヵ月後の為替相場をforward (exchange) rate（先物相場）といい、為替予約をforward exchange contractといいます。

　顧客から先物予約の注文を受けた銀行は、将来の為替リスクを回避するためにどのような操作をするのでしょうか。同時期の受け渡しで同額の反対取引（reverse transaction）をすれば自分のポジションを相殺（set-off）することができますが、同時期の反対取引を見つけることは簡単ではありません。そこで、為替スワップ（forward swap）が利用されます。為替スワップとは、直物為替と先物為替の反対取引を同一相手と同時に行うことをいいます。

　たとえば、顧客から3ヵ月後に100万ドルを売りたいという為替予約注文を受けた場合、銀行は100万ドルの直物買いと3ヵ月後の先物売りという為替スワップを行います。この場合、100万ドルを3ヵ月間借りることに等しいので、金利分を調整して、たとえば、1ドル＝120円で直物を買い、1ドル＝118円で先物を買い戻すことになります。同時に銀行は100万ドルの直物売り取引をします。直物取引と為替スワップを組み合わせることで先物予約のヘッジ（リスクの軽減）ができます。つまり、100万ドルの直物売りは同額の直物買いで相殺され、3ヵ月後の先物100万ドルの売りポジションだけが残ります。3ヵ月後に顧客から買い取る100万ドルは100万ドルの売りで相殺されます。ただし、銀行は先物スワップで2円の損、つまりforward costがかかっているので、直物相場から2円を引いた相場が先物相場となります（逆に多く受け取る場合はforward margin）。この直物相場と先物相場の差額を直先スプレッド（forward spread）と呼びます。先物相場は直物相場に直先スプレッドを加算して算出されます。

● 英文で理解しよう

Forward exchange： Forward exchange means the exchange rate established today for a foreign currency transaction where payment or delivery will occur at some future date.

先物為替：先物為替とは、将来のある日に支払いまたは受け渡しが起こる外国通貨取引のために、今日決定した為替相場をいう。

There are two primary types of transactions in the FX market. An agreement to buy or sell currency at the current exchange rate is known as a spot transaction. By convention, spot transactions are settled two days later. In a forward transaction, traders agree to buy and sell currencies for settlement at least three days later, at predetermined exchange rates. This second type of transaction often is used by businesses to reduce their exchange rate risk.

(http://www.ny.frb.org/pihome/fedpoint/fed44.html)

外国為替市場には二つの主要な取引形態がある。通貨を現在の為替相場で売買する約定は、直物取引として知られている。取り決めにより、直物取引は取引日の2営業日後に決済される。先物（先渡し）取引は、トレーダー間で通貨の売買を予め取り決めた相場で、少なくとも3営業日以降に決済することが合意されている取引をいう。後者の取引形態は、為替リスクを軽減する目的でよく用いられる。

英文読解のポイント

- Forward exchange は spot exchange に対する言葉で通常先物為替と訳されるが、currency 以外の commodities, shares など取引所（exchange）で取引が行われる futures（先物取引）と区別するため、先渡し取引ともいう。Forward exchange は futures とは異なり相対取引で行われる。
- FX は foreign exchange の略称。Forex とも略する。世界的な dealers の集まりで Forex Club というのもある。
- By convention は、「申し合わせ、取り決め、取引慣行などにより」との意味で、法律や規制によるものではない。なお、政党、社会団体などの年次総会を annual convention と呼ぶときは assembly の意味。
- At predetermined exchange rate は「前もって決めてあった相場で」の意味。

4章　債券

1 | 国債と地方債
Government Bond/Municipal Bond

　国債（government bond）は、国（政府）が発行する債券で、日本では法律で、①公共事業などの原資に充当する建設国債（government bond for the purpose of public works）、②歳入不足を補う特例国債（赤字国債＝deficit-covering government bonds）、③国債の償還に充当する借換え債（refinancing bonds）の3種類があります。短期債（1年以内）、中期債（2〜5年）、長期債（5年以上）、超長期債（ultra long-term＝期間20年）と償還期間で分類することもあります。市場で最も活発に取引されるのが期間10年の利付国債（interest-bearing government bond）で、指標銘柄といわれます。指標となる債券をbenchmark bondといいますが、benchmarkは「ほかの基準となる」という意味で、benchmark portfolio（基準ポートフォリオ）、benchmark price（規準価格）などと使います。オイルショック後の1975年以降、日本の国債発行残高は急増を続け、2001年度末には389兆円に達し、国の財政再建（fiscal reform）は待ったなしの状態です。

　米国の国債はTreasuriesと総称され、米国政府の"full faith and credit"（元利金返済を政府の税金などの収入で保証する政府自身の信用）です。償還期間が1年以下の短期債をTreasury bill、1年超10年未満の中期債をTreasury note、10年以上の長期債をTreasury bondと使い分けます。Treasury billは割引き発行（issued at a discount）されます。発行は入札方式（auction）で行われます。

　日本でいう地方債は、都道府県や市町村等が借換えや公共施設関連財源目的で発行する債券で、都道府県や政令指定都市が発行する公募債（public offering bond）とそれ以外の縁故債（private placement）に分かれます。米国ではmunicipal bondと呼ばれ、発行資金の90%以上が公共事業に使われるpublic purpose bondの場合、連邦税（federal income taxes）や州・地方税（state and local income taxes）が免除（tax exempt）されます。

　なお、政府関係機関（government agency）が発行する債券をagency securitiesと呼びます。米国のagency securitiesはSEC（Securities and Exchange Commission＝証券取引委員会）の登録が免除されます。

● 英文で理解しよう

Municipal bond: A municipal bond is the same as a government bond, except it is issued by a local government (i.e., city, state or other political subdivision) instead of by the national government. Municipal bonds, sometimes called munis, are issued to finance local projects, such as the building of sports stadiums, schools, etc.

Treasury bills: Debt obligations of the U.S. Treasury that have maturities of one year or less. Maturities for T-bills are usually 91days, 182 days, or 52 weeks.

Treasury notes: Debt obligations of the U.S. Treasury that have maturities of more than 2 years but less than 10 years.

Treasury bonds: Debt obligations of the U.S. Treasury that have maturities of 10 years or more.　　　　(http://www.bloomberg.com)

地方債：地方債は国の政府の代わりに地方政府（即ち、市、州または地方自治体）が発行することを除けば国債と同様である。地方債はmunisと呼ばれることもあるが、スポーツ・スタジアムや学校建設などの地方のプロジェクトの資金調達を目的として発行される。

財務省短期証券：償還期間1年以下の米国財務省の借入れ債務。償還期間は通常91日、182日または52週。

財務省中期証券：償還期間2年超、10年未満の米国財務省の借入れ債務。

財務省長期証券：償還期間10年以上の米国財務省の借入れ債務。

英文読解のポイント

- Government bondは政府が発行した債券で、development bankなどの政府機関が発行するものは国債ではない。但し、政府が保証するとgovernment guaranteed bond（政府保証債）となり、国債に準ずる扱いとなる。
- Municipalは古代ローマの地方自治都市を意味したmunicipium（free city）に由来。Munisの他、municipalsという通称もある。
- Treasury bill, Treasury note, Treasury bondを総称してU.S. government bondsと呼ぶこともある。最も流動性が高く（highly liquid）、格付けも高いので投資対象として良く利用される。T-bondには30年物もありlong bondと呼ばれる。指標債（benchmark bond）として利用される。

4章 債券

2 | 普通社債、転換社債、ワラント債
Straight Bond, Convertible Bond, Warrant Bond

　企業が発行する債券を社債、英語ではcorporate bondといいます。社債には、普通社債（straight bond）、転換社債（convertible bond）、ワラント債（warrant bond）があります（日本では2002年4月以降、転換及びワラント債を新株予約権付き社債と総称）。普通社債は、特定の利率による利払い（interest payment）と満期での償還（redemption）を約束したストレートな債券ということからstraight bondといいます。大半の債券が固定金利（fixed rate）ということもあり債券を総称してfixed incomeともいいますが、利率が市場実勢金利に連動する変動金利（floating rate）もあります。会社財産などに担保が設定された社債をsecured bondといい、無担保社債をunsecured bondあるいはdebentureと呼びます。無担保社債では、債券発行後に担保付き社債を発行することを禁じたnegative pledge（担保提供禁止条項）が債券信託証書（indenture）に規定されるのが一般的です。

　転換社債は一定の条件のもとで発行会社の株式と交換できる権利の付いた社債です。株に交換可能（convertible）なのでconvertible bond（CB）といいます。CBは債券と株の両方を兼ね備えた魅力的な商品です。但し、利息は普通社債より低く、株への転換価格（conversion price）も市場株価より高く設定されるのが一般的です。市場株価と転換価格との差をconversion premiumといい、例えば株価が1,000円で転換価格が1,200円の場合のconversion premiumは200円となります。

　ワラント債（warrant bond）は、一定の条件で新株を買う権利つまり、新株引受権（ワラント＝warrant）のついた債券です。株に転換すると転換社債は消滅しますが、ワラント債ではワラントを切り離すことができます（2002年以降、日本では分離型ワラント債は社債と新株予約権を同時に販売する形態となった）。ワラントが切り離された債券をエクス・ワラント（ex-warrant bond）あるいはポンカス債といいます。ところで、warrantとrightは混乱しやすいので注意してください。Rightは新株発行による株の希薄化（dilution）から既存の株主を保護する目的で、既存株主が新株発行時に発行価格より低い価格で新株を購入する権利をいいます。Warrantは市場株価より高めで買う権利で、権利行使期間も長いのに対し、rightは市場株価より低めで行使期間も2～3週間と短いという基本的な違いがあります。

● 英文で理解しよう

Straight bond: A straight bond is a bond whereby the issuer is obligated to pay back the principal represented by the face value of the bond and to pay interest periodically as required by the terms of the bond, but there is no right of conversion.

普通社債：普通社債とは、発行者が債券の額面価額を表す元本を返済し、また債券の条件通り定期的に利息を支払う義務を有する債券であるが、株式転換の権利は付いていない。

Convertible bond: General debt obligation of a corporation that can be exchanged for a set number of common shares of the issuing corporation at a prestated conversion price. (http://www.bloomberg.com)

転換社債：企業の一般借入債務で、事前に取り決めた転換価格で発行会社の一定数の普通株と交換できるものを指す。

Warrant: A security entitling the holder to buy a proportionate amount of stock at some specified future date at a specified price, usually one higher than current market price. Warrants are traded as securities whose price reflects the value of the underlying stock. Corporations often bundle warrants with another class of security to enhance the marketability of the other class.

ワラント：将来の特定時期に、特定価格（通常は発行時の株価より高く設定される）で、一定額の株を購入する権利を付与した有価証券。ワラントは原株の株価を反映した価格で証券として売買される。発行会社は発行証券の市場性を高める目的でその発行証券にワラントをつける。

英文読解のポイント

- Straight bondはSBと略される。期日（maturity）に全額を償還する（pay back、redeem）負担を減らすため、一部を満期前に繰上償還することがある。抽選で（by lottery or drawing）償還債券を決めるのを抽選償還（redemption by lottery）という。
- Face valueは額面価額の意味。Don't take it at face value.は「真に受けるな」。
- No right of conversionは、株式への転換権がないという意味。

4章 債券

3 仕組み債券
Structured Bond

　仕組み債は、さまざまな仕組み（structure）が組み込まれた債券をいいます。スワップやオプション等のデリバティブ（derivatives）を組み込んだ債券が仕組み債の典型といえます。たとえば、金利オプションを組み込んだ債券に繰上償還債券（callable bond）があります。これは発行者（issuer）が期日前にいつでも償還可能な債券で、発行者にcall optionが付与されている見返りとして、高い利率が設定されています。ところで、callable bondは発行者に償還権がありますが、puttable bondは逆に債券保有者に償還請求権が与えられます。Callとputを混同しないようにしてください。そのほか、利払いの通貨は同じだが、元本（principal）の払込通貨（たとえば、円）と償還通貨（たとえば豪ドル）が異なる二重通貨債（dual currency bond）や、元本払込通貨と元本償還通貨は同じだが、利払い通貨が異なるreverse dual currency bond（逆二重通貨債）などもデリバティブを組み込んだ仕組み債です。

　リパッケージ債（repackaged bond）も仕組み債券といえます。リパッケージ債の特徴は、すでに発行されている証券や既存の貸付債権などを集め（pool）、特別目的会社（special purpose company＝SPC）に譲渡し、SPCはプールのキャッシュフローを組み直して（repackage）、商品性の異なった債券を新たに発行することです。以前はrepackaged bondというと日本企業の転換社債を集めてワラント債としたものを指していましたが、現在はCBOやCLOがrepackaged bondの代表格です。CBOはcollateralized bond obligation（債券担保債務証書）の略で、既存の債券を集めて、格付けの異なるいくつかの債券として発行するものです。組み合わせ次第では、もとの債券（原債券＝underlying bonds）の格付を上回る債券も発行できます。格付債券の代わりに貸付債権（loan assets）のプールを裏付けとした物がCLO（collateralized loan obligation）（貸付債権担保債務証書）です。

　リパッケージ債の原型が1983年に米国のFederal Home Loan Mortgage Corporation（FHLMC）（連邦住宅貸付抵当公社、通称フレディマック）が発行したCMO（モーゲージ担保債務証書＝collateralized mortgage obligation）です。CMOについては証券化の章を参照してください。

● **英文で理解しよう**

Collateralized bond obligation(CBO): CBOs are investment-grade bonds backed by a pool of less-than-investment grade bonds. CBOs are similar in concept to Collateralized Mortgage Obligations(CMOs), but differ in that CBOs represent different degrees of credit quality rather than different maturities. Underwriters of CBOs package the bond into tiers. Typically, a top tier represents the higher quality collateral and pays the lower interest rate; a middle tier is backed by riskier bonds and pays a higher rate; the bottom tier represents the lowest credit quality and instead of receiving a fixed interest rate receives the residual interest payments-money that is left over after the higher tiers have been paid.

債券担保債務証書（CBO）：CBOは投資適格格付より格付が低い債券のプールを裏付けとした投資適格債をいう。CBOはCMO（モーゲージ担保証書）に似た概念だが、CMOが期間の異なる債券に組み替えるのに対し、CBOは信用度の異なる債券に組み替える。CBOの引受業者はいくつかの級（tier）に債券を分ける。典型的な例では、最上級は信用度が最も高く金利も低い。中級の原債券はリスクが高いので金利も高くなる。最下級の債券は最も信用度が低く、固定金利ではなく最上級や中級の債券返済後の残額を受け取る。

Callable bond: A bond which the issuer can decide to redeem before its stated maturity date. You face a risk with a callable bond that it will be redeemed if its stated coupon is higher than prevailing rates at the time of its call date. If that happens, you won't be able to reinvest your capital in a comparable bond at as high a yield. (http://datek.smartmoney.com)

繰上げ償還債券：発行者が指定された満期以前に償還することを決められる債券をいう。債券の表面金利が繰上げ償還日時点の市場金利より高い場合は繰上げ償還されるリスクがある。繰上げ償還された場合、投資家は同じように高い金利の債券に再投資することはできなくなる。

英文読解のポイント

● Investment grade（投資適格）はBaa（Moody'sの場合）以上の格付をいう。社内ルールで投資適格より低い証券への投資を禁じている機関投資家は多い。

● Residual interest paymentとは直訳すれば「残存金利」で、上位の債券返済後の残額を受け取る権利をいう。この部分をequity trancheともいう。

4章 債券

4 | ユーロ債と円建外債
Eurobond/Yen-Denominated Foreign Bond

　ユーロ債（Eurobond）とは統一通貨のユーロ（Euro）とは別物で、欧州を中心に存在する通貨Euromoney（Eurodollarなど各国の通貨で構成）で発行された債券のことで、ユーロ円債（Euroyen bond）も含まれます。ロンドンのマーチャントバンク（merchant bank）と呼ばれる証券業務を主とする銀行、欧州の主要銀行、米国の投資銀行（investment bank）、日系の証券会社などが主幹事（lead manager）となってシンジケート（syndicate）を組成、引受・販売を行います。ユーロ債は、①無記名債券（bearer bond）であること、②利子に源泉課税（withholding tax）が課されないこと、③米国のSECのような規制・監督機関（regulatory authority）がなく、自由かつ迅速に発行できることが特徴です。反面、規制当局による投資家保護がないだけに、発行銘柄の選定や発行条件（issue terms）に関する主幹事の自主規制や規律が重要となります。発行者の半数は、国または国の機関（government agencies）などのいわゆるソブリンもの（sovereign）、世界銀行などの国際機関（supranational agency）、あるいは高い格付けの銀行や企業で占められます。ユーロ債の多くはブラッセル証券取引所に上場（listing）されますが、殆どの取引は店頭取引（over the counter）です。

　円建て外債とは、yen-denominated foreign bond issued by non-resident in Japanese market（日本国内市場で日本の非居住者によって発行された円建て債）をいいます。通称Samurai bond（サムライ債）と呼ばれます。発行者はユーロ債と同様、海外の国または政府機関、国際機関や外国民間企業で、原則として公募発行（public offering）で上場（listing）されます。同じく日本市場での非居住者による発行で、通貨が外貨建て（foreign currency denominated）となる債券は、Samurai bondと区別してShogun bond（ショーグン債）と呼んでいます。一般的に、ユーロ債のほうがサムライ債やショーグン債に比べてコスト的に低いので、格付の高い発行者はユーロ債市場を好む傾向があります。なお、同じ発想で、米国市場で米国非居住者が発行するドル建て債をYankee bond（ヤンキー債）、英国市場で英国非居住者による英ポンド建て債をBulldog bond（ブルドッグ債）と呼びます。

● 英文で理解しよう

Eurobond : A bond issued and traded outside the country whose currency it is denominated in, and outside the regulations of a single country; usually a bond issued by a non-European company for sale in Europe. Also called global bond. 　　　　(http://www.investorwords.com)

ユーロボンド：特定国の通貨で表示された債券で、その国外で発行され、売買され、また一国の規制外にあるものを指し、通常ヨーロッパ以外の会社が発行しヨーロッパ内で販売される債券である。グローバル・ボンドとも呼ばれる。

Bearer bond : A bond which does not record its owner's name. Possession of the bond certificate is therefore the only proof of ownership. Dividends are claimed by submitting a detachable coupon to the paying agent. 　　　　(http://www.finance-glossary.com)

無記名債券：所有者の名前が登録されない債券。したがって社債券を所有することが唯一の所有者の証拠となる。分離型のクーポンを支払い代行機関に提示して配当を請求する。

Samurai bond : A bond issued by a foreign borrower in Japan. Denominated in yen, it can be bought by non-residents of Japan.
　　　　　　　　　　　　　　　(http://www.finance-glossary.com)

サムライ債：外国の借入人が日本において発行した債券。円建てであり、日本の非居住者が購入することができる。

英文読解のポイント

- Bearer bondは無記名債券が普通で、「持参人払い債券」ともいう。
- 所有者が分からないbearer bondの利息は請求しないと払って貰えない。Detachable couponは、bondの本体から切り離しできる短冊状のクーポン（利札）をいう。
- Paying agentは、通常bond issueに関係ある受託銀行（trustee bank）などの銀行が指定される。
- 外国債はSamurai bond、Shogun bond、Yankee bond、Bulldog bondなど発行される国の特徴を捉えた通称で呼ばれる。

4章 債券

5 クーポンと発行価格
Coupon/Issue Price

　クーポン（coupon）とは、債券と一緒に刷り込まれた利息支払い用の利札のことで、利払い日に1枚ずつ切り離して利払いを受けることができる有価証券です。したがって、coupon bondとは切り離し可能な利札が本券に付いている無記名債券（bearer bond）を意味します。記名債券（registered bond）にはcouponは付いていません。

　債券の券面に表示された金額を額面（face amount）といいます。額面は売買の最低単位を表しており、たとえば国債の額面は5万円、金融債は1万円などとなっています。米国の国債（財務省証券）については、"Treasury issues are sold in $1,000 increments, and you can invest as little as $1,000 or as much as $1 million (Guide to Understanding Money & Investing, The Wall Street Journal)"（財務省証券は1,000ドル単位で発行され、最低1,000ドルで100万ドルでも買える）となっています。債券の額面が100万円で毎年の支払利息が3万円で固定されていれば、クーポン・レート（coupon rate）は3％となります。

　債券を発行する際の価格を発行価格（issue price）といい、額面100円当たりの価格で示されます。発行価格が100円であれば額面発行あるいはパー発行（issue at par）と呼ばれ、投資家が払い込む金額は額面と同じになります。Par valueとかparは「額面と等しい」ことを意味します。ただし、債券は必ずしも額面通りに発行されるとは限りません。時には額面を下回って（たとえば、額面の99.5％で）発行されることがあります。これを割引発行（issue at a discountあるいはissue under par）といい、投資家は期日まで保有すれば払込額と額面との差額を償還差益（profits from redemption）として受取ることができます。発行価格が額面を大幅に下回ったものをdeep discountと呼び、極端な例がクーポン・レートがゼロの代わりに発行価格が大幅なdiscountになっているもので、これをzero coupon bondといいます。本券とクーポン部分を切り離して、各々をzero coupon bondとして販売するのをストリップ債（strip bonds）と呼びます。

　逆に発行価格が額面を超える場合をissue at a premium またはissue over parといいます。

英文で理解しよう

Coupon : The interest rate payable on a fixed income security, such as a bond, is known as the coupon and it is expressed as a percentage of the par value of the bond. The coupon is determined at the time of issuance of the security.

クーポン：債券のような確定利付き証券に支払われる金利はクーポンと呼ばれ、債券の額面価額の百分比で表示される。クーポンは証券の発行時点で決定される。

Zero-coupon bond: A bond which pays no coupons, is sold at a deep discount to its face value, and matures at its face value. A zero-coupon bond has the important advantage of being free of reinvestment risk, though the downside is that there is no opportunity to enjoy the effects of a rise in market interest rates. In addition, markets for zero-coupon bonds are relatively illiquid. Under U.S. tax law, the imputed interest on a zero-coupon bond is taxable as it accrues, even though there is no cash flow.

ゼロ・クーポン債：クーポンが払われず、額面に対して大幅な割引で売られ、満期に額面価格で償還される債券をいう。ゼロ・クーポン債は再投資リスクがないという重要なメリットがある反面、市場金利上昇のメリットを享受できないというマイナス面もある。加えて、ゼロ・クーポン債の流通市場の流動性は比較的小さい。米国の税法では、ゼロ・クーポン債の帰属利息は、たとえ現実にキャッシュ・フローがなくても経過利益として課税される。

英文読解のポイント

- A fixed income は「確定利付き」ということから、金融の世界では「債券」を意味することが多い。
- Coupon rate は maturity、issue price と共に bond issue の発行条件（issue terms）の一つとして発行時に決定される。Coupon は切り離し可能な「利札」からきている。Zero coupon bond には coupon がついていない。
- Reinvestment risk とは、受取利息を再投資する時の投資利回りリスクをいう。ゼロ・クーポン債は発行時の金利で将来再投資するように組み込まれているので再投資リスクがない。
- Imputed interest は帰属利益
- Accrue は「（利子が）つく」。Accrued interest は経過利息。

4章 債券

6 利回り
Yield

利率（interest rate）とは額面に対する利子を意味し、投資額に対するリターンを利回り（yield）といいます。最も簡単な計算方法が直接利回り（current yield）で、クーポン・レートを債券購入価格で割って計算します。

$$直接利回り（\%） = \frac{表面利率}{購入価格} \times 100$$

債券の利回り計算では最終利回りがよく利用されます。Yield to maturityという通り、投資家が債券を購入した日から最終期日（maturity）まで保有した場合の利回りで、利息収入額と償還時に発生する償還差益または差損（profits or loss from redemption）の合計額を投資額で割って年率換算で算出します。

$$最終利回り（\%） = \frac{年利子 + \dfrac{償還差益（損）}{期間（年数）}}{購入価格} \times 100$$

債券の満期日前に売却をすると売却時の債券価格によって譲渡損益がでますが、譲渡損益を含めた利回りを所有期間利回り（horizon return）といいます。

$$所有期間利回り（\%） = \frac{年利子 + \dfrac{売却差益（損）}{所有年数}}{購入価格} \times 100$$

利回りについてよく出てくる用語に、yield curve（利回り曲線）があります。利回り曲線とは金利と期間との関係を示すものです。一般的に将来の不確定要素を反映して短期金利より長期金利の方が高め（右肩上がり）になり、これを順イールド（positive yield）と呼びます。短期金利が長期金利より高い状態（右下がりの曲線）を逆イールド（negative yield, reverse yield）といい、金利が先行き低下すると見込まれる場合に、短期借入が増加して発生します。Yield spread（利回り格差）とは同じ償還期限で異なる債券（例えば、10年国債と社債）の利回り格差や、株式の配当利回りと債券の直接利回りの格差を意味します。日本で「イールド・スプレッド」というと、株式益回り（1株当たり利益／株価）と長期金利の格差を意味します。

● 英文で理解しよう

Current yield : Current yield refers to the annual rate of return, expressed in a percentage on an investment security. In the case of bonds and notes, the current yield is calculated by dividing the coupon rate by the market price for the instrument. For equities, it is the annual dividends divided by the purchase price.

直接利回り：直接利回りとは、投資有価証券に対する百分比で表した年間の利益率を指す。長期債や中期債の場合、直接利回りはクーポン・レートを当該証券の市場価格で割って計算する。株式の場合は、年間の配当を購入価格で割ったものである。

Yield to maturity : Yield to maturity is the yield that would be received if the bond or other fixed income security were to be held until its date of maturity. Bonds sell at face value, discounts and premiums depending on the coupon rate and the creditworthiness of the issuer.

最終利回り：最終利回りとは、債券または他の確定利付き証券が満期日まで保有された場合に受取る利回りをいう。債券はクーポン・レートおよび発行者の信用度に従って、額面あるいは額面以下または以上で販売される。

英文読解のポイント

- Current yield=直接利回り、実務では略して直利という。Current yieldは次にでてくる yield to maturityと異なり、最終期日（final maturity）まで保有した場合の償還差益・損（profits or loss from redemption）などを含まず、単純な金利計算から算出される。
- Rate of return on investmentは投資収益率を指す。
- Bonds and notesのbondsは長期債を意味し、notesは中期債を意味する。中期債の定義は様々だが2～5年ものを指すことが多い。
- Yield to maturity とは債券購入日から最終期日まで債券を保有した場合の利回りをいう。同じように最終期日までの利回りではあるが、新規債券を購入した場合にはsubscriber's yield（応募者利回り）といい、満期前に売却した場合はhorizon yield（所有期間利回り）という。
- Yield（利回り）とは作物（crops）を産出する（produce）という元の意味から、「利益（profit）や利子（interest）を生じる、もたらす」の意味に使われている。

4章 債券

7 | 債券の格付け
Bond Rating

債券の返済能力の度合いを示す指針が格付け（rating）で、格付会社（rating agency）によって行われます。Rating agency を「格付機関」と訳すこともありますが、民間会社なので会社と訳すべきでしょう。

米国のStandard & Poor's（S&P）やMoody's、Fitch Ratingsなどが世界的に知られています。格付会社は発行者の財務状態等を調査したり、同業他社比較を行ったりした上で格付けをします。格付けは発行者自体に対してではなく、個々の債券に対して行われることに注意してください。従って同じ発行者でも、期間や条件によって格付けが異なる（たとえば、担保付き社債は無担保債より高い格付け）ことも起こり得ます。

別表のAaa/AAAからBaa/BBBまでを投資適格債（investment grade bond）といいます。つまり、一般の投資家が投資しても基本的に安心な債券です。格付けがBa/BB以下の投資非適格債券をジャンク・ボンド（junk bond）ともいいますが、junk bondは「がらくたのような債券」という軽蔑を含んだ意味なので、high yield bond（高利回り債）と呼ぶことが多いようです。Baa/BBB以上はinvestor（投資家）向けで、Ba/BB以下はspeculator（投機家）向けといえるでしょう。日本ではspeculatorとかspeculationというと「リスクを無視して投機に走る」というイメージがありますが、英語のinvestmentとspeculationは、ともにリスクを分析・計算したうえで投資することを意味します。ただし、speculationのほうが高いリターンを求めてより高いリスクをとるというリスクの度合いの違いだけです。リスク計算ができないgambling（賭博）とは区別しています。

格付けはあくまでも投資のための参考指標であり、保証ではありません。会社業績の悪化によって、investment grade格付の債券がjunk bond並みの低い格付けに下落することはよくあります。このような債券をfallen angels（堕落した天使）と呼んでいます。

日本の国債についてはS&PとMoody'sの二社が格付けをしています。これは格付けを受ける側からの依頼（solicitation）なしに格付会社が行う勝手格付け（unsolicited rating）と呼ばれ、投資家の便宜のために主要な国の国債を格付けしているものです。

● 英文で理解しよう

Bond rating : Credit rating agencies like Moody's and Standard & Poor's (S&P) and Fitch Ratings provide a service to the investment community by grading bonds according to how likely it is that the issuer will default either on interest or capital payments. The ratings which S&P and Moody's give a bond are continually checked and revised in the light of new research done by those firms. When a bond is downgraded it is a serious event for the issuer because it makes it harder (or more expensive) to raise new borrowings, but it is also bad news for holders of the bonds, because the market invariably marks down the value of the bond. (http://www.finance-glossary.com)

債券の格付け：Moody's、S&P、Fitch Ratingsのような格付会社は投資業界に対するサービスとして、発行体が金利あるいは元本の債務不履行を起こす見込みに基づいて債券の格付けを行っている。S&PやMoody'sの債券格付けは継続的にチェックされ、最新の調査に照らして変更される。債券が格下げされると、新規の借り入れが難しくなる（あるいはより高いものにつく）という点で発行体にとっては重大な事態となる。同様に、債券保有者にとっても必ず債券価格が下落するという点で悪い知らせとなる。

〈債券格付けのコード表〉

Moody's	Standard & Poor's	内　容
Aaa	AAA	最高の格付け、最小のリスク
Aa	AA	十分高い格付け、長期のリスクが若干ある
A	A	中の上、種々強みはあるが経済の変化にやや弱い
Baa	BBB	中の格付け、現在はまずまず、長期的にはやや問題
Ba	BB	並みの安全度、保障は不十分、やや投機的
B	B	現在は支払い可能、将来は債務不履行のリスクあり
Caa	CCC	低位の格付け、債務不履行の危険が明白
Ca	CC	極めて投機的、多くの場合債務不履行になる
C	C	最低の格付け、利払いしていても償還見込み乏しい
―	D	債務不履行状態

［注］両社の格付けの内容は、筆者の要約であり詳細は両社の資料を参照してください。両社共、Aa/AA以下は、数字1,2,3（Moody's）、あるいは＋または－（S&P）で細分化している。

5章　株式

1 株式会社
Corporation

　株式会社は、corporation、incorporation、joint stock corporation、public limited companyなどとさまざまな呼び方があります。株式会社の起源は1602年に設立されたオランダ東インド会社（Vereenigde-Oost Indische Compagnie）といわれています。当時は航海技術が未熟であったこともあり、アジアとの通商は莫大な収益をもたらす反面、途中で遭難する危険性もはらんでいました。現在でいうハイリスク・ハイリターンな事業だったのです。そこで、事業資金を広く薄く集める手段として株式会社が誕生しました。

　株式会社は、現代資本主義発展の原動力となった画期的な組織形態です。株式会社の最大の特徴は、すべての出資者（株主＝stockholder、shareholder）が自らの出資範囲内でしか責任を負わない（limited liability）ことです（有限責任）。また、出資の持分（equity）（これを株式という）という抽象的概念を「株券」(share certificate) という目に見える証券にすることで、持分（株式）に譲渡性（negotiable, transferable, assignable）を加えたことも株式会社の特徴です。これにより、不特定多数の人が自らのリスクの限度を認識した上で、株式会社に投資できるようになったのです。つまり、株式会社とは「不特定多数の有限責任株主に所有されている会社」と要約できます（もちろん特定少数の株主による株式会社も数多く存在しますが）。英国で株式会社をpublic limited company、略してplc（一般に公開された有限責任株主の会社）と呼ぶのも理解できますね。ちなみに、個人会社（sole proprietorship）やパートナーシップあるいは組合組織（partnership）では出資者が無限責任（unlimited liability）を負うことになります。

　英語ではstock、share、equityが「株式」を意味しますが、一般的に米国でstock、英国でshareが使われます。厳密にいえば、stockは不可算名詞として「資本」という抽象的な意味と、可算名詞として「株式」そのものを意味します。また、shareは可算名詞で「株式」を意味します。Equityは単数として使われる場合は「株主持分」、つまり総資産から負債を差し引いた純資産を意味し、また複数で使われるときには「株式」を意味します。ただし、実際にはshareもstockもequityも区別せずに「株式」や「株」として使われています。

● 英文で理解しよう

Corporation : The most common form of business organization, and one which is chartered by a state and given many legal rights as an entity separate from its owners. Characterized by the limited liability of its owners, the issuance of shares of easily transferable stock, and existence as a going concern.

Partnership : A type of unincorporated business organization in which multiple individuals, called general partners, manage the business and are equally liable for its debts; other individuals called limited partners may invest but not be directly involved in management and are liable only to the extent of their investments. (http://www.investorwords.com/)

株式会社：もっとも一般的な企業形態で、州法に基づいて設立され、株主と切り離して、組織としてさまざまな法的権利が付与される。株式会社の特徴は、株主の責任が有限であること、容易に譲渡可能な株式を発行できること、そして継続的に存続することである。

パートナーシップ：法人化されていないビジネス形態で、複数のゼネラル・パートナーと呼ばれる個人が組織の経営に携わり、債務に対し平等に責任を負う。リミテッド・パートナーと呼ばれるその他の個人はリミテッド・パートナーシップに投資はできるが、その経営にはかかわらない。ただし、責任も投資額までに限定される。

英文読解のポイント

- Chartered by a stateのcharteredは「公認された」という意味だが、ここでは「州法に基づいて設立された」。株式会社自体が、法律に基づいて設立され、法的権利を付された法人（legal entity）だからである。

- Issuance of shares of easily transferable stockには、sharesそしてstockと株を意味する単語が使われているが、ここではstockは「会社の所有持分を表す抽象的概念としての株式」で、sharesは株式を証券の形で表した「株券」を意味する。しかし、直訳すると混乱する可能性もあるので、訳例のようにさらっと訳してもよい。

- Partnershipは、日本でいえば、法人ではなく自然人の集合体である「民法上の組合」に近い存在で、partnershipを法人化したのが合資会社。なお、general partnerは出資額に関係なく無限に責任を負う無限責任パートナーで、limited partnerは出資額以上の責任を負わない有限責任パートナーである。

5章 株式

2 | 資本金
Shareholders' Equity

　前の章で、「株主は出資額を限度とした有限責任しか負わない」と説明しました。これは会社に出資をする人にとれば都合の良いことですが、株式会社と取引をする人（債権者＝creditor）にとれば、会社が倒産（bankruptcy）しても誰も出資限度額以上の責任を取らないという心配なことになります。そこで株式会社の場合、債権者にとっての「最後の砦」として株主資本勘定（capital stock）という規定が設けられました。つまり、会社の債権者が資本金を頼りに取引できるよう一旦払い込まれた資本金は維持しなければならないと義務づけられたのです。ところで、capitalは資本を意味しますが、その語源はラテン語のcaput（頭）といわれています。つまり「最初のお金（頭金）」からきているようです。日本では資本というと、自己資本、つまり「コストの掛からない会社自身のお金」と解釈しますが、欧米ではequity capital（株主資本）と呼び、明確に「株主がリスクに見合うリターンを期待しているコストのかかるお金」と認識しています。ちなみに、長期借入金などの外部借入金もdebt capital（借入資本）とcapitalという単語を使います。

　日本の貸借対照表（balance sheet）では、総資産から負債総額を引いた部分を「資本の部」といいますが、英語ではこの部分をshareholders' equityつまり株主資本勘定といいます。ここでも「自己資本」ではなく「株主のお金」と明確にしていますね。

　貸借対照表上の資本勘定は大きく3項目に分類されますので、覚えておきましょう。

① 株主が払い込んだ株式。英語ではcapital stockといい、普通株式（common stock）や優先株式（preferred stock）から構成される部分。

② 利益や株式払込金の一部が計上される法定準備金で、資本準備金と利益準備金で構成される。英語ではcapital surplusというひとつの勘定のみ。

③ 社内に蓄積された利益剰余金。英語では文字通りretained earningsという。earned surplusも同じ意味。

　なお、バランスシート上の資本勘定と長期負債を合計してcapital structureといい、これに短期負債を加算したものをfinancial structureといいます。

● **英文で理解しよう**

Stockholders' equity : The total equity ownership of a corporation by its shareholders, consisting of preferred stock, common stock, retained earnings, and capital surplus. It is the difference between a company's total assets and total liabilities. (http://www.oneinvest.com/)

株主資本金：株主が所有している株式会社の所有持分合計額で、優先株、普通株、内部留保金、資本剰余金で構成される。また、株主資本金は会社の資産総額と負債総額の差に等しい。

英文読解のポイント

● ここで使われているshareholdersもstockholdersも同じ株主という意味。しいていえば、shareholdersが英国で、stockholdersが米国でよく使われる単語。
● Equity ownershipは株式所有者、つまり株主をいう。Ownershipを英英辞典（Macmillan English Dictionary）で引くと"legal possession of something, usually something big and valuable"とあり、大きくて価値の高いものを法的に所有する場合に使われる単語だと理解できる。
● Difference between total assets and total liabilitiesは、純資産（net worth）に等しく、shareholders' equity＝net worth。

〈Balance Sheet〉（貸借対照表）

Current Assets （流動資産）	Current Liabilities （流動負債）
	Fixed Liabilities （固定負債）
Fixed Assets （固定資産）	Shareholders' Equity （株主資本金）

5章 株式

3 株主の権利
Shareholders' Right

　株主とは会社の所有者を意味するので、会社に属する利益は最終的に株主に帰属します。英語ではstockholder（主として米語）またはshareholder（主として英語）といいます。株主にはいくつかの権利があります。①会社の利益から配当を受取る権利（利益配当請求権＝dividend right）、②会社が清算した場合に残った純資産の分配を株数に比例して受取る権利（残余財産分配請求権＝residual claim）、さらに、③会社が新たに発行する株式を優先的に引き受ける権利（新株引受権＝preemptive right）などです。以上のような株主個人に属する経済的権利を自益権と呼びます。ところで、配当支払いに関する決議は取締役会（board of directors）で行いますが、「配当を決議する」の「決議」は英語ではdecideではなくdeclare dividendsといいます。ちなみに、税金を申告するときもdeclare for taxesなどとdeclareを使います。

　株主の権利には、もうひとつ共益権といわれるものがあります。会社の経営は経営を委任された取締役が行いますが、重要な決議事項（resolution）は会社の最高意思決定機関である株主総会（shareholders' meeting）で株主の投票によって決まります。総会で投票する権利（議決権＝voting right）が代表的な共益権です。重要決議事項には、取締役の選任・解任や会社の合併・買収（mergers and acquisitions）などが含まれます。議決権は、「1単元株1議決権による多数決」が原則となっているので、多数の株数を保有する大株主が有利となります。そのほか、違法行為をした取締役を訴える権利（株主代表訴訟）（shareholder derivative action, shareholder lawsuit, shareholders' representative suit）や株主総会を招集する総会招集権（ただし3％以上の株の所有者）などの権利もあります。

　ただし、すべての株主に請求権が与えられているわけではありません。基本的には普通株式の所有者のみに議決権が与えられます。普通株はcommon stockといいますが、voting stock（議決権を有する株式）も大抵の場合、普通株を指します。

　一方、株主のリスクとしては、会社の清算金の分配などで他の債権者（銀行や社債保有者）に比べ最も劣後した地位（subordinated position）にあることです。倒産した場合、株主への分配金はほとんどないのが一般的です。しかし、株主の責任はあくまで有限責任ですから、出資した範囲以上の責任を負うことはありません。

● **英文で理解しよう**

Shareholder : A person or entity that owns shares or stock in a company is called a shareholder or a stockholder. Shareholders are afforded certain rights by law in accordance with their percentage of shareholdings in a company. A 10% shareholder may, for example, have a right to inspect the books and records of the company. A shareholder with 51% of the outstanding shares of a company is said to have control of the company. In the case of publicly traded companies, a much smaller percentage of ownership can result in effective control.

株主：会社の株式を所有する個人あるいは法人を株主と呼ぶ。株主は会社の株式所有の割合に従って、法的に一定の権利を付与される。例えば10％を有する株主は、会社の帳簿と記録を閲覧する権利がある。会社の発行済み株式の51％を有する株主は、会社の支配権を持つといわれる。公開会社の場合、より小さい所有割合で会社を実質的に支配することもある。

英文読解のポイント

- Entityは辞書を引くと「実体、存在物」などと記されているが、ここでは法人と訳した。法人は厳密にはlegal entityというが、株を所有できるのは「個人」あるいは「法律的に権利の主体となりうる法人」なので「法人」と訳した。
- ここでは、shareとstockを同じ意味（株式）で使っている。orは「あるいは」と訳すべきではなく、「いいかえれば」という意味。英語ではshareholderとstockholderのふたつの単語が同じ意味に使われるためにorで併記しているので、訳すときには「株主」だけでよい。
- Control of the companyは、「会社の経営権を握る（支配する）」という意味。Macmillan English Dictionaryによると、interestは "legal right to own part of a business or property"（事業あるいは財産の一部を所有する法的権利）とあるが、controlling interestは「会社の支配権」を意味する。発行済み株数の過半数を獲得すると、通常の決議事項の可否を握ることになるので支配権を持ったことになる。
- Publicly traded companyは、直訳すれば「一般に売買される会社」となるが、これは「証券取引所の上場会社や店頭売買市場の登録会社」つまり株式を公開している「公開会社」を意味する。

5章　株式

4 | 株主総会
Shareholders' Meeting

　株主の重要な権利として株主総会での議決権（voting right）があります。株主総会は毎決算毎に一度開催され、これを定時株主総会（general meeting of shareholders）と呼びます。また、緊急な決議事項が発生した際には臨時株主総会（extraordinary general meeting, extraordinary meeting of shareholders）が開催されます。取締役会（board of directors）が総会の日時や議題などを決め、代表取締役が株主に対して総会の招集をしますが、一定数以上の株を保有する株主も総会を招集する権利があります。

　総会には必ずしも株主自身が出席する必要はなく、代理人が委任状（proxy）を得たうえで株主の代わりに議決権を行使することもできます。米国などでは、多数の委任状を獲得して買収者にとって好ましい取締役を選任するという委任状争奪戦（proxy fight）も会社買収の一方法としてしばしば利用されます。Proxyは委任状だけでなく「本人から委任を受けた代理人」も意味します。委任状による議決権行使をproxy voteといいますが、会社は総会の前に議決権委任勧誘状（proxy statement）を株主に送付しなければなりません。このproxy statementには、総会での決議事項(resolution)や取締役候補者(slate of directors)名などが記載されます。ちなみに、議決権に関する委任状はproxyですが、一般的に委任状という際にはpower of attorneyが使われます。

　総会での決議事項には通常決議（ordinary resolution）と特別決議（special resolution）があります。取締役や監査役の選任は通常決議事項です。通常決議は、議決権総数の過半数の定足数（quorum）を満たし、その過半数（majority）が賛成すれば可決されます（ただし定足数は定款で変更できる）。特に重要な事項は特別決議が必要となり、議決権総数の過半数の定足数で、その3分の2以上の賛成が求められます。特別決議条項には、定款の変更、取締役・監査役の解任、会社合併・分割などが含まれます。つまり、発行株数の過半数を持てば、会社を実質的に支配でき、2/3以上を持てばほぼ完全に支配下に置けるのです

　1株1票の議決権が基本的な議決方法で、これを法定投票（statutory voting）といいますが、少数株主保護の観点から累積投票（cumulative voting）という方法もあります（右頁の英文を参照）。

● 英文で理解しよう

Cumulative voting : Cumulative voting is a system that allows a minority shareholder to aggregate votes and cast them all in favor of a single candidate for director. For example, assume that minority shareholder X owns 100 shares of company Y. Assume further that company Y is holding a shareholders meeting for the purpose of electing three directors for which there are five candidates, called A, B, C, D & E. Cumulative voting allows X to cast 300 votes (i.e., the total number of shares held times the number of directors to be elected) for any one of the candidates. The opposite of cumulative voting is regular or statutory voting where X would be able only to cast 100 votes for A, and a 100 votes for two of the other candidates to fill the remaining two vacancies.

累積投票：累積投票とは、少数株主が投票権をまとめて1人の取締役候補に投ずることを可能とするシステムをいう。例えば、少数株主XがY会社の100株を保有しているとする。そしてY会社が、ABCDEの5人の候補者から3人の取締役を選出するために株主総会を開く。累積投票を行うことによって、Xは候補者の誰か1人に300票（即ち、株式総数×選出取締役数）を投票することができる。累積投票に対する投票方法が普通投票あるいは法定投票という。この場合、Xは取締役候補者であるAに対して100票しか投票することができず、残る2つの席を埋めるためにその他の2人の候補者に100票を投票せざるを得ない。

英文読解のポイント

- Minority shareholderとは、支配権を握れるほどの多数の株式を保有していない株主のことで、少数株主と訳される。過半数の株を有している株主はmajority shareholder、また過半数ではないが多数の株を持っている大株主はmajor shareholderという。
- Statutoryは「法律や法令で定められた」という意味で、statutory bodyは「国家機関」、statutory bookは「法定帳簿」。選任取締役候補者1人に対して1票を投じるのが通常の投票方法で法律にも規定されていることから、regular votingのことをstatutory votingという。
- 累積投票のほか、特定の状況（例えば、優先株配当ができない時）に、議決権のない特定の株主（例えば優先株主）に取締役選出投票権を与える方法もある。少数株主に有利となる投票方法を総称してproportional representationという。

5章　株式

5 | 普通株式と種類株
Common Stock/Classified Stock

　株式会社が発行する株の大半が普通株式（common stock）です。92ページで説明した配当請求権・新株引受権・残余財産請求権や議決権などの権利は、普通株主に与えられます。しかし、普通株でも議決権（voting right）の程度によって、Class A shareとかClass B shareなどと、複数の異なる種類に分けて発行する会社もあります。日本でも改正商法によって、2002年4月から同様に議決権に差をつけた普通株を発行できるようになりました。これを種類株、英語ではclassified stockといいます。種類株のメリットは、株主の目的にあわせて発行できることです。たとえば、議決権や配当（dividend）より株価（share price）に関心がある投資家は、議決権や配当が制限されてはいるものの株価が有利な種類株を選択することができます。また、ベンチャー企業の少数株主（minority shareholder）だけに特別な議決権を与えた種類株は、ベンチャー企業への投資を促進する効果をもちます。

　ここで注意をしなければならない単語にalphabet stockがあります。文字通り「アルファベットが付された株」で、たとえば「General Motors E stock」などです。classified stockもアルファベットが付されていますが、両者は異なる株式です。alphabet stockとは、買収（acquisition）や分社（spin-off）などで発生した子会社の業績（performance）に連動した普通株を指し、議決権や配当もその子会社に限定されます。業績連動株（トラッキング・ストック）はalphabet stockです。同じ会社の議決権で格差をつけたclassified stockとは異なるので、混同しないようにしてください。

　ところで、英文の財務諸表を見ると、shares issued and outstandingと記載されていますが、これは「発行済み株式で外部の投資家に保有されている株式」を意味します。ちなみに、会社が自社株を買戻して手元に置いている株を金庫株、英語ではtreasury stockといいますが、金庫株には議決権や配当請求権は付与されません。したがって、金庫株は発行済みではあるがoutstanding sharesには含めません。また、会社の定款（articles of incorporation）で発行することが承認されている（授権株＝authorized shares）が、未発行である株をunissued sharesといいます。当然のことですが、未発行株もoutstanding sharesには含まれません。

● 英文で理解しよう

Treasury stock : Treasury stock refers to any issued stock of a company that is held by the company in its treasury. Treasury stock is usually repurchased from shareholders so that it can be retired or resold to the public. Shares held as treasury stock are no longer considered to be part of the outstanding stock of the company.

金庫株：金庫株とは、発行済みの株式ではあるが、発行会社自身が保有している株式をいう。金庫株は、消却するか将来再度市場に転売する目的で買い戻されることが多い。金庫株として会社自身が保有する株式は、会社の発行済み株式の一部とは見なされない。

Classified stock : Separation of the common stock into multiple classes, such as Class A or Class B common stock. The purpose for creating multiple classes of common stock is so that the holders of one class of common stock can enjoy different rights from the holders of another class. The special characteristics of each class of common stock is usually required to be set out in the articles of incorporation.

種類株式：会社の普通株式をクラスＡ普通株、クラスＢ普通株というように複数の種類に分割することをいう。複数の種類株をつくる目的は、ある種類株の株主が他の種類株主とは異なる権利を享受できるようにすることにある。通常、各々の種類株の特徴は会社定款に記載されなければならない。

英文読解のポイント

- Treasury stockは、社外の投資家ではなく、株の発行会社自身が保有、つまり自社の金庫（treasury）に保管することから、金庫株と訳す。
- It can be retiredは、買入れた自社株を「消却する」こと。Retireには、この他 retired person（退職者）とか retire the bond（債券を償還する）の意味もある。
- Articles of incorporationは「定款」。定款とは法律に従って会社を設立するときに、会社の目的、授権資本金などを記載した会社規則で、文字通り、会社設立（incorporation）時に定める条項（articles）。Articles of incorporation と certificate of incorporation（会社設立許可書）を合わせて charter という。

5章　株式

6 | 優先株
Preferred Stock

　普通株より優先して配当支払いを約束した株を優先株といいます。通常は一定率の配当（dividend）支払いが約束されます。優先株はpreferred stockとかpreference stockといいますが、これは文字通り"has preference over common stock in the payment of dividends and the liquidation of assets"（配当や会社資産の清算時支払いに関して普通株より優先権がある）ことを意味します。そのかわり優先株式には議決権（voting right）が与えられません。敵対的買収（hostile takeover）をおそれる経営者にとっては、議決権を有しない株は利用価値のある株といえます。したがって、敵対的買収が活発な米国では、優先株による資金調達が盛んに行われています。日本では優先株式の発行はまだ多くありませんが、1998年から1999年にかけて日本の銀行に公的資金（public money）が注入されたときに、優先株が利用されました。

　優先株であっても会社が利益を計上しない限り配当金を受取ることはできません。しかし未払い配当金を翌期以降に繰り越せる特典のついた優先株もあります。これを累積的優先株（cumulative preferred stock）といいます。Cumulativeは「累積する、蓄積する」という意味で、cumulative trade deficit with Japanは「対日貿易累積赤字」、cumulative votingは自分の投票権をまとめてひとりの候補者に投票できる「累積投票」となります。一方、未払い配当金を繰越せない非累積優先株をnoncumulative preferred stockといいます。

　上記のほか、予定配当金を超える配当金がある場合に、優先配当に加えて普通株主配当金の分配も受ける権利のある参加的優先株式（participating preferred stock）や、一定条件のもとで普通株に転換できる転換優先株（convertible preferred stock）などさまざまな優先権をもった優先株があります。

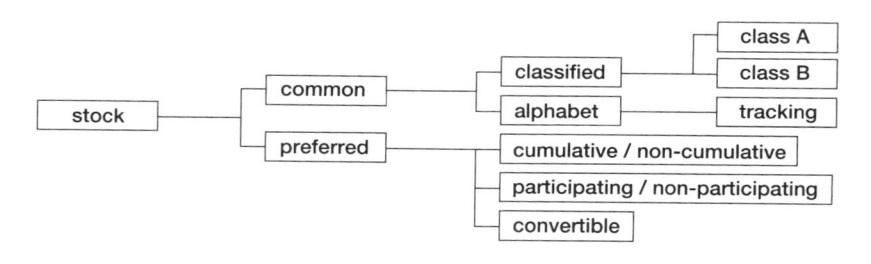

```
stock ─┬─ common ─┬─ classified ─┬─ class A
       │          │              └─ class B
       │          └─ alphabet ─── tracking
       └─ preferred ─┬─ cumulative / non-cumulative
                     ├─ participating / non-participating
                     └─ convertible
```

● 英文で理解しよう

Preferred stock : A special class of shares, apart from common stock, that entitles the holder to certain preferences that are specified when the shares are issued. Holders of preferred shares might, for example, have a right to receive a dividend that is greater than that paid on common stock, or a right to receive a dividend before any dividend is paid to the holders of common stock. Preferred shares almost always take precedence over common shares in liquidation.

Cumulative preferred stock : Preferred stock bearing a right to receive a dividend that accumulates if the company does not, in fact, pay the dividend when due is known as cumulative preferred stock. Most preferred stock is cumulative preferred stock and, in this respect, cumulative preferred stock resembles debt.

優先株：普通株とは別に、株式発行時に特定された一定の優先権を株主に与えるという特殊の株式。たとえば、優先株の所有者は普通株式の配当よりも高い配当を受ける権利とか、普通株式の配当支払いに優先して配当を受ける権利を付与されることもある。また、清算時にはほぼ常に普通株に対して優先して支払いを受けることができる。

累積的優先株：支払期日に実際に会社が配当を支払うことができない場合に未払い配当金が累積され、その累積配当金を受け取る権利を有する優先株を累積的優先株と呼ぶ。ほとんどの優先株は累積的優先株であり、この点で累積的優先株は借入金に似ている。

英文読解のポイント

- Entitleは「権利や資格を与える」という意味で、類似語にeligibleがある。ただし、本などの題名にはentitleを用い、「適格である、好ましい」というときにはeligibleを使う。そのほか、似ている単語として、qualify（資格を与える、適任とする）、deserve（価値がある）などがある。
- Dueは「期限が到来する」という意味。たとえば、due date for paymentは「支払期限」。In due course（適切な時が来ればそのときに＝やがて）。類似語としてmature（満期が来る）、expire（期限が来て失効する）など。

5章　株式

7 インセンティブ・ストック・オプション
Incentive Stock Option

　インセンティブ・ストック・オプション（incentive stock option）とは、一定の期間内に一定の価額で自社株を購入する権利を与える仕組みです。たとえば、行使価格（exercise price）1000円のオプションを付与された場合、株価が1200円になればオプションを行使すると同時に市場で売却をして、1株当たり200円の利益を得ることができます。つまり、オプションの実行と同時に売却すれば、自己資金を用意することなく売却益（capital gain）を得ることができるわけです。

　米国では、1981年に導入された仕組みですが、米国歳入庁（Internal Revenue Service＝IRS）の基準をクリアすれば、ストック・オプションを付与されたときや、それを実行して株式を購入したときには課税されず、その株式を売却して売却益がでたときにはじめて譲渡税（capital gain tax）が課せられることになります。譲渡益税は所得税（income tax）より優遇されていることが多いので、税率の面でも魅力のある仕組みとなっています。歳入庁の基準をクリアしたものをincentive stock optionまたはqualified stock option（適格ストックオプション）と呼びます。一方、歳入庁の基準をクリアしていなくて税制上の特典を受けられないものをunqualified stock optionといいます（右頁英文を参照）。ところで、qualifiedは混同しやすいので注意が必要です。Qualified pension plan（適格年金）、qualified physician（有資格医師）といずれもポジティブな意味となっています。ところが、会社の財務内容を監査した外部監査役の"qualified opinion"は「適格な意見」ではなく、「限定意見、条件付き監査報告」という注文のついた意見を意味します。たとえば、会社に打撃を与えかねない訴訟問題などが進行しているときなどにqualified opinionが付されます。反対に、無条件の監査人意見はunqualified opinionといいます。ちなみに、否定的な監査人意見はadverse opinionといいます。

　ストック・オプションは幹部社員や従業員の株価意識を高める効果があるので、会社にとってもメリットのある制度といえます。日本でも1997年5月にストック・オプションが導入されましたが、2002年4月に施行された改正商法で、対象範囲の拡大、数量規制や行使期間規制の撤廃などさらに利用しやすい仕組みとなったため、ストック・オプションを導入する企業が急増しています。

● 英文で理解しよう

What is a Nonqualified Stock Option (NSO)?

A nonqualified stock option is an option that can be granted to anyone within or outside the company, unlike incentive stock options which can only be granted to employees. Because NSOs don't adhere to conditions outlined in the Internal Revenue Code for preferential tax treatment, they are much more flexible than ISOs :

- They can be granted below the current market price.
- They usually must be exercised within 10 years of the grant date.
- They can be granted in any number of shares.
- When you receive an NSO you don't report income. Under Section 83(b), you report compensation income at the time you receive the stock, which equals the difference between the grant price and the market price (e.g. Stock price is $30. Option exercise price of $21. Income is [$30 - $21] $9). (http://www.myoptionvalue.com/)

非適格ストック・オプション（NSO）とは何か？

NSOとは、会社内だけでなく社外の誰にでも付与できるオプションで、社内の従業員だけに付与できる適格ストック・オプション（ISO）とは異なる。NSOは税制面の優遇措置を得るために必要な内国歳入法に記載されている条件に従わなくともよいので、ISOに比べて極めて柔軟である。

- オプションの行使価格が市場価格以下であってもよい
- オプションを付与された日から10年以内に行使しなければならない
- 付与する株数に制限はない
- NSOを付与されたときには所得を申告する必要はないが、83（b）項の規定により、NSOを行使して株を受領したときには、オプション行使価格と株を受取った時点の株価との差額を報酬所得として申告しなければならない。たとえば、株価が30ドルで、オプション行使価格が21ドルであれば、差額の9ドルが所得となる。

英文読解のポイント

- Internal Revenue Codeは米国の内国歳入法で、Internal Revenue Service（IRS）は内国歳入庁。ちなみに日本の国税庁はNational Tax Agency。
- Current market priceは「市場の時価」。Fair market valueは売り手も買い手も納得する「公正市場価格」。

5章 株式

8 | トラッキング・ストック（業績連動株）
Tracking Stock

　トラッキング・ストックとは、特定の事業部門（business unit）や子会社（subsidiary）の業績に連動した株式を意味します。1984年に米国市場で発行されたゼネラルモーターズによる発行がトラッキング・ストックの第一号です。日本でも2001年6月にソニーの子会社ソニーコミュニケーションネットワーク（SCN）がはじめてトラッキング・ストックを発行しました。

　事業部門や子会社をそのまま保有しながら、その事業部門や子会社の業績に株価が連動するように設計されているのがトラッキング・ストックの特徴です。他の部門や子会社グループに埋もれてしまっている特定の事業部門や子会社の業績を顕在化させることがトラッキング・ストックの目的です。業績を顕在化させる手段としては子会社を公開（going public）する方法もありますが、トラッキング・ストックとは以下のような基本的な違いがあります。

① 子会社公開の場合の資金調達主体は子会社であるが、トラッキング・ストックの場合には親会社が調達主体となる。
② 子会社公開の場合、株主はその子会社の議決権を持つことになるが、トラッキング・ストックの場合には親会社の議決権を持つこととなる（ただし無議決権のことが多い）。
③ 子会社を公開するとそれだけ親会社の支配権（controlling interest）が低下することになるが、トラッキング・ストックの場合には支配権をそのまま維持できる。ところでtrackは「追跡する」ですが、tracking stockも「特定の業績のみを追跡する株」という意味です。Nasdaq上場の上位100社の株価指数に連動したNasdaq-100 index trackingは、以下のように定義されていますので訳してみてください。

　A single security designed to track the collective performance of the largest domestic and international non-financial companies listed on the Nasdaq Stock Market.

● 英文で理解しよう

Tracking stock : Tracking stock is a form of common stock that is used to reflect, or to track, the operating performance of a business division or subsidiary of the company. The tracking stock pays a dividend that is linked to the profitability of the business it tracks. Tracking stock does not give the holder voting rights or rights upon liquidation. The main purpose for using tracking stock is to give management market access to the capital value of a high performing business unit without losing control of that unit as would occur in a spin-off or IPO involving the unit. Tracking stock is also frequently used to give employees an incentive to increase performance.

業績連動株（トラッキング・ストック）：業績連動株とは、ある事業部門や子会社の業績を反映、つまり追跡（トラック）する目的で使われる普通株式の一種である。業績連動株は、当該部門の収益性に連動して配当が行われる。業績連動株では、株主に議決権や清算時の権利が与えられない。業績連動株を用いる主たる目的は、業績の良好な部門の支配権を失うことなく、その部門の資本価値を利用して資金調達ができることである。一方、事業部門の分社化や株式公開によって資金調達をするときには支配権を失うことになる。業績連動株は、従業員の実績を上げるインセンティブとしてもしばしば用いられる。

英文読解のポイント

- Operating performance は「会社の業績」という意味。Performance は「業績・実績」で、たとえば、performance evaluation は「業績評価」、stock performance は「株価動向」。また、performance stock は growth stock と同じで「成長株」を意味する。

- Spin-off は部門を分社化することで、divestiture（会社売却や分割）の一方法。M&A（企業の合併・買収）に関するアドバイザリー業務では、divestiture を含めて、M&A&D（企業の合併・買収・分割）ともいう。

- IPO は initial public offering（株式公開）、つまり非公開会社が始めて市場で株式を公開して一般に売り出すことをいう。

- Incentive to の次は動詞、または名詞を伴ってこの例のように実績向上の誘因または刺激するもの、という意味で使う。Motive も同じように用いられるが、incentive は報酬として与えられるもの、の場合が多い。

5章 株式

9 額面株式と無額面株式
Par Value Stock/ No Par Value Stock

　額面株式（par value stock）とは、株券（stock certificate）の券面に発行時の金額が記載されている株式をいいます。会社が設立された時期によって発行した額面が異なっており、日本では20円、50円、500円、5万円の額面株式が存在していました。もともと券面上の金額は会社設立時の最低払込金額を表し、それなりの意味があったのですが、実際に取引される株価は額面とはまったく関係がなく、額面株式を発行する必要性は薄れています。むしろ、額面があるばかりに時価（market price）との関係で不必要な誤解が生まれることすらあります。

　無額面株式とは、文字通り券面に金額表示がない株式ですが、米国など多くの外国市場では無額面株式（no par value stock）の発行が一般的です。日本でも2001年10月1日に施行された商法改正により、額面株式が廃止となり無額面株式に統一されました。この結果、新しく発行される株式はすべて無額面株式となります。既に発行している額面株式を取締役会の決議で無額面株式に差し替えることも可能ですが、そのまま無額面株式として利用することもできます。

　英語では額面株式をpar value stock、無額面株式をno par value stockといい、いまや無額面株式が主流となっていることは前述しましたが、債券の世界ではparは文字通り債券面に記載されている金額で重要な意味をもちます。たとえば、債券を額面額で発行する場合にはissue at parといい、償還時にはpar valueで返済されます。債券の金利も額面額に対して支払われます。たとえば、"a 5% bond pays 5% of the bond's par value annually"（金利5％の債券は年利ベースで額面額に対して5％の金利を支払う）といいます。市場価格が額面を割れるとunder par、逆に額面以上だとover parとなります。

　ちなみに、parには"the usual or expected standard"つまり「ごく普通の基準」という意味もあります。ゴルフのパーの意味をMacmillan English Dictionaryでひくと"the number of times that a player is expected to hit a ball to get it into one hole"となっています。つまり、ボギーをたたくということは通常の期待を裏切ることになるわけですかね。

● 英文で理解しよう

No par value stock has no stated value in the corporate charter. Such shares may be sold for whatever the investor is willing to pay. The majority of U.S. firms (and Delaware corporations) are probably incorporated with 1,500 shares of no par value common stock authorized by their original charter. The actual market value of an established corporation that has been operating for some time has, of course, no relation to the face amount of the stock, whether it is par value or no par value stock. The more profitable the company and the more assets it accumulates and the better its prospects, the more each share of common stock tends to be worth in the marketplace.　　　(http://www.delbusinc.com/)

無額面株式とは、定款で株券面の記載がなされていないものをいう。無額面株式は投資家が支払いたい金額で売却される。大半の米国企業（デラウェア法人も同様）は、設立時の定款で無額面株式を1500株発行する形で設立されているとみられる。もちろん、何年間か操業している基盤の確立した会社の場合、額面株式であろうが無額面株式であろうが、市場価格と券面額には何の関係もない。会社の収益がよいほど、会社が蓄積した資産が多いほど、また将来の見通しがよいほど、株の市場価格は高くなる傾向がある。

英文読解のポイント

- Corporate charterは厳密にいえば、会社設立時に米国の州が発行する設立証明書（certificate of incorporation）と会社の基本事項を規定した定款（articles of incorporation）を総称したもの。Bylawsは定款の細目を規定した付属定款。
- Market valueは市場の実勢価格、つまり時価を意味する。Prevailing priceも市価や時価を意味する。
- Established corporationは、実績があり市場でその基盤が確立した企業を意味する。Established corporationの株価は、価格や配当支払い実績が安定的であることが多く、このような株をblue chipという。また、流通市場での流動性が高く、投資家から高い評価を得ている証券をseasoned issueという。
- Marketplaceはmarketと同じ意味で「売買が行われる市場」。
- Common stockは普通株で、preferred stockは優先株という。

6章　投資信託

1 契約型投資信託
Contractual Type Investment Trust

　投資信託（investment trust）とは、多数の人々から集めたお金をまとめて株式や債券などに投資し、収益をあげていくことを目的とした金融商品をいいます。集まった資金は専門家であるファンド・マネジャーが運用します。つまり、投資信託の特徴を要約すれば以下の3点になります。

① 多数の投資家から資金をまとめた投資資金基金（fund）である。
② 運用の専門家（fund manager）によって運用・管理される。
③ 分散投資（diversified portfolio）によってリスクの軽減をはかる。

　日本の投資信託は、大きく契約型投資信託（contractual type investment trust）と会社型投資信託（company type investment trust）に分けられます。ただし、1998年の投資信託法改正までは、契約型投資信託だけが認められていたこともあり、現時点では日本の投資信託の大半が契約型となっています。契約型投資信託では、投資家から集まったお金は受託銀行（trust bank）に信託され、ファンドが設定されます。ファンドの運用は投資信託委託会社（investment trust management company）が行い、受託銀行に運用を指示します。運用からの収益は、投信会社と受託会社に払われる信託報酬を差引いた後、ファンドの受益者である投資家に配分されます。ファンドの財産は受託銀行自身の財産とは別に保管されるので、安全性は高いといえます。

　ところで、投資信託は英語ではinvestment trustといいますが、このtrustはよく知られている通り「信頼」とか「信用する」という意味から転じて「信託」、つまり信頼できる人（受託者＝trustee）にお金の運用（investment）を任せることを意味します。受託者にはfiduciary responsibility（duty）があります。これは「委託者のために十分な注意をもって忠実に受託者としての義務を果たす」という意味です。一方、ファンドへの受託者は、ファンドから収益配分を受けることからbeneficiary（受益者）といいます。保険金や年金の受領者も同様にbeneficiaryと呼びます。

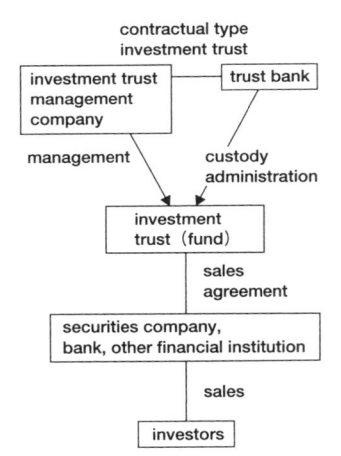

英文で理解しよう

(http://www.uslaw.com/library/article/TNPFinanceCo072100.html?area_id=4)

Professional management : These funds are managed by investment professionals with lots of computers and access to tons of research on companies and the market.

Diversification : Instead of having to buy numerous individual securities, a few mutual funds can allow you to diversify your portfolio among different types of stocks and bonds.

Convenience : Mutual funds are easy to buy and sell. Mutual funds also keep track of your investments and often provide various customer services via toll-free numbers and the Internet.

Federal government involvement : Mutual funds are governed by federal law (the Investment Company Act of 1940) and regulated by the Securities and Exchange Commission. This does not mean, however, that the federal government guarantees funds or that a fund will not lose money.

プロの運用：投信の運用は専門のファンド・マネジャーによってなされる。ファンド・マネジャーは、多数のコンピューターや、企業や市場についての膨大な調査資料を大量に活用する。

分散投資：投信を利用しないと多数の証券を個別に買うことになるが、いくつかの投信を利用すると、異なった種類の株や債券に投資資産を分散させることが可能になる。

利便性：投信の売買は容易である。また、投資成績を管理し、フリーダイヤルやインターネットを通じて頻繁に顧客サービスを受けることができる。

連邦政府の関与：投信は連邦法（1940年投資会社法）の適用を受け、SECの管理下にある。ただし、連邦政府が投信に保証を与えているわけでもないし、投信でお金を損しないということを意味しているわけでもない。

英文読解のポイント

- Researchは市場や個別銘柄の調査レポートをいう。
- Keep track ofは「追跡調査する」という意味だが、ここでは「投資成績を管理する」というくらいの意味。Tracking stockは、特定の事業部門の業績に株価が連動する連動株（トラッキング・ストック）。
- Investment Company Act of 1940は米国の投資信託の活動を規定する法律で、販売促進方法、報告義務、価格などについて定めている。

6章 投資信託

2 | 会社型投資信託
Company Type Investment Trust

　会社型投信とは、投資家が出資した資金の集合体（pool）ごとに投資会社（投資法人＝investment company）を設立する形態をいいます。投資法人は、投資証券（株券に相当する）を発行して投資家から資金を集めます。投資家は、投資主として議決権（投資主権）を有し、投資法人の運営に参加できます。投資法人の運用業務や資産保管業務はすべて外部に委託されます。日本では株券ではなく投資証券、また株主ではなく投資主と呼び、株式会社と区別していますが、米国ではshares、shareholdersと株式会社の場合と同じ呼び方をしています。

　米国では会社型投信がもっとも広く普及しており、会社型投資信託を総称してミューチュアル・ファンド（mutual fund）と呼ぶことが多いようです。ただし、厳密に言えば、オープン・エンド型（open-end）会社型投信をmutual fund、クローズド・エンド型（closed-end）会社型投信をinvestment trustと呼びます。なお、英国では契約型投信をunit trust、会社型投信をinvestment trustと呼んで区別しています（オープン・エンド型やクローズド・エンド型については次節を参照してください）。

　米国では1940年投資会社法（Investment Company Act of 1940）によって、法的に投資信託の基礎が固まりました。401kなどの確定拠出型年金（defined contribution pension plan）がミューチュアル・ファンドに大量に流入した1980年代後半以降、投信市場は急速に拡大し、2001年6月現在約6兆9000億ドル（約900兆円）の規模にまで拡大しています（出所：日本証券業協会）。ちなみに、年金支給額が確定している確定給付型年金をdefined benefit pension planといいます。日本でも確定拠出型年金が可能となり少しずつ確定拠出型に移行していますが、依然として確定給付型が大勢を占めています。

　ところで、mutual fundのmutualは「相互の」という意味ですが、保険契約者を出資者とみなして契約者相互間で保険をかけあう形態の保険会社をmutual life insurance company（保険相互会社）、会員相互間で助け合う組織をmutual aid association（共済組合）といいます。

● 英文で理解しよう

Mutual fund：A mutual fund is an open-end pool of money aggregated into a single fund that is established and operated by an investment company. Mutual funds raise money from multiple investors by selling shares in the fund. The capital raised is then invested in securities or specified types of assets according to the investment objectives and risk profile established for the fund. The main benefit of a mutual fund is that it allows many small investors to aggregate their funds under the direction of a professional fund manager. By investing in a mutual fund, the investors can diversify their investment in a way that would be difficult or impossible to do alone. Shares in the mutual fund are issued and redeemed at the net asset value of the fund.

ミューチュアル・ファンド：ミューチュアル・ファンドとはオープン・エンド型の資金の集合体で、投資法人によって単一のファンドという形で設立され運営される。ミューチュアル・ファンドはファンドの持分を株式という形で販売することによって、多数の投資家から資金を調達する。調達された資金は、投資の目的とリスク許容度にしたがって、株式や特定の資産に投資される。ミューチュアル・ファンドのメリットは、多くの小口投資家の資金をひとまとめにしてプロの運用者によって運用されるということである。投資家は、自分だけでは困難あるいは不可能な分散投資を、ミューチュアル・ファンドへの投資を通じて行うことができる。ミューチュアル・ファンドの株式の発行や償還は純資産価値でなされる。

英文読解のポイント

- Poolは金融でよく使われる単語で、多数の物をひとまとめにすることを意味する。たとえば、期間や金利が似ている住宅ローンを集めたmortgage poolを裏付けに発行する債券をmortgage backed securities、投資証券株のpoolをportfolioという。
- Investment companyは投資家からの資金で会社を設立した「投資法人」。
- Professional fund managerは、資産運用を専門とするファンドマネジャーをいう。
- Redeemは「償還する」。債券の元本（principal）を返済することで、満期前の繰上げ償還はpre-maturity redemptionとかearly redemptionという。Prepaymentも同じ意味。
- Net asset valueは「純資産」。総資産の時価から経費などを差引いた価格で、投信の世界では「基準価格」と呼ばれる。

6章　投資信託

3 オープン・エンドとクローズド・エンド
Open-End/Closed-End

　米国でもっとも普及しているミューチュアル・ファンドはオープン・エンド型の会社型投信です。オープン・エンド型では、投資法人（investment company）はいつでも新規投資証券を発行し、また投資家の求めに応じていつでも買戻しをすることができます。買戻し価格はそのときの純資産価値（net asset value）に基づいて行われます。いつでも換金できるというメリットがありますが、ファンドの資金量が常に変動するというリスクもあります。

　一方のクローズド・エンド型（米国ではinvestment trustとかclosed-end fundと呼びます）では、発行証券の買戻しが認められていません。その為、投資ファンド（基金）の資金量は安定しており、運用者（fund manager）にとっては運用に専念できるメリットがあります。クローズド・エンド型投信の投資証券は証券取引所に上場され、投資家は取引所での売買を通じて換金することになります。取引所での売買価格は必ずしも純資産の時価と一致するとは限りません。

　ところで、open-endやclosed-endは別の意味でもよく金融英語に登場します。Open-end creditは一定の枠内で借入れができる回転信用枠（revolving credit line）、open-end leaseはリース期間満了時に、契約時に設定した残価と査定額との差額を精算するリース契約（清算しない契約をclosed-end lease）、open-end mortgageは同順位の担保設定で追加発行を認める不動産担保債券（同順位の追加発行を認めないのがclosed-end mortgage）などです。

　契約型投資信託でオープン・エンド型に相当するのが追加型投資信託（additional type investment trust）です。追加型の場合、いつでも受益証券（beneficiary certificate）を追加発行して、最初に設定された信託財産を拡大することができます。投資家はいつでも受益証券を売ったり買ったりできますが、売買価格はその時点における投信の純資産の時価（日本では基準価格という）となります。

　単位型投資信託（ユニット型投信＝unit type investment trust）とは、当初投信基金が設定された後は投信の償還日まで追加の設定が行われない形態の契約型投資信託をいいます。解約は一定の期間（クローズド期間）後認められる形式が一般的ですが、満期まで解約できないものもあります。

● **英文で理解しよう**

Open-end fund : A fund that has no set limit on the number of shares to be issued is called an open-end mutual fund. The fund continues to create new shares on demand. Shares in an open-end fund are always sold at net asset value with the fund agreeing to redeem outstanding shares at any time at the prevailing market price.

オープン・エンド型投信：発行される株数に制限のないファンドはオープン・エンド型ミューチュアル・ファンドと呼ばれる。オープン・エンド型では需要があれば新しい証券を発行し続ける。オープン・エンド型で発行される証券は基金がいつでも時価で発行済み証券を償還することに合意しているので、つねに純資産価値で売られている。

Closed-end fund : An investment trust the shares of which are publicly traded above or below its net asset value is known as a closed-end fund. The shares of a closed-end fund operate in much the same way as corporate stock. These funds frequently have a limit on the amount of shares to be issued or the time period in which they will be sold by the fund.

クローズド・エンド型投信：クローズド・エンド型投資信託の様式は一市場で売買されるが、その売買価格は純資産価値を上回ることも下回ることもある。つまり、クローズド・エンド型投信の様式も会社の株式と同じように売買される。大抵の場合、クローズド・エンド型の発行株数には上限がつけられるか、販売期間が制限される。

英文読解のポイント

- On demandは「要求あり次第」という意味で、payable on demandは「一覧払い」。
- Net asset valueは「純資産価値」で、一般的には自己資本から外部負債を引いた金額をいう。Net worthも同じ意味。
- Prevailing market priceは「時価」。Prevailingは「優勢な、もっとも一般的な」という意味から、「現行の価格」つまり「時価」となる。
- Redeemは「元本を償還する」、名詞はredemption。Repaymentと同義。

6章 投資信託

4 公社債投信と株式投信
Bond Fund/Stock Fund

　資産の半分以上を有価証券に投資している投資信託を証券投資信託（securities investment trust）と呼びます。証券投資信託は、さらに公社債投資信託（bond investment trust）と株式投資信託（equity investment trust）に分類されます。

　公社債投信とは公社債および短期金融商品（money market instrument）で運用し、株式を一切組入れない投信をいいます。主として中期国債（期間2〜4年）に投資する中国ファンドや、短期国債やコマーシャル・ペーパーなど格付の高い短期金融商品で運用するMMF（Money Management Fund）、それに長期債や外国債に投資する公社債投信などがあります。

　株式投信にもさまざまな種類があります。国内の株式を中心に投資する国内株式型、外国株式中心に投資する国際株式型、株式と公社債を組合わせたバランス型、さらにTOPIXなどの株価指数に連動するように株式を組入れたインデックス型、産業別に株式を組入れた業種別インデックス型、先物やオプションなどのデリバティブを積極的に活用した派生商品型も株式投信に分類されます。自ら運用するのではなく、複数のファンドに分散投資する投信もあります。これをfund of funds、つまり「ファンドの中のファンド」といいます。

　米国にも実に多くのmutual fundがあります。公社債中心のbond fund、株式主体のequity fund、公社債と株式を組合わせたbalanced fundやblend fund、リスクは高いが成長性のある株式に投資するgrowth fund、さらに高いキャピタルゲインをねらったaggressive growth fund（capital appreciation fund）、配当収入をねらったincome fund、配当率も収益性も高い株式を主体としたgrowth and income fund、信用度の高い企業に投資してプライム・レート（prime rate）並みのリターンをねらったprime rate fund、地方債を中心に投資するmunicipal bond fund、とくに非課税の地方債に投資するtax-free bond fund（あるいはtax-exempt fund）、S&P500などの株価指数に連動するindex fund、投資業績の良いファンドを真似たclone fund、特定の州や地域に的を絞ったregional fund、全世界の株や公社債に投資するglobal fund、米国以外の証券に投資するinternational fundなど数え切れない種類のファンドがあります。

● 英文で理解しよう

Bond funds : Bond funds, or income funds, invest in debt obligations issued by corporations or the government. These types of funds are called income funds because they seek to pay distributions to the investor on a regular basis.

Equity funds : Equity funds, or stock funds, invest in the stock issued by corporations. The primary objective of nearly all stock funds is to provide long-term capital growth. However, many stock funds invest in companies that pay dividends and thus also generate income, as a secondary consideration.

Tax-Exempt funds : Tax-exempt funds are mutual funds that invest primarily in municipal securities to provide income that is free from regular federal, and in many cases depending on the fund, state taxes.

(http://www.salomonsmithbarney.com/)

公社債ファンド：公社債ファンドないしインカム・ファンドは、会社ないし政府によって発行された債券に投資する。この型のファンドは定期的にファンドの株主に配当を支払うことを目的としているので、インカム・ファンドと呼ばれる。

株式ファンド：株式ファンドは会社が発行する株式に投資する。ほとんどの株式ファンドは長期的なキャピタル・ゲイン（譲渡益）をねらうことを第一の目的としている。しかし、配当を支払っている会社に投資して配当収入をねらうことを第二の目的としているファンドも多い。

非課税ファンド：非課税ファンドは、利息に対して連邦税や、ファンドの種類によるが多くの場合、州税も非課税扱いとなる地方債に投資するミューチュアル・ファンドをいう。

英文読解のポイント

- Income fund の income は「配当や金利などの所得」を意味する。これと対照をなすのが capital gain（売却益）。
- Debt obligations は直訳では「債務契約」だが、ここでは債券と同義。
- Tax-exempt は非課税。Tax-exempt bond は利息に課税されない。Municipal bond（地方債）は連邦税非課税となっている。州税は、居住している州債については非課税となるが、他州が発行した債券は課税扱いとなることが多い。
- Federal tax が連邦税（日本の国税）、state tax は州税。

6章 投資信託

5 | 不動産投資信託
Real Estate Investment Trust (REIT)

　不動産投資信託（REIT）とは、投資家から集めた資金をオフィスビルやマンション、ショッピング・センターなどの不動産（real estate）に投資して、その賃貸収入（rental income）や売却益（capital gain）を配当として投資家に分配する投信をいいます。日本では改正投信法によって2000年11月から設定が可能となりました。法律上では契約型投資信託（contractual type investment trust）、会社型投資信託（company type investment trust）いずれの形態でも不動産投資信託を組成できますが、日本版REITと呼ばれる不動産投信は、投資法人（investment company）を証券取引所（stock exchange）に上場するクローズド・エンド型の会社型投信（closed-end investment trust）となっています。不動産投信の投資証券を購入した投資家は証券取引所で売買して換金できます。

　不動産は価格が高いうえに流動性が少なく（less liquid）、投資リスクの判断が困難な投資対象です。その意味でも、少額から投資ができ、かつ不動産投資の専門家が運用をする不動産投信は、投資家にとってメリットのある金融商品といえます。配当原資（sources of dividend）も賃貸収入が主体であるので比較的安定的ですが、将来の不動産市場の動向で投信自体の価格が下落するリスクはあります。なお、投資法人の運用純益の90％以上を投資家に配当すると、投資法人段階では課税されず、配当を受けた投資家の段階でのみ所得税を支払うので、株式会社の配当で発生する二重課税（double taxation）を回避できます。

　米国におけるReal Estate Investment Trust（REIT）の歴史は約30年と古く、幅広く普及しています。日本と同様にクローズド・エンド型の会社型投信です。REITの種類も日本に比べ幅広く、①不動産の株式（equity）を取得して賃貸収入や売却益をねらうequity REIT（株式取得型REIT）、②不動産開発業者などへの不動産担保貸出（mortgage loan）からの金利収入を主たる収入源とするmortgage REIT（不動産担保貸出型REIT）、③株取得と貸出の両方を行うhybrid REIT（混合型REIT）があります。投資法人段階での課税を回避するためには、REITの所得の75％が不動産関連で、かつ運用純益の95％以上が投資家に分配されなくてはなりません。

英文で理解しよう (http://www.salomonsmithbarney.com)

REIT : A REIT (Real Estate Investment Trust) is a corporation or trust that owns, manages, acquires, develops, and finances real estate. As a publicly traded company, a REIT allows smaller investors to invest in commercial real estate by purchasing shares of the REIT on a public stock exchange. REIT shares are subject to market fluctuations similar to common stocks.

One of the unique aspects of a REIT is that the corporation typically does not pay corporate income tax to the IRS. Instead, the REIT is required to distribute 95% of its income to shareholders. This income component has made REITs an attractive investment vehicle. To qualify as a REIT, certain provisions within the IRS code must be met.

REIT（不動産投資信託）は不動産の所有、運用、取得、開発、融資を行う会社あるいは信託をいう。REITは株が公開される公開会社なので、小口投資家はREITが発行する株式を証券取引所で買うことを通じて、商業用不動産に投資できることになる。REIT株式は普通株式と同じように市場の変動にさらされる。REITの特徴のひとつは、内国歳入庁（IRS）に法人税を支払わないことである。その代わり、REITは収入の95%を投資家に配当として分配しなければならない。この仕組みがREITを魅力のある投資対象にしている。REITとして認可されるためには、内国歳入法の一定の規定を満たさなければならない。

英文読解のポイント

- Publicly tradedは「公開の、上場された」という意味で、ここでは取引所に上場された投資法人を指す。Privately heldは非公開会社で、closely heldは一部の株主に株の大半を保有されている上場会社をいう。
- Commercial real estateは、オフィスビルなどの「商業用不動産」。アパートや一戸建て住宅はresidential real estate。
- Market fluctuationは「市場変動」、価格が変動する場合にはprice fluctuation。
- Corporate income taxは法人税。個人の所得税はpersonal income tax。
- Corporationは株式会社組織、business trustは信託形態をいう。
- IRSはInternal Revenue Serviceの略。

6章 投資信託

6 ロード・ファンドとノーロード・ファンド
Load Fund, No Load Fund

　投資信託は、投信を運用する委託会社自身が販売する（直接販売）ことも、証券会社や銀行などの登録金融機関が販売する場合もあります。1998年に銀行での販売（窓販）が開始されて以降、特に日本での投信販売は大きく拡大しました。販売会社は投資家から販売手数料を徴求しますが、この手数料をロード（load）といいます。販売当初に手数料を請求する場合をfront-end loadといい、解約時に請求する場合をback-end loadといいます。また短期間でファンドを売却する際に徴求する解約手数料（redemption fees）もあります。Front-endであれback-endであれ、手数料を徴求する投信をロード・ファンド（load fund）と呼びます。手数料を取らない投信もありますが、これはノーロード・ファンド（no load fund）といいます。日本では中期国債ファンドなどの追加型公社債投信がno load fundです。

　米国では、販売手数料のほかに12b-1 feesと呼ばれる手数料があります。これは、1940年投資会社法（Investment Company Act of 1940）に基づいて証券取引委員会（Securities and Exchange Commission =SEC）がRule 12b-1で定めた手数料で、投資信託の販売促進などの費用に充当されます。米国では手数料を請求しないno load fundでも12b-1手数料を残高から差引くファンドは多数あります。このようなファンドは12b-1 fundと呼ばれます。手数料も12b-1 feesも請求しないファンドは、pure no load fundといって、12b-1 feesを請求する12b-1 fundと区別します。また、front-end feeや12b-1 feeが合計で0.25％を超えるファンドをno load fundと呼ぶことは禁じられています。

　Loadはファンドの販売手数料を意味しますが、手数料を意味する単語にはfee、commission、chargeなどがあります。Arrangement fee（取引をアレンジしたことに対する手数料）、Commitment fee（貸出実行を約束することに対する手数料）、success fee（成功報酬）、brokerage fee（仲介手数料）などと使います。Commissionもfeeと同じように使われます。Chargeは"charge for"で手数料の意味となり、charge for collection（取立て料）、charge for service（サービス料）などと使います。

● **英文で理解しよう**

Mutual funds have a variety of costs. These costs include yearly management fees, administrative charges, taxes and loads. Most of us are familiar with loads because we frequently hear the terms, "load" or "no-load" in the media. The other costs are usually not discussed by the media. Some mutual funds charge an upfront or back-end load, while others have no-load. Know what load your fund charges. Many are as low as zero, while others are as high as 8.5%. Loads can be used to pay your broker's fee, and other administrative costs. Some, but not all mutual funds have 12b-1 or b fees. These fees are used to pay for advertising and other administrative costs. A fund with a 12b-1 fee of .25% or less is still considered a no-load fund.

(http://www.msfinancialsavvy.com/mutual_funds101/mf101_re.html)

ミューチュアル・ファンドにはさまざまなコストがかかる。年間の運用手数料、管理維持費、税金、販売手数料などである。私たちは、マスコミで、よく「ロード」「ノーロード」という言葉を耳にすることもあり、販売手数料（ロード）という言葉には馴染みがある。それ以外の言葉はあまりマスコミには登場しない。ミューチュアル・ファンドの中には販売当初ないし解約時に手数料を徴求するものもあるが、手数料を取らないものもある。あなたのファンドがどのような手数料を取るかは知っておくとよいだろう。ゼロに近い手数料しか取らないファンドも多数存在する一方、8.5％もの手数料を取るファンドもある。手数料は、販売業者への手数料やその他の管理費の支払いに使われる。すべてというわけではないが、ミューチュアル・ファンドの中には、12b-1手数料（単にbフィーとも呼ばれる）という手数料が含まれるものがある。12b-1手数料は、広告やその他の管理費に充当される。12b-1フィーが0.25％あるいはそれ以下のファンドは、ノーロード・ファンドとみなされる。

英文読解のポイント

● Management feeは運用担当に支払う「信託報酬」、administrative chargesはファンドの「管理維持費」。
● 12b-1 feeは、米国SECが定めた手数料で、販売促進費用などに充当できる。
● Yearlyは「年ごとの」。Yearly budgetは年間予算、yearly lowは「年初来安値」。half-yearlyは「半年ごとの」、quarterlyは「四半期ごとの」、monthlyは「月ごとの」、dailyは「日ごとの」、hourlyは「時間ごとの」。

6章 投資信託

7 | 運用手法
Investment Approach

　投資信託の運用方法には大きく分けてパッシブ運用（passive investing approach）とアクティブ運用（active approach）があります。パッシブ運用とは基本的にベンチマーク（benchmark）と同じリターンをあげることを目的とします。Passive approachとは「受け身のアプローチ」という意味なので消極的な印象を受けますが、「ファンド・マネジャーが自ら投資銘柄を考えず、ベンチマークと同じような組合せで投資する」という意味でpassiveといわれます。ここでいうbenchmarkとは、TOPIX（東証株価指数）やS&P500指数などの代表的な指数（index）を指します。パッシブ運用の場合、ファンド・マネジャーによる調査・分析が不要なので比較的コストが低いことや、運用成績がベンチマーク指数と容易に比較できるなどのメリットがあります。

　ところで、benchmarkは「投信が目標とする運用基準」という意味でよく使われる言葉ですが、市場全体を代表する「指標銘柄」を指す時にも、benchmark bond（債券指標銘柄）などとbenchmarkが使われます。

　一方、アクティブ運用では、ファンド・マネジャー自身が調査・分析をもとに積極的（active）に運用し、ベンチマークを上回るリターンを目標とします。投資対象を決定する手法として、①経済分析から産業分析、さらに企業分析というようにマクロ分析から投資対象を絞っていくトップダウン・アプローチ（top-down approach）と、②マクロ面の分析をせずに対象企業の個別分析で投資銘柄を決めるボトム・アップ・アプローチ（bottom-up approach）の2手法があります。実際には両方のアプローチを併用する場合が多いようです。

　ボトム・アップ・アプローチによる投資戦略に、グロース投資とバリュー投資があります。グロース投資とは成長性の高い株（growth stock）に投資をすることで市場平均を上回るリターンをねらいます。逆にバリュー投資は、会社の業績を反映せずに過小評価されている割安株（undervalued stock）をねらいます。一般的に、PER（price earnings ratio＝株価収益率）やPBR（price book-value ratio＝株価純資産倍率）の高い株がgrowth stockで、PERやPBRの低い企業がundervalued stockと考えてもいいでしょう。Undervalued stockが見直されて、株価が企業の価値を適正に反映するとfully valued stockとなり、買われすぎるとovervalued stockとなります。

● 英文で理解しよう

Active fund management: Active fund management refers to a process of making informed and independent investment decisions on behalf of a fund in an effort to maximize performance. In an actively managed fund, the fund manager will select and then buy and sell securities consistent with the objectives of the fund. Active fund management can be contrasted with passive fund management, or indexing, where the fund manager tries to match the overall performance of the stock market by mirroring its composition or through diversification.

アクティブ運用：ファンドの運用成績を最大にするために、情報に基づいて運用者が独自に運用の意思決定をするプロセスをいう。アクティブ運用では、ファンド・マネージャーはファンドの目的に沿って、投資証券を選択したり売買したりする。アクティブ運用は、パッシブ運用つまりインデックス運用と対比される。パッシブ運用つまりインデックス運用では、証券市場全体と同様の投資構成にするか分散投資することによって、運用成績を証券市場全体の動きと一致させようとする。

Growth stocks represent companies that have demonstrated better-than-average gains in earnings in recent years and are expected to continue delivering high levels of profit growth. Value stocks generally have fallen out of favor in the marketplace and are considered bargain-priced compared with book value, replacement value, or liquidation value.

(http://library.americanexpress.com/)

成長株とは最近の収益が市場平均以上の業績を示し、引き続き高い利益成長率の持続が期待される会社の株。割安株は一般に市場で人気がなくなり、簿価、再取得価格あるいは清算価格と比べて割安になったもの。

英文読解のポイント

- ● Informed and independent investment decisionは「情報に基づいて独自に投資決定すること」をいう。
- ● Compositionとは、ベンチマークのインデックスに組入れられている銘柄と同じように組み合わせること。
- ● Growth stockは成長株、value stockあるいはundervaluedは割安株。投機性の高い株はpenny stock、反対に安定した優良銘柄はblue chipという。

… 6章 投資信託

8 オルターナティブ・インベストメント
Alternative Investment

　オルターナティブ・インベストメント（alternative investment）という言葉をよく耳にするようになりました。Alternativeは、「選択的な、二者択一的な、代替的な」という意味です。Attractive alternative（魅力的な代替案）、alternative action（代替的な方策）、alternative source of fundsは「新たな資金源」などと使われます。alternative investmentも文字通り「代替運用」という意味で、従来の運用手法とは異なる運用手法を使うファンドを指します。

　オルターナティブ・インベストメントの代表的なものがヘッジ・ファンド（hedge fund）です。市場が大きく変動するとしばしばヘッジ・ファンドが撹乱要因として挙げられます。ヘッジ・ファンドのヘッジは英語のhedge、つまり「リスクを軽減する手段」を駆使して高いリターンを求めるファンドが由来です。"Hedge your bet: to organize the situation so that you have several choices available to you, in order to increase your chances of success(Macmillan English Dictionary)" とあるので、hedgeには積極的な意味もあります。ヘッジ・ファンドは、株や債券などの資本市場の動向に左右されずに高いリターンを求めるので、リスクもそれだけ高くなります。したがって、ヘッジ・ファンドの多くは特定少数の富裕な投資家に私募形式（private placement）で販売しています。欧米では一定数以下の投資家に販売する場合や、有資格投資家（accredited investor）と呼ばれる富裕層（wealthy client）に販売する場合には証券取引委員会への届出が不要となります。

　会社に投資をしてキャピタル・ゲイン（capital gain）をめざすプライベート・エクィティ・ファンド（private equity fund）もオルターナティブ・インベストメントのひとつです。Private equityは「未上場会社」を意味するので、「未上場会社を買収するためのファンド」といえます。つまり、買収した未上場会社の財務内容を改善した上、数年後に第三者に売却または新規株式公開（initial public offering＝IPO）してキャピタル・ゲインをねらいます。プライベート・エクィティ・ファンドの中には、上場企業を買収して一旦非上場にした上、将来再上場をねらうファンドもあります。

　そのほか、証券市場に関係のない天然資源や森林資源、エネルギーなどへ投資するファンドもオルターナティブ・インベストメントの範疇に入ります。

● 英文で理解しよう

Alternative investments seek to provide some or all of the following:
- Portfolio diversification through innovative strategies
- Access to exclusive managers who are not generally available to the public
- Investment flexibility(the ability to short, leverage and hedge portfolios)

オルターナティブ・インベストメントは以下のようなメリット（すべてあるいは一部）を提供する。
- 革新的な戦略を使ったポートフォリオの分散化
- 公募ベースの投信では得られないファンド・マネージャーの独占的な利用
- 投資の柔軟性（空売り能力、レバレッジ、ポートフォリオのヘッジ）

(http://www.ubspainewebber.com/Home/PWSmain/0,1342,SE80-L1847,00.html)

Hedge fund: Despite the name, hedging transactions are not the primary purpose of such funds. Since these funds are aimed at generating absolute income, they make investments which conventional funds are not allowed to make (speculation on market declines, short sales, use of derivatives, financing investments by borrowing). This enables hedge funds to record positive returns irrespective of the market situation.

(http://www.ubs.com/investmentfunds/interaktive_tools/glossary/glossary_h.html)

ヘッジ・ファンド：名前に反して、リスク軽減型の取引はヘッジ・ファンドの主たる目的ではない。ヘッジ・ファンドの目的が絶対収益を上げることなので、通常のファンドには許されないような投資（市場の値下がりを見越した投機、空売り、デリバティブの利用、借り入れによる投資）を行う。このような投資手法を通じて、市場の動きとかかわりなくヘッジ・ファンドは収益を上げ得る。

英文読解のポイント

- Conventional fundsとは、株や債券、不動産などに投資をする伝統的なファンド。
- Short salesは「空売り」。逆に買い持ちの状態はlong position。
- Financing investments by borrowingは「自己資金ではなく借入金で投資をする」ことで、借入というleverage（てこ）で投資金額を倍化させるのでleveraged financingともいう。借入金を利用した買収をleveraged buyout（LBO）という。

7章　保険

1 | 保険
Insurance

　保険（insurance）とは、リスクに対してあらかじめ経済的な備えをするために、同じようなリスクにさらされている多数の人が集まって、共通の資金プールを形成し、一人当たりの負担を小さくしたものといえます。リスクを意味する英語にはrisk、peril、hazardがありますが、これらは同義語ではないので注意が必要です。たとえば、保険をかけるのはperil（火事や交通事故や死亡などの損害を発生させるような保険事故）に備えるためで、保険会社は保険を引き受ける時にはhazard（損害をおこすような物的あるいは精神的な状態）を十分調査します。「倫理観の欠如」を意味するmoral hazardは、「保険をかけたことでリスクに対する備えが欠如する」ことから転じた言葉です。riskとは損害の不確実性を意味します。

　保険会社は保険料を受取る見返りとして、perilから発生する損失（loss）を保障します。この行為を引受け（underwriting）といい、保険会社はunderwriterとも呼ばれます。保険料（insurance premium）は、過去の大量のデータをもとに大数の法則（law of large numbers）と呼ばれる統計学的手法で計算されます。保険料などを計算する専門家を保険数理士（actuary）と呼びます。被保険者はinsured、保険金を受取る人はbeneficiaryで、insuredと同一人の場合もそうでない場合もあります。保険の諸条件（terms and conditions）を記載した保険契約書をinsurance policy、契約をした人をinsurance policyholder、保険契約書が有効な状態をin forceといいます。保険でカバーすることをcoverageといいますが、fire coverage、fire protectionあるいはfire insuranceなどのようにprotectionやinsuranceも同じ意味で使われます。

　保険事故が発生すると保険金が支払われますが、生命保険ではdeath benefit、損害保険ではindemnityが保険金を意味します。保険を途中で解約した場合には、それまで支払った保険料の一部がcash surrender value（解約払戻金）として支払われます。保険の外務員はinsurance agent、専属的に一社の保険しか売らない場合はcaptive agent、複数の保険会社の保険を取り扱う場合はindependent agentといいます。顧客の立場で最良の保険を選択する人はinsurance brokerで、手数料は顧客から徴求します。

● **英文で理解しよう**

Hazard, Peril or Risk : These words are not synonymous and cannot be used interchangeably. An insurance company may make an insurance policy in which the insured is protected against the "peril" of fire. In making this policy, the company has considered the various "hazards" such as the hazard of its physical location in relation to other properties, the hazard of good housekeeping, etc. The policy is written and is then referred to as a "risk."　　　　　　　　　　　(http://www.aon.ca/)

ハザード、ペリル、リスク：これらの単語は同じ意味ではないので互換性はない。被保険者が火災という"ペリル（保険事故）"からの損害をカバーするために保険契約がなされる。この保険契約書を作成する際に、保険会社はさまざまな"ハザード（事故が起こり得る状況）"、たとえば、他の建物との地理的状況や建物の管理状況などのハザードを検討する。こうして保険会社は保険を引き受け、保険契約書に"リスク"として記載される。

Law of Large Numbers : This law states that the larger the number of exposures considered, the more closely the losses reported will match the underlying probability of loss. The simplest example of this law is the flipping of a coin. The more times the coin is flipped, the closer it will come to actually reaching the underlying probability of 50% heads and 50% tails.　　　(http://www.insweb.com/learningcenter/glossary/general-l.htm)

大数の法則：検討されるリスク数が大きくなればなるほど、そのリスクから実際に発生した損失額は潜在的な損失確率に近くなるという法則。最も簡単な例はコイン投げで、投げる回数が多くなるほど、表・裏とも50％になるという潜在的な確率に近づいていく。

英文読解のポイント

● Hazard、peril、riskはいずれも「危険」と訳してあるが、3つの単語は使い方が異なる。

● Exposureは「さらされること」。たとえばexposure to international competitionは「国際競争にさらされること」。また「リスク」とか「与信」いう意味で、country exposure（国に対する与信）、credit exposure（与信リスク）などと使う。

● Underlyingは金融でよく使われる単語で、デリバティブでいうunderlying assetは「原資産」、underlying inflationは「基礎インフレ」。

7章　保険

2 | 生命保険
Life Insurance

　生命保険 (life insurance) は、人の生と死を対象とした保険で、保険金支払いのタイミングによって死亡保険、生存保険、生死混合保険の三種類の基本形に分類されます。

① 死亡保険（insurance payable at death）：被保険者（insured）が死亡した場合に保険金（death benefits）が支払われるタイプの保険で、保険期間を限定したものを定期保険（term life insurance）といい、保険期間が生涯にわたるものを終身保険（whole life insurance）といいます。

② 生存保険（pure endowment）：一定期間（保険の満了時を含む）生存している場合に給付金（benefit）が支払われ、死亡した場合にも保障がつくタイプの保険です。年金保険（annuity insurance）がその代表格で、満期後被保険者に毎年一定の年金が支払われます。年金保険を受取る人をannuitantといいます。こども保険（juvenile insurance）も生存保険で、子供が被保険者で親が保険契約者（policyholder）となり、子供の教育、結婚資金等に利用されます。

③ 生死混合保険：死亡保険と生存保険を組み合わせたもので養老保険（endowment insurance）が代表格です。被保険者の死亡時でも保険満期時点でも同額の保険料が支払われます。

　米国では、term life insuranceが定期保険に相当し、一定期間の保険金支払いを保障するもので基本的には掛け捨てタイプです。なかでも、保険期間が極めて短期（たとえば１年間）のものをnon-guaranteed term lifeといいます。Term life insuranceの保険料（insurance premium）は低いものの、満期時に新しい保険をかける必要があるので、年齢を重ねるほど保険料が高くなるというデメリットがあります。Whole life insuranceは終身保険に相当します。あらかじめ定められた一定額の保険料（平準保険料＝level premium）を終身支払う見返りとして終身死亡保険金（death benefits）が保障されます。また、保険解約時には一定額の解約払戻金（cash surrender value）が支払われます。Universal life insurance（ユニバーサル保険）は保険契約者が保険金や保険料を何時でも変更できるタイプの終身保険です。Whole life insuranceの変形にvariable life insurance（変額保険）がありますが、これについては別項で説明します。

● 英文で理解しよう

Life assurance (GB)： An insurance policy which, in return for payment of regular premiums, pays a lump sum on the death of the insured. In the case of policies limited to investments which have a cash value, in addition to life cover, a savings element provides benefits which are payable before death. In the UK endowment assurance provides life cover or a maturity value after a specified term, whichever is the sooner.

(http://www.finance-glossary.com)

Death benefit： A death benefit is the sum of money paid under a life insurance policy or annuity to the beneficiary upon the death of the insured or annuitant. The death benefit can also be referred to as the survivor benefit.

生命保険（英国）：保険証券の一つで、定例の保険料支払いの見返りとして被保険者が死亡した際に、一括で保険金が支払われる。生命保険の保障に加えて貯蓄性のある投資に限定された保険証券の場合、貯蓄の要素があるために死亡前給付金を支払うことができる。英国では養老保険により、生命保険保障または特定期間後の満期払い金のいずれか早い方が支払われる。

死亡保険金：死亡保険金とは、生命保険または年金保険に基づき、被保険者または年金保険受取人の死亡後に受取人あてに支払われる金額を指す。死亡保険金は遺族給付金とも呼ばれる。

英文読解のポイント

- 英国では将来必ず起こることに対する保険を assurance と区別する。
- A lump sum は、一時金とか一括払い金という意味で使われる。
- A cash value は保険金を投資として収益をあげる貯蓄部分を指す。そのほか時価、または時価で表示できる価値も意味し、書画骨董などは value はあっても cash value があるとは限らない。
- Life cover は生命保険の保障、と訳してあるが、内容は死亡保障ということ。
- Endowment assurance：養老保険、米国では insurance を使う。Endowment は基金などの寄贈、贈与、寄付金、基金という意味で通常使われる。
- Death benefit：死亡保険金は死亡給付金ともいう。
- Annuity は「年金」。Annuity insurance ともいう。

7章　保険

3 損害保険
Non-Life Insurance

　損害保険 (non-life insurance) は、偶発的な事故 (fortuitous event) や災害 (accident) による経済的損失 (economic loss) を対象とした保険で、保険対象も船舶、貨物、建物などだけでなく、傷害や賠償責任等広い範囲をカバーします。一般的に保険期間は短期（1年毎の更新が多い）で、貯蓄性に欠ける反面、物の損失を救済し、賠償や費用の出費を補填するなど金融面で重要な役割を果たしています。損害保険の主なものは次の通り。

① 火災保険 (fire insurance)：普通火災保険、住宅火災保険の他、住宅総合、店舗総合等、火災以外の危険も一括補償する保険が増加。

② 海上保険 (marine insurance)：沈没、転覆、座礁、火災、衝突等の海上危険による損害を填補。船舶保険と貨物海上保険に大別される。

③ 運送保険 ((inland) transit insurance)：陸上、河川、湖沼または航空運送中の貨物に対する偶発的な事故による損害を填補する。

④ 自動車保険 (auto insurance)：自家用自動車総合保険 (special automobile policy)、自動車総合保険 (package automobile policy) 等を指す。付保範囲は、bodily injury coverage（人身事故から生じる損害）、property damage coverage（対物事故から生じる損害）などがある。

⑤ 自動車損害賠償責任保険＝自賠責保険 (compulsory automobile liability insurance)：この保険契約を締結しないと自動車の運行ができない。違反すると懲役または罰金刑（自賠法第87条）。

⑥ 傷害保険 (personal accident insurance)：急激で偶然な事故により身体に傷害を被った場合の保険。交通事故、旅行中の事故等。

⑦ 賠償責任保険 (general liability insurance)：ホテルやLPガス業者等が、事故により他人に身体の障害・財物の損壊を与えた結果、法律上の損害賠償責任 (liability for damage) を負担することによる損害を担保する保険。

⑧ 役員賠償責任保険 (directors & officers liability insurance)：会社取締役 (director) や幹部社員 (officer) の経営責任に対する損害賠償リスクをカバーする保険。

● 英文で理解しよう

Insurance policy : A contract entered into with a licensed insurance company pursuant to which the policyholder is insured against certain specified losses, damages or risks for a fixed term so long as the insurance premiums are paid on time. The insurance policy should clearly specify the scope of coverage and list any deductibles and exclusions. A written form attached to an policy that alters the coverage and conditons is called a "rider."

Reinsurance : Reinsurance is when an insurance company agrees to underwrite all or a portion of an insurance risk assumed by another insurance company that has contracted for the entire coverage. Reinsurance is a method of spreading risk across a number of insurance companies so that no single insurance company bears a risk that, if it were to occur, could result in the bankruptcy of the company.

保険証券：認可された保険会社と締結した契約で、保険契約者が保険料を予定通り支払う限り、一定期間特定の損失、損害または危険に対して補償される。保険証券は補償の範囲を明確に特定し、控除事項および除外事項を列挙する。保険契約書に付保範囲や条件変更を目的として添付された書面を付加条項という。

再保険：再保険とは、ある保険会社が別の保険会社が補償範囲全体を契約して引き受けた保険リスクの全てまたは一部の引受けに同意することをいう。再保険はリスクを何社もの保険会社に拡散し、一社だけがリスクを負担して、万一の場合に破産に陥らぬようにする方法である。

英文読解のポイント

- A licensed insurance company：銀行と同様、いずれの国でも保険業は国の認可を必要とする。
- Policyholder は保険契約者であるが、保険会社はcustomer を policyholderとも呼ぶ。被保険者（insured）とpolicyholderが同じ人の場合も、異なる場合もある。
- Coverageは、「補償範囲」を意味するので、保険契約と訳すと分かりやすい。
- A riderは保険の特約、付加条項のことで、「馬にまたがる騎手と同じく追加されたもの」の意味。
- Assume a riskはリスクをとる、の意味、spreading risk はリスク拡散（他社にも広げる）、diversifying riskは分散（自社の中でリスクを多様化する）の意味。

4 変額保険と年金保険
Variable Life Insurance/Annuity Insurance

　変額保険（variable life insurance）は名前の通り保険支払額が変動し得る（variable）保険です。米国におけるvariable life insuranceは、死亡保障（death benefit）と貯蓄性（cash value）を備えているwhole life insurance（終身保険）の変形で、保険料の投資方法を保険契約者（policyholder）自身が選択できるという特徴があります。保険会社がいくつかの投資選択肢を保険契約者に提示する形式が多いようです。投資責任は保険契約者自身が負うので、投資成績がよいと死亡保険金が増加することになりますが、逆の場合には保険金が減額されます。ただし、最低保険金を保証するケースもあります。Variable life insuranceの保険料は固定されていますが、variable life insuranceとuniversal life insuranceを組合わせたvariable universal life insuranceでは、保険契約者が保険料や死亡保険金を変更することができます。Variable lifeのvariableは保険金が「変動し得る」という意味ですが、variable interest rateは貸出などの金利が一定期間ごとに見直される「変動金利」、variable costは原料費や工場人件費の様に生産量に応じて変わる「変動費」をいいます。

　変額保険が日本に登場したのは1986年です。米国のvariable life insuranceと同様に、いくつかの投資ポートフォリオの中から投資家が投資を選択できます。終身型と有期型（一定期間後に生存保険金を受け取れる）があります。死亡したときには、運用実績にかかわらず最低保証される基本保険金と運用実績に左右される変動保険金を受け取ることができます。有期型の場合、満期時に満期保険金を受け取ることができますが、その金額は資産運用の実績によって変動します。

　一方、年金保険（annuity insurance）とは、被保険者に特定の時点（定年がもっとも多い）から、毎年一定の年金支払いを約束する保険をいいます。支給される年金額があらかじめ固定されているタイプをfixed annuityといい、年金額が投資実績によって変動するタイプをvariable annuityといいます。会社と従業員が拠出する企業年金でも年金支給額が固定している確定給付年金（defined benefit pension plan）と、支給額が運用実績で変動する確定拠出年金（defined contribution pension plan）があります。確定拠出型年金は米国の内国歳入法規約401条k項に規定されているので401（k）planとも呼ばれます。

● 英文で理解しよう

Variable life insurance: A variable life insurance policy is one where the death benefit is determined by the value of the assets in which the policy is invested at the time of the death of the insured. This kind of policy allows the policyholder to direct the investments underlying the insurance policy so as to increase the total amount of death benefits.

Annuity: An annuity is a contract sold by an insurance company that promises to pay the holder (called the annuitant) a fixed amount of money at specified intervals beginning at some specified future date in return for the payment of a fixed price at the time of entering into the annuity contract. Annuity contracts are frequently used for retirement planning and are considered to be a relatively safe, but low-yield investment. Tax is deferred until the annuity payments begin.

変額保険：変額保険とは、死亡給付金が被保険者の死亡時における当該保険証券の投資資産の価値によって決まるものをいう。保険契約者は死亡給付金の総額を増やすために保険証券の基になる投資について指示を与えることが認められる。変額保険には投資のリスクが伴う。

年金保険：年金保険は保険会社が販売する契約の一つで、年金保険契約締結時の一定額の支払いに対して、将来の特定された日から起算して一定間隔で、決められた金額を契約保有者（年金受取人と呼ばれる）に対して支払う。年金契約は退職プランとしてよく利用され、比較的安全であるが利回りの低い投資と見なされている。税金は年金の給付が始まるまで繰り延べされる。

英文読解のポイント

- Variable life insuranceの variableとは「変動し得る」という意味。Death benefitや死亡前給付金（benefits payable before death）も変動する。
- 年金保険を指す場合にはannuityが使われることが多く、pensionは公的年金制度（public pension plan）、企業年金制度（corporate pension plan）、個人年金（private pension plan）のように保険以外に使われることが多い。
- A relatively safe, but low-yield investmentは、「元本が減らないようにT-bondなどの安全な証券に投資するため利回りは低くなる」との意味。
- Tax is deferred until the annuity payments beginは、米国の税制のことで、年金の場合、特例として据置期間は利子に課税されない。

7章　保険

5 | 第三分野の保険
Third Sector Insurance

　具体的には傷害保険（accident insurance）、疾病保険（sickness insurance）、介護費用保険（nursing care expenses insurance）分野の保険のことを指します。この分野は日本の保険業法では生・損保事業の明確な定義がなく、第一分野（生命保険）と第二分野（損害保険）の中間、つまり第三分野の保険として位置付けられてきました。例えば、傷害保険は古くから損害保険の一種として扱われていましたが、人に関する「人保険」に属することから生命保険と損害保険のいずれに帰属するべきかが問題とされ、第三分野の保険という概念になったものです。従って新保険業法では生命保険と損害保険のそれぞれの固有分野と第三分野の三つに分けて規定し、第三分野については生・損保両業界が取り扱うことを認めています。今後、社会保険制度だけで医療や介護の全てを賄うことは難しいので、この分野での保険の重要性が増加するでしょう。

　ところで、第一分野（生命保険）と第二分野（損害保険）の基本的な相違はなんでしょうか。それは保険金の支払方法です。生命保険の場合には、保険契約で定めた定額の給付金を支払う定額給付型（fixed amount benefit）で、損保の場合は実際に被った損失を給付する実損填補型（first-loss insurance）という支払い方をします。たとえば医療保障のケースでみると、生命保険では保険契約で予め定めた給付額（たとえば1日あたりの入院費10,000円）が支払われ、損害保険では被保険者が実際に負担した費用に対して保険金が給付されます。

　米国では、この種の保険は日本に比べ進歩しています。たとえば、long-term care insurance（介護保険）は、Medicare（65歳以上あるいは身体障害を負った人をカバーする米国連邦健康保険）でカバーしない長期医療費などを補う保険です。また、disability income insurance（疾病所得補償保険）は傷害や病気の際の所得補償をする保険です。MetLifeのwebサイトには"one in 3 working Americans will become disabled by illness or injury for 90 days or more before age 65"（アメリカ人の3人の内1人が、65才までに病気あるいはけがで90日以上働けない状態になる）とあります。そのほか、Accident insuranceとtravel accident insuranceは日本でいう傷害保険と旅行傷害保険を意味します。

● **英文で理解しよう**

Disability income insurance : Disability income insurance is a kind of health insurance that pays benefits in the event that the policyholder is unable to work as a result of disease, illness or injury. This insurance is intended to replace all or a portion of the employee's lost wages.

Care of parents (Disability insurance) : If your parents have a disability policy, the premiums are probably getting very costly. You may need to help your parents decide whether keeping the policy is a financially sound decision. In addition, if a late-life disability strikes one of your parents who is still earning income, that parent may be able to claim Social Security benefits. You may need to help them file a claim.

(http://www.insurance.com/)

疾病所得補償保険：疾病所得補償保険とは、健康保険の一種であって、保険契約者が疾患、病気または傷害の結果、就業が不能になった場合に給付金を支払うものである。この保険は被雇用者の逸失賃金の全部または一部を肩代わりすることを狙いとしている。

両親の介護（疾病所得補償保険）：あなたの両親が疾病所得補償保険に入っているとすれば、その保険料はおそらく極めて高額になっている。果たしてその保険を続けるのが家計上健全なことか、両親が決めるのにあなたの助けが必要となるであろう。さらに、未だ収入のある片親が老人性疾病に罹った場合、その親は社会保険の給付金を請求することができよう。あなたはその請求手続を手伝う必要があるであろう。

英文読解のポイント

● Disabilityは病気、事故によって働けないなど能力を奪われた状態を指すが、inabilityはhis inability to make decisionsのように物事を決定する能力がないという意味の「無能」を意味する。

● Replace all or a portion of the employee's lost wagesは、病気の程度や期間などにより補償可能な金額が異なるため、このような表現となったもの。

● Careと言う単語には「気配り、世話」のほか「介護」の意味もある。高齢者の介護には、nursing care, long-term careといった用語がある。

● Disability insuranceは所得補償が目的であるため、本来の所得が少なくなれば保険をかけ続ける意味がなくなる。The premiums are probably getting very costlyからa financially sound decisionまでのところは、この間の事情を示している。

金融商品のまとめ（比較表）

区分	投資元本	金利・配当	期間	流通性
預金 （定期預金）	中途解約でも保証	固定金利：期日まで不変、中途解約するとペナルティ 変動金利：金利見直し時に変動	通常5年～10年位迄	なし。ただしNCD（譲渡可能定期預金）は第三者に譲渡可能
債券 （普通社債）	パー以下で発行のものを期日迄保有すれば保証	固定金利・変動金利とも発行時の条件で支払う	通常5年～10年位迄	あり。ただし格付けのないものは相対取引となることが多い
株式 （普通株式）	株価は毎日変動する	配当率は発行者の業績により異なる	会社の存続期間中	あり。ただし店頭銘柄は取引所に比べやや低い
投資信託 （証券投資信託）	組み入れ銘柄が多様、リスクは分散されるが元本保証なし	投信の運用成績により分配金が決まる	単位型は当初決めた運用期間	なし
保険 （定期つき生命保険）	約定した期日まで継続すれば保険金は保証、中途解約は大幅減額	契約条件による	10年単位の長期が主流	なし

（前提）比較の便宜のため、預金は定期預金、債券は普通社債、株式は普通株式、投資信託は証券投資信託（債券・株式の組み合わせ）、保険は貯蓄性の生命保険とし、預け先銀行、債券・株式の発行者、投資信託委託会社、保険会社などの倒産はないものとします。

Comparison of Financial Instruments

Items	Principal	Interest/Dividend	Period	Marketability
Deposit (Time Deposit)	Guaranteed even if cancelled before maturity	Fixed interest rate: unchanged until due date, early withdrawal is subject to a penalty. Floating interest rate: interest rate to be reviewed periodically	Generally up to 5 - 10 years	None, except NCD (negotiable CD), negotiable to a third party
Bond (Straight Bond)	Guaranteed, if issued at par or below and held until maturity	Fixed/floating interest payable on terms fixed at time of issue	Generally up to 5 - 10 years	Marketable, but unrated issues are mostly traded over-the-counter
Stock (Common Stock)	Stock price is subject to daily fluctuations	Dividend varies according to performance of the issuer	Payable as long as the issuer exists	Marketable, but OTC issues are less marketable
Investment Trust (Securities Investment Trust)	Not guaranteed, but the risk is reduced by diversified investments	Dividend varies according to performance of the fund	Unit type has a fixed maturity; No maturity for Open-end	None
Insurance (Term Life Insurance)	Guaranteed, if continued until maturity; Cancellation is subject to a penalty	Payable according to the terms and conditions	Long-term, mostly 10 years or longer	None

(Note) For the purpose of comparison, each financial instrument is represented by a model in brackets.

Crusader or asset stripper? Yoshiaki Murakami, the founder of investment management company M&A Consulting, has been called both -- and worse -- in recent weeks. Remarkably, the former bureaucrat-turned-gadfly has become something of a cause célèbre in the Japanese press for his proxy campaign to promote bigger dividends and outside directors at Tokyo Style, a little-known but cash-rich company.

Tokyo Style is a $480 million women's apparel maker that's sitting on nearly $1 billion in cash and marketable securities. That's about 70% of its total assets and more than its market capitalization of $890 million. Murakami's M&A, which owns 11% of Tokyo Style, wants President Yoshio Takano and the company's board of insiders to share some of the wealth in the form of a $3.90 dividend and a plan to buy-back 34 million shares, about one-third of all outstanding shares.

As such, he's out to generate even more handsome returns than the 15% annual gains he has managed since then. To get there, he's targeting small and midsize cash-rich companies. Rather than invest millions to refinance and turn around sick companies, Murakami figures that "a cash-mountain type of company is a lot easier to change." It's a theme that some of the big investment firms such as Merrill Lynch, Goldman Sachs, and others have recently trumpeted, perhaps trying to generate some enthusiasm for Japanese stocks in a nowhere market. They have cranked out lists of cash-rich companies with heavy foreign-share ownership that could be low-hanging fruit for investors. According to Merrill equity strategist, the M&A saga could mean more "market discipline for similar cash-rich companies." Murakami's case against Tokyo Style -- which declined to comment for this article -- isn't a bad one. The company hasn't invested much in its core apparel-making business, where revenues contracted 7% last year, to $480 million. Its stock has been an underperformer relative to other retailers, and Tokyo Style's return on equity is less than 3%.

May 14th, 2002, *Business Week*

訳

　改革運動家か資産の剥奪者か。投資運用会社M&Aコンサルティングの創始者、村上世彰氏はここ数週間この二つの名前、さらにはもっとひどい名前で呼ばれてきた。官僚からうるさ方に転じた村上氏は、東京スタイルというほとんど知名度はないが潤沢に現金を持つ会社に対して、より多くの配当と社外取締役の導入を要求する委任状争奪戦で、日本のマスコミで一躍脚光をあびるようになった。

　東京スタイルは売上高4億8,000万ドルの婦人用アパレルメーカーであるが、ほぼ10億ドルの現金と市場性のある有価証券を保有している。それは、全資産の約70%を占め、8億9,000万ドルの株式時価総額をも上回っている。村上氏の会社は東京スタイルの株式の11%を所有しているが、今般高野義雄社長と社内取締役に対して、1株当たり3ドル90セントの配当支払いと発行済み総株数の約3分の1にあたる3400万株の買い戻しを行なって、蓄積された富を株主と共有するよう要求している。

　その通りに村上氏はそれまで彼が得てきた毎年15%の利益よりさらに大きなリターンを生み出すつもりである。そのために、彼は今、資金が潤沢にある中小企業をターゲットにしている。業績の悪い会社を儲かるようにするために何百万ドルも投資するより、「資金が潤沢な会社のほうが遥かに変化させやすい」と村上氏は判断している。それこそがまさにメリルリンチやゴールドマンサックスなどの大手の投資銀行が、行きどころのない日本の市場で日本株を売り込もうとして最近吹聴しているテーマでもある。大手投資銀行は、内部資金が潤沢で外国人投資家株主比率が高く、投資収益を今にももたらすような会社のリストを大量に作成した。メリルリンチの株式ストラテジストによれば、今後のM&Aでは、「似たような資金潤沢の会社に対して更なる市場原則が突きつけられる」ことを意味するかもしれない。

　今回のケースについて東京スタイルからのコメントは得られなかったが、村上氏が東京スタイルに対して行った行為は評価できる。東京スタイルは中核となるアパレル業務に多くの資金を投資しておらず、昨年度の売上高は4億8,000万ドルと前年比7%減少した。また、東京スタイルの株価は小売業他社より低迷している。ROEも3%以下となっている。

Key Word

- **Asset stripper**はM&Aなどでよく使われる言葉で、買収した会社の資産を売却して、その売却資金で買収用の借入金を返済する方法をとる乗っ取り屋を意味する。
- **Proxy campaign**とは、株主から委任状（proxy）をできるだけ多く獲得して、株主総会の議決権を支配しようとする作戦をいう。Proxy fightは「委任状争奪戦」。株主総会の前に株主には総会の議題が記載されたproxy statementが送付される。

Outside directorは、文字通り「社外取締役」。米国では、取締役会は半数以上の社外取締役で構成することが上場会社に求められている。さらに進んで、会社と取引関係などのないindependent director（独立取締役）を求める声が強くなっている。

Cash-richは「資金力のある」という意味。ここでは預金や市場性の高い有価証券を大量に所有していることを指している。

Sit onは「……の上に座る」という意味だが、ここでは「膨大な資産の持ち腐れ」という意味も読み取れる。

Marketable securitiesのmarketableは「市場性のある」、つまり「市場で自由に売買ができる」という意味。上場株式や公社債などの債券を指している。

Market capitalizationは、「時価総額」で「発行総株数×市場株価」で算出する。つまり、発行済み株を全部今の市場の株価で買うために必要な金額を意味する。

Board of insidersは、社内取締役で構成されている取締役会を指す。Insiderとは「内部者」をいいい、一般的には、取締役、10％以上の株主、幹部社員など会社の内部情報を入手できる立場にある人を意味する。

Buy back sharesは「自社株の買い戻し」。ROEを高め、株価を上げる目的で自社株を買い戻すことをいう。買い戻された自社株は「会社の金庫に保有される株」ということから金庫株（treasury stock）と呼ばれる。

Refinanceは「借換え」の意味だが、ここでは「会社の財務内容を改善するために資金を投入する」と解釈したほうが文脈として適切と考えられる。

Nowhere marketは、「どこに行くべきかわからない市場」。

Crank outは、「あまり注意をせずに大量に作成する」という意味で、ここでは「大手投資銀行が充分な調査・分析をせずにリストを作成している」といういくらか批判的な表現。

Core businessは「中核事業」。反対はnon-core business。「選択と集中」戦略で、non-core businessを売却する企業が増加している。逆に、多岐にわたり異なった事業を営む会社をconglomerate（コングロマリット）という。

解 説

　この記事は、経済産業省の官僚出身という異色の経歴を持つ、M&Aコンサルティングの村上世彰氏が東京スタイルに仕掛けたhostile takeoverを取り上げている。

　周知のようにこの委任状争奪戦は、すでに東京スタイル側の勝利に終わっているが、株主の権利に関して議論を引き起こした。今回のケースは、株式会社は誰のものかという問題を無視して経営はできなくなったことを意味している。

第三部

◆

金融商品

（応用編）

タイトルは金融商品の応用編ですが、中身のデリバテイブや証券化商品、M＆Aなどは、預金や債券などの具体的な商品と比較するとテクニカルなもの、あるいはソフトに近いものと思えば理解しやすいでしょう。デリバテイブの複雑なものは金融工学（フィナンシャル・エンジニアリング）とも呼ばれます。M＆Aに関する内容、手続などは金融知識や技術を総動員して行う応用編の最たるものです。

1章 デリバティブ

1 デリバティブとは
What Are Derivatives?

　先物（futures）、先渡し（forward）、オプション（option）、スワップ（swap）がデリバティブの基本です。先物や先渡しとは、金利（interest）や株（stock）などの金融商品（financial instrument）を、将来の特定時点であらかじめ合意した価格で取引する契約です。オプションとは、金融商品を将来の特定時点であらかじめ合意した価格で取引する権利を意味します。また、スワップとは、異なる金融商品（たとえば、金利と株）やキャッシュフローの異なる同じ金融商品（たとえば固定金利と変動金利）から生まれる将来のキャッシュフローをあらかじめ合意した条件で交換することをいいます。

　上記で理解されるように、金融でいうデリバティブは金利、株、債券（bond）、為替（foreign exchange）などの金融商品から副次的に派生した商品で、かならず現物の金融商品を伴っています。つまり、デリバティブだけでは存在できないのです。derivativeを辞書で引くと「派生的な、本源から引き出した」とあります。デリバティブがこの商品の基本的性質を表す言葉だということがよくわかりますね。

　デリバティブ商品の基になる金融商品を「原資産」とか「原証券」といいます。英語ではunderlying assetとかunderlying securitiesとなります。Underlyingには、「下に横たわる、基礎を成す、根本的な、内在する」などの意味がありますが、デリバティブの場合には「原……」と訳すのが一般的です。

　デリバティブの原形は、16世紀に欧州で行われていた商品先物取引に遡ります。日本でも同じ頃、大阪で米の先物取引の記録があります。オプション取引も、17世紀初頭オランダで行われたチューリップの球根を対象としたオプション取引に遡るとされています。しかし、金融商品を原資産としたデリバティブの歴史は比較的新しく、米国で金融デリバティブが開発されたのは1970年代です。宇宙開発事業に携わっていた多くのロケット・サイエンティストと呼ばれる数学者や技術者が、米国財政の悪化から職を失い金融業界に転職したことがデリバティブの発展に大きく寄与しました。一方、日本では1980年央に通貨オプション（currency option）や国債先物（government bond futures）などが導入されました。右頁の英文にある通り、デリバティブ市場は急拡大しており、今やデリバティブは金融商品にとって不可欠な存在となっています。

● 英文で理解しよう

The Triennial Central Bank Survey of Foreign Exchange and Derivatives Market Activity on positions in the global over-the-counter (OTC) derivatives market shows that business expanded at a brisk pace in the three-year period ending in June 2001. According to preliminary data, the aggregate stock of contracts outstanding stood at nearly $100 trillion at end-June 2001, 38% higher than three years ago. There was, however, a divergence in the evolution of the two largest market segments, with the stock of interest rate products growing by 58% and that of foreign exchange instruments contracting by 7%. Moreover, data on credit derivatives show a rapid expansion of that market segment since end-June 1998.
(http://www.bis.org/press/p011220.htm)

世界の店頭デリバティブ市場の取引残高に関して3年ごとに行われる中央銀行の「外国為替及びデリバティブ市場調査」によると、2001年6月までの3年間における取引は堅調に拡大した。概算的なデータによると、2001年6月末現在のデリバティブ取引残高は、ほぼ100兆ドルに達しており、3年前に比較して38%増加している。しかし、二つの大きな金融商品でみると、異なった展開を示した。つまり、金利のデリバティブは58%の増加となったが、逆に外国為替商品のデリバティブは7%縮小した。さらに、クレジット・デリバティブに関するデータによれば1998年6月末以来、クレジット・デリバティブ市場が急速に拡大していることがわかる。

英文読解のポイント

- 上記は国際決済銀行（Bank for International Settlements）のWebサイトからのデリバティブ市場に関する調査報告に関する抜粋文である。
- Over-the-counter（OTC）derivatives marketは「店頭デリバティブ市場」の意味。取引所外（つまり店頭）で行われているデリバティブをいう。取引関係者間で自由に取引条件が決められることがOTCデリバティブの特徴といえる。
- Contractは契約。Futures contractなどデリバティブ取引は個々の契約による。
- Interest rate products（金利商品）とは、債券や預金などを指す。同様に、foreign exchange instrumentは外国為替の意味。ここでいうinstrumentは、法的文書ではなく、広義に金融商品を言うときに使われる「商品」といった意味。
- Credit derivativesは「クレジット・デリバティブ」という訳が一般的。企業や国などの信用力（credit）をベースとしたデリバティブ商品。

1章 デリバティブ

2 先物
Futures

　先物契約を辞書で引くと、"agreement to buy or sell a specific amount of a commodity or financial instrument at a particular price on a stipulated future date"（特定量の商品や金融商品の売買を、将来の特定の時点で、かつ特定の価格で行う契約）とあります。この説明の通り、金利、債券、米ドルなどの主要国通貨、日経225やTOPIXなどの株式指数（equity index）を原資産とした金融先物（financial futures）と、農作物、綿糸、ゴム、金や石油製品などを原資産とした商品先物（commodity futures）があります。先物はfuturesと複数形になるので注意してください。

　先物取引は、定型化されたルールに従って先物取引所で行われます。たとえば期間は3ヵ月、最小取引単位（1枚という）は1億円、決済月は3, 6, 9, 12月という具合です。先物の決済は必ずしも決済月ではなく、決済月前でも反対取引（たとえば、先物を買った人は先物を売る）をして、差金決済（cash settlement）することもできます。

　先物取引では、将来の決済を保証するために信用証拠金の積立が義務付けられています。証拠金は英語でmargin moneyといいます。Margin account（信用取引）、initial margin（当初証拠金）、margin call（追証）などと使われます。そのほか、operating margin（営業利益）、profit margin（利ざや）など「さや・利益」の意味や、「余白」（footnotes made on the margin 余白の脚注）の意味もあります。

　先物取引の簡単な例を示しましょう。たとえば100円で購入した債券を3ヵ月後に売りたいが、3ヵ月後いくらで売れるか分かりません。そこで、先物を利用して利益を今の時点で確定します。仮に3ヵ月先の先物価格が102円とすると、この先物を今の時点で売ります。そうすれば、仮に3ヵ月後に価格が95円に下落しても、3ヵ月後に以下の取引をすることで2円の利益を確実に得ることができます。

> 債券現物の売却：取得価格が100円の債券を95円で売るので5円の損失
> 先物決済：95円で買って先物の売り（102円）を決済するので7円の利益

　上記の通り、先物取引には将来の価格変動リスクに対するヘッジ機能（hedging function）があります。また、少額の証拠金で多額の取引ができるというレバレッジ効果もあります。ただし、リスクもそれだけ大きくなることに留意する必要があります。

英文で理解しよう　　（出所：東京金融先物取引所webサイト）

Three-Month Euroyen Futures
Trading Unit : JPY100,000,000
Price Quotation : 100 minus annual interest rate (%, 90/360 day basis)
Minimum Price Fluctuation : 0.005 or a value of JPY1,250
Contract Months : March, June, September and December Contracts listed on a 3-year cycle.
Last Trading Day : Two business days prior to the third Wednesday of the expiring month.
Final Settlement Day : The first business day after the last trading day.
Method of Final Settlement : Cash settlement, final settlement price is set to include the third decimal place (0.1 tick or 0.1 basis point). To calculate, round up the figure on the fourth decimal place if it is 5 or over and round off if it is less than 5. For example, if TIBOR is 0.12786%, final settlement price is 99.872 (100 minus 0.128).

ユーロ円3ヵ月金利先物
取引単位：1億円
価格の表示方法：100から年利率（%, 90/360日ベース）を差し引いた数値
最小変動幅：0.005（1,250円）
限月：3・6・9・12月の各暦月の12限月取引制
取引最終日：限月第3水曜日の2営業日前日
最終決済日：取引最終日の翌営業日
最終決済方法:差金決済。最終決済価格は小数点以下第3位（0.1ティック、0.1ベーシスポイント）まで計算されます。計算にあたっては、TIBORの小数点第4位を四捨五入し、100から引いた値が最終決済価格となります。
（例）取引最終日のTIBORが0.12786%であれば、ユーロ円3ヵ月金利先物の最終決済価格は99.872（100－0.128% = 99.872）となります

英文読解のポイント

- 限月（contract month、expiring month）とは先物契約の満了月。
- Tickとは、取引の最小単位を意味する。株価が上昇するとuptick（plus tick）という。逆の場合はdowntick（minus tick）。Basis pointもよく使われる用語で、0.001%をいう。Bspとも表記する。
- TIBORはTokyo Inter-bank Offered Rateの略。

1章　デリバティブ

3 先渡し
Forward

　先渡しは先物とよく似ており、外国為替や金利などの金融商品を将来の特定の日にあらかじめ合意した価格で引き渡す取引です。先物との主な違いは、(a) 先物が定型化されたルールにしたがって取引所経由で行われるのに対し、先渡しは取引当事者間の相対取引で条件も自由に設定できる、(b) 先物では決済日前に反対取引による差金決済が多いが、先渡しでは実際に現物の受渡しが行われる（金利先渡しを除く）、(c) 先物は取引所が取引相手となるので決済リスクが極めて小さいが、先渡しは取引相手の信用リスク（credit risk）をとることになる、などです。

　馴染みのある先渡し契約が為替予約（forward exchange）でしょう。これは、外国為替の変動リスクを回避する目的で、将来の一定時期に特定の為替レート（foreign exchange rate）を予約する取引です。たとえば、現状1ドル120円だが、将来の円高（たとえば、110円）に備えて輸出業者が3ヵ月後116円でドルを売る為替予約をするなどです。ちなみに、forward exchange rate（予約為替レート）に対して現状の為替レートはspot exchange rateといいます。

　金利を対象とした先渡し契約が金利先渡し（forward rate agreement＝FRA）ですが、これは将来の特定日（決済日）から始まる特定の期間の金利をあらかじめ売買する契約で、決済日に契約金利と決済日の金利との差額を決済する取引です（元本の貸借は行わず、金利の差額だけが決済されます）。たとえば、2ヵ月先に期間3ヵ月の資金調達を予定しているA銀行が、現状の3％の水準で確定したいと希望しているとします。この場合、A銀行は、決済日が2ヵ月先で期間3ヵ月3％のFRAを買うことで、将来の金利上昇リスクを回避できます。仮に2ヵ月後の金利が4％に上昇したとしても、A銀行は決済時点の金利（4％）と契約金利（3％）の差額1％を受取ることができるからです。

　ところで、先渡しを意味するforwardは、金融の世界でもさまざまな意味に使われています。Carry-forward of net loss（純損失の繰越し）、forward PER（翌年度の予想収益をベースとした株価収益率、直近の収益をベースとしたPERはtrailing PER）、forward integration（垂直型M&Aで製造会社が販売会社を買収するような川下型統合）、forward yield curve（順利回り曲線）などです。

● 英文で理解しよう

The credit risk of futures is minimal because of daily margining and the risk management of the futures clearing organizations. If an FRA counterparty fails, a financial institution faces a loss equal to the contract's replacement cost. The risk of loss depends on both the likelihood of an adverse movement of interest rates and the likelihood of default by the counterparty. For example, suppose a financial institution buys an FRA at 10 percent to protect itself against a rise in LIBOR. By the settlement date, LIBOR has risen to 12 percent, but the counterparty defaults. The financial institution therefore fails to receive anticipated compensation of 2 percent per annum of the agreed notional principal amount for the period covered by the FRA. Note that the financial institution is not at risk for the entire notional principal amount, but only for the net interest-rate differential. (http://www.toerien.com)

先物取引の場合には、日次ベースで証拠金が追加されたり、先物決済機構がリスク管理を行ったりしているので信用リスクは極めて小さい。金利先渡し取引の場合、取引の相手方が債務不履行となると、代替コスト分の損失を被ることになる。損失リスクは金利が不利な方向に動く可能性と契約相手方が債務不履行に陥る可能性による。例えば、ある金融機関がLIBORの上昇リスクに対応するために、10％の金利先渡しを購入したとする。決済日までに、LIBORが12％に上昇して、契約の相手方が債務不履行に陥った場合、金融機関は金利先渡し契約で合意した年率2％の補償額、つまり特定期間における想定元本×約定金利と決済時点の金利の差額を受け取り損なうことになる。ここで留意すべきことは、想定元本全体を失うのではなく金利の差額分相当額だけを失うリスクを負っていることである。

英文読解のポイント

- Daily margining は、日次ベースで先物取引の必要な証拠金を徴求すること。
- Replacement cost とは「再構築コスト」とか「代替コスト」で、同様のものを再構築するのに必要なコストをいう。
- Default は「債務不履行」。Event of default は「債務不履行事由」で債務不履行に相当する状況を定義する条項。
- Notional principal amount は「想定元本」。金利を計算する目的の元本で、実際には交換されないのでこのようにいわれる。

1章 デリバティブ

4 スワップ 1
Swap

　A swap is an agreement to exchange a stream of periodic payments with a counterpart（スワップとは、取引相手と一連の支払いを定期的に交換すること）と解説されるのが一般的です。より詳しくいえば、「将来の一定期間に発生する経済価値が等しいとみなされる二つのキャッシュフローを当事者間で合意した条件のもとで交換、つまりswapする取引」といえます。

　金融の世界では金利、為替、株などさまざまな金融商品（financial instrument）を交換することを意味します。スワップの歴史は比較的新しく、1981年の世界銀行とIBMによる通貨スワップ（currency swap）が第一号といわれています。通貨スワップとは異なる通貨（currency）の金利の将来のキャッシュフロー（cash flow）を当事者間で交換することですが、なぜAAAと最高格付け（the highest credit rating）の世銀とIBMが通貨スワップをしたのでしょうか。この点を理解しないとスワップの本質はわかりません。IBMは米国の会社ですが、その高い格付けと知名度だけでなく、スイス市場で債券を発行する頻度が少ないという希少性からスイス市場できわめて有利にスイスフランを調達することができました。一方の世界銀行は高い格付けとその安定性から米国市場で依然として高い人気がありました。そこで、世界銀行とIBMはそれぞれ人気が高い市場で有利なレートで資金調達をしてお互いに通貨を交換することで、世界銀行はスイスフランを自ら調達するより有利に調達することができ、同様にIBMも米ドルを有利に調達する結果となったのです。債券を発行する市場によって、同じ格付けでも発行コストが異なるという点を利用することで通貨スワップが成立したのです。

　通貨スワップには将来の為替変動リスクのヘッジ機能もあります。日本企業の多くがこのメリットを利用する目的で、通貨スワップを組み入れたユーロ債（Euro bond）を発行しました。たとえば、ユーロ債市場（Euro bond market）で米ドル建て（U.S. dollar denominated）の債券を発行して、ただちに日本円と通貨スワップをすれば、実質的に円建てで資金調達（funding）をしたのと同じ効果を得ることになります（146頁の図を参照）。

● 英文で理解しよう

Currency swap : In contrast to a plain-vanilla interest rate swap, a currency swap typically not only involves an exchange of coupon payments but also an exchange of principal. As an example of a typical situation, American Firm A would like to borrow pounds, and British Firm B wants to borrow dollars. To be more specific, say Firm A wants to borrow £10,000,000 for two years, Firm B wants to borrow $16,000,000 for two years, and the current ($/£) pound exchange rate is 1.6. Assume that Firm A can borrow dollars at 8%, and Firm B can borrow pounds at 10%. The swap transactions that accomplish this are :

(1) Firm A borrows $16,000,000 in its domestic US market, and Firm B borrows £10,000,000 in its UK market.

(2) Firm A pays $16,000,000 to Firm B; and Firm B pays £10,000,000 to Firm A.

(3) At the end of the first year: Firm A pays £10,000,000 x 0.10 = £1,000,000 to Firm B which Firm B in turn pays to its domestic lender, and Firm B pays $16,000,000 x 0.08 = $1,280,000 to Firm A which Firm A in turn pays to its domestic lender.

(4) At the end of the second year: Firm A pays £10,000,000 x 0.10= £1,000,000 to Firm B which Firm B in turn pays to its domestic lender, and Firm B pays $16,000,000 x 0.08=$1,280,000 to Firm A which Firm A in turn pays to its domestic lender. Also at the end of the second year, Firm A repays £10,000,000 to Firm B, Firm B repays $16,000,000 to Firm A, and each firm in turn uses this to repay its domestic lenders.

(http://www.in-the-money.com/glossarynet/currency.htm)

通貨スワップ：一般的な金利スワップと異なって、典型的な通貨スワップの場合には、金利部分の交換だけでなく元本の交換も含まれる。一般的な例として、米国のA社がポンドを調達したいと思い、英国のB社がドルを調達したいと思っている。たとえば、A社が1,000万ポンドを、またB社が1,600万ドルをそれぞれ2年間借りたいと思っているとする。現在のポンド/ドルの為替レートが1.6で、ドル金利が8％、ポンド金利が10％とする。その場合にこの契約を成立させるスワップ取引は以下のようになる。

（1）A社は米国市場で1,600万ドルを、B社は英国市場で1,000万ポンドを借

る。
(2) A社はB社に対し1,600万ドル支払い、B社はA社に対して1,000万ポンド支払う。
(3) 初年度末：A社は1,000万ポンドの10%の100万ポンドをB社に支払い、B社はそれで国内の貸し手に返済する。B社は1,600万ドルの8%の128万ドルをA社に支払い、A社はそれで国内の貸し手に返済する。
(4) 2年度末：A社は、1,000万ポンドの10%の100万ポンドをB社に支払い、B社はそれで国内の貸し手に返済する。B社は1,600万ドルの8%の128万ドルをA社に支払い、A社はそれで国内の貸し手に返済する。同時にA社は1,000万ポンドをB社に返済し、B社は1,600万ドルをA社に返済する。両者は各々それを貸し手に返済する。

英文読解のポイント

- 上記は通貨スワップの流れを単純化したもので、英語自体は理解しやすい文章となっている。ポイントは各々有利な金利で借入れをしてそれをスワップすることでお互いに有利な金利を得る結果となるということ。
- Plain vanillaは「平凡な」という意味から、「ごく一般的な」と訳せる。Plain vanillaに対する単語はexotic（エキゾティック）。
- Interest rate swap（金利スワップ）は、固定金利（fixed interest rate）と変動金利（floating interest rate）のように、同じ通貨で異なる金利間のスワップをいう。異なる通貨の固定・変動金利間のスワップはcross-currency interest rate swap。
- Couponは「債券の利札」。Coupon paymentは［利札の支払い］つまり金利の支払いを意味する。Principalは「元本」
- Domestic lenderは借入人の所在する国の貸し手。外国の貸し手はforeign lender。

Currency hedging using currency swap

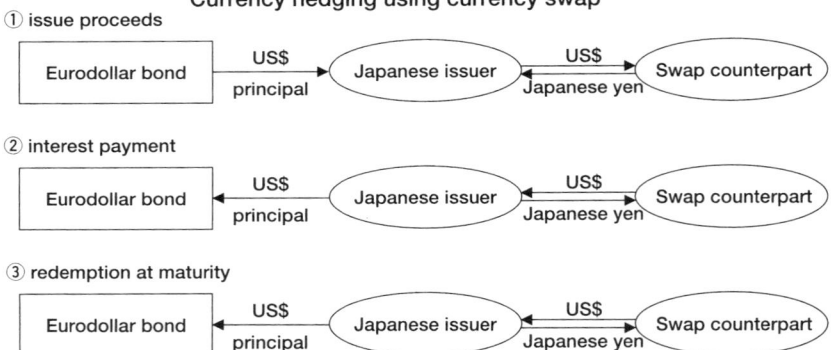

① issue proceeds

Eurodollar bond →US$ principal→ Japanese issuer ←US$ / Japanese yen→ Swap counterpart

② interest payment

Eurodollar bond ←US$ principal← Japanese issuer ←US$ / Japanese yen→ Swap counterpart

③ redemption at maturity

Eurodollar bond ←US$ principal← Japanese issuer ←US$ / Japanese yen→ Swap counterpart

コーヒーブレイク

株式売買の実際

証券会社は、新規顧客との取引開始時には、know your customer rule（顧客をよく知らないで取引をしない）に従い、新規顧客カード（new account report）に顧客財務状況（client's financial circumstances）や投資目的（investment objectives）を記入します。

株式はさまざまな呼び方で特徴を表します。たとえば、株価の高い値がさ株（high-priced stock）、会社の時価総額（market capitalization）が大きい大型株（large capital stockあるいはlarge cap）、逆に時価総額の低い小型株（small capitali stock、small cap）などです。株価が会社の収益や実力に比べて低い株を割安株（undervalued）といい、割安株が注目されて実力通りの水準に戻るとfully valuedといいます。会社の財務内容が悪く投機性の高い株（speculative stock）をstub stock、逆に優良企業の株をblue chipといいます。

証券取引所の立会所をtrading floorとかfloor of the Exchangeといいますが、基本的には立会時間（trading hours）内に取引所経由で株式取引が行われます。ただ、最近は大口取引（block trading）を中心に取引所外の取引（off-exchange transaction）も増えています。顧客が出した注文はoff-floor orderとよばれ、立会所の証券会社（floor trader）の自己売買注文（on-floor order）より優先されます。取引所の取引方法は取引所によって異なりますが、東京証券取引所では価格優先（price priority）と時間優先（time priority）に基づく競争売買（continuous auction）方式です。立会所で売り買いを声を上げて競り合うopen outcryという方式の取引所もあります。現在は多くの取引所がコンピュータを利用したelectronic systemを採用しています。株の注文には、market order（売買価格を指定しない成行き注文）とlimit order（売買価格を指定する指し値注文）がもっとも頻繁に使われます。空売り（short sell）などではstop order（指定価格を上回ると買い、あるいは下回ると売る逆指し値注文）やstop orderとlimit orderを合わせたstop limit order（指し値・逆指し値注文）が使われることもあります。例えば、50ドル逆指し値、60ドル指し値のXYZ社1000株買い（buy 1000 XYZ 50 stop 60 limit）は、50ドル以上になれば買うが買い値は60ドルを超えないことを意味します。注文の有効期間で分類することもあります。Day orderは注文した日限り有効な注文、good-till-canceled orderは注文がキャンセルされるまで有効、good-this-month orderは注文した月末まで有効という具合です。注文を受けたがまだ実行できていない場合はopen orderといいます。なお、最少の値動き幅をtick、取引単位をtrading unitとかround lotといいます。取引単位満たない端株取引はodd lotといいます。（3章株式投資の実務を参照して下さい）

1章 デリバティブ

5 スワップ2
Swap

　金利スワップ（interest rate swap）とは同じ通貨間で異なる金利を交換することで、変動金利と固定金利の交換が典型的な金利スワップです。たとえば、銀行から変動金利（LIBOR＋1.5％）で借入れをしているA社は固定金利で期間5年の資金調達したいのですが、格付けが低いため社債（corporate bond）7％以上の社債金利となります。一方格付けの高いB社は5年の社債を金利5％で発行できますが、変動金利で借りた場合の金利はLIBOR＋0.5％となります。そこで、A社とB社が金利スワップを実行します。A社は変動金利（LIBORフラット）をB社から受取り、同時に5％の固定金利をB社に渡します。この結果、A社のキャッシュ・フローはLIBORフラットを受けてLIBOR＋1.5％を銀行に支払うので1.5％余計に金利を払うことになります。一方で、5％の固定金利をB社に支払うので、A社の実質的な固定金利は5％＋1.5％＝6.5％となります。つまり、自分で調達する固定金利（7％）より0.5％低い固定金利で調達できたことになります。また、B社にとっても、調達した5％の固定金利はそのままA社から受取るので損得無し。一方、LIBORフラットの変動金利をA社に渡すので、実質的にLIBORフラットの調達となり、自社で調達する金利（LIBOR＋0.5％）より0.5％低く調達できたことになります。A、B両社とも0.5％得をしたことになるのです。

　金利スワップには、同じ通貨の固定金利と変動金利間のcoupon swap、同じ通貨の期間の異なる変動金利間のbasis swap、通貨の異なる固定金利と変動金利間のcross currency interest rate swapがあります。通貨や金利スワップのほか、個別の株式や株式指数（equity index）を利用したequity swapやequity-index swap、原油や鉱産資源を対象としたcommodity swapなどもよく利用されます。

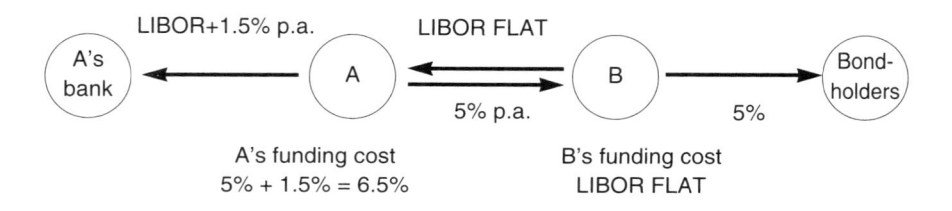

```
  LIBOR+1.5% p.a.      LIBOR FLAT
A's bank ← A  ⇄  B → Bond-holders
                5% p.a.       5%

A's funding cost          B's funding cost
5% + 1.5% = 6.5%          LIBOR FLAT
```

● 英文で理解しよう

Swaps: The exchange of one entitlement for another. They can be interest-rate swaps or cross-currency swaps. With interest-rate swaps two parties swap their form of borrowings (they do not exchange principal amounts) because the interest-rate structure of each suits the other better; for example, a borrower with fixed-rate funds could swap with another for floating-rate payments. Interest-rate swaps are used either to achieve lower borrowing costs or to gain entry to fixed-rate markets that would otherwise be inaccessible or too expensive. Interest-rate swaps can also be used to back up a view of interest rates, eg, a borrower may swap from fixed to floating rates if he or she believes that rates are likely to fall.　(http://www.anz.com/edna/dictionary.asp?action=content&content=swaps)

スワップ：ある権利と別の権利の交換をスワップという。スワップには、金利スワップあるいは通貨スワップがある。相手方の金利形態のほうがふさわしい場合には、金利スワップを利用して、元本を交換しないでお互いの借り入れ形態を交換することができる。例えば、固定金利で借り入れをしている借り手は取引相手方の変動金利と交換することができる。より低利で資金調達をする目的か、あるいは債券市場で固定金利借入れをしたいが自分の力では借入れができないか、借入コストが高すぎる場合に金利スワップが利用される。金利スワップはまた金利の見通しに基づいて行われることもある。例えば、金利が将来下がると信じているときには、借り手は固定金利を変動金利と交換することになる。

英文読解のポイント

- Cross-currency swapは「通貨スワップ」。
- Interest structureは直訳すれば「金利の仕組み」となるが、ここでは固定金利とか変動金利といった「金利スキーム」の意味。
- Gain entry to fixed-rate marketsは、「債券市場に参入すること」つまり債券市場で債券を発行することをいう。債券は一般の投資家が購入するので格付が高くないとなかなか発行できないという背景がある。
- 「金利が低下する」はfallだけでなく、decline in interest rates、lower interest rate、reduction in interest ratesなどという。

1章 デリバティブ

6 オプション 1
Option

　オプションとは、株式や通貨などの金融商品を特定の期日または期間内に、特定の価格（行使価格=exercise price, strike price）で買うあるいは売る権利をいいます。「買う権利」をコール・オプション（call option）、「売る権利」をプット・オプション（put option）と呼びます。例えば、「A社の株式を3ヵ月後に行使価格1,000円で購入するコール・オプション」を買ったとします。3ヵ月後にA社株が1,200円に上昇すれば、オプションを行使して1,200円で売却すれば200円の利益が得られます。逆に株価が800円に下落すればオプション権を放棄すればいいだけです。オプションは権利（right）であり義務（obligation）ではないからです。行使時期を「特定日」に限定しているオプションをヨーロッパ型（European style option）、「特定期間内」であればいつでも行使できるオプションをアメリカ型（American style option）、行使期間に何回か（例えば1ヵ月ごと）行使ができるものをバミューダ型オプション（Bermuda style option）といい、アメリカ型とヨーロッパ型の中間型といえます。バミューダがアメリカとヨーロッパの間に位置することに由来します。

　オプションを買うときにはオプション料（option premium）を支払います。premiumは保険料にも使われる言葉ですが、オプションが保険と同じ機能をもつことによります。オプションを買う時はbuyを使いますが、売るときはsellではなく保険と同じようにwriteを使います。コール・オプションを買った場合、行使価格（1,000円）にオプション料100円を加えた1,100円を境として株価が上昇すればするほど利益が増加していきます（図1）。逆に1,100円を下回った場合にはオプション料だけの損にとどまります。一方、コール・オプションを売ると、オプション料を手に入れることはできますが、株価が1,100円を上回れば無限に損失が拡大していきます。つまり、利益は一定にもかかわらず損は無限大となるわけです（図2）。

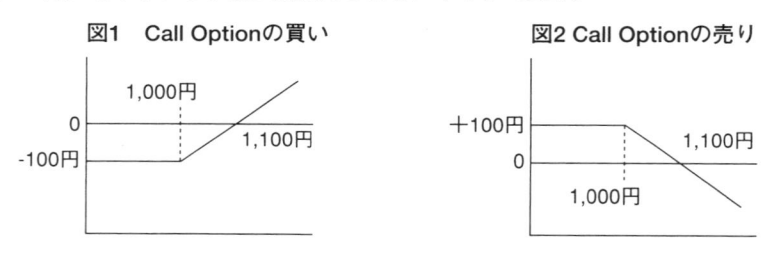

図1　Call Optionの買い

図2　Call Optionの売り

● 英文で理解しよう

Option : Gives the buyer the right, but not the obligation, to buy or sell an asset at a set price on or before a given date. Investors who purchase call options bet the stock will be worth more than the price set by the option (the strike price), plus the price they paid for the option itself. Buyers of put options bet the stock's price will go down below the price set by the option.　　　　　　　　　　(http://www.terranovaonline.com)

オプション：特定日以前にあらかじめ設定された価格で資産を売買する権利（義務ではない）をいう。株のコールオプションを買う投資家は、対象株価があらかじめ設定した株価（行使価格）とオプション料を合計した価格を上回ることに賭けている。株のプット・オプションの買い手は、株価が行使価格を下回ることに賭けている。

Bermuda Option : Like the location of Bermuda, this option is located somewhere between a European-style option which can be exercised only at maturity and an American-style option which can be exercised anytime the option holder chooses. The Bermuda option typically can be exercised on a number of predetermined occasions as stated in the option contract.　　　　　　　　　　(http://newrisk.ifci.ch/00010518.htm)

バミューダ・オプション：バミューダ・オプションは、バミューダ島の位置と同じように、行使期間の満了日にのみオプションが行使されるヨーロッパ型オプションと、オプション期間の間であればいつでもオプション権を行使できるアメリカ型オプションの中間的なオプションをいう。つまり、バミューダ・オプションではオプション期間中に複数回にわたって権利を行使できる旨オプション契約に規定されている。

英文読解のポイント

- On or before は「……以前」でその日を含む。単に before だけだと「……より前」となりその日を含まない。
- Given は「所与の」という意味だが、前置詞として「……という事実を考慮すれば」という使い方もよく登場する。たとえば、given that we cannot avoid the risk,（そのリスクを回避できないという事実を考慮すれば）。

1章 デリバティブ

7 オプション 2
Option

　オプションの買い手（buyer）はオプション料を損失の限度として無限の利益を期待できますが、オプションの売り手（writer）はオプション料を得る見返りとして、価格が反対方向に動くと無限の損失を被るリスクがあります。ただし、原資産（underlying asset）を保有していればオプションの売りを有効に利用できます。たとえば、800円で取得したA社株を原資産として、行使価格（exercise price）1,000円、オプション料（option premium）100円でコール・オプション（call option）を売ったとします。A社株が1,100円を上回らない限りオプションは行使されないので、株を保有したまま100円の利益を得ます。A社株が1,100円を上回った場合にはオプションが行使されるので1,000円で売ることになります。つまり、1,100円を上回った分の利益はあきらめざるを得ません。しかし、売却益200円とオプション料100円の合計300円の利益を得たことになります。このように、原資産を保有しているとオプション売りもそれなりのメリットがあります。原資産を保有してオプションを売ることを「原資産でカバーされている」のでカバード・コール（covered call）と呼び、保有しない場合を「裸のままオプションを売る」という意味からネイキッド・コール（naked call）と呼びます。

　オプションを行使すれば利益が出る状況をin the moneyと呼び、逆に行使する意味がない状況をout of the moneyと呼びます。日本語よりも英語の方が直接的且つ簡潔ないい方ですね。たとえば、コール・オプションで1,000円の行使価格に対して市場価格が1,200円であればin the money、800円であればout of the moneyとなります。オプションを売買する時に支払うオプション料は、本質的価値（intrinsic value）と時間的価値（time value）から成り立ちます。原資産の市場価格（market value）とオプションの行使価格から決まる価値が本質的価値で、in the moneyの時は本質的価値があり、out of the moneyの時には本質的価値がないことになります。時間的価値とは、オプションの権利を行使するまでの期間に原資産の価格変動（price volatility）によって生じる価値を意味します。原資産の予想変動率が高いほど、またオプション期間が長いほど時間的価値は高くなります（つまりオプション料が高くなります）。

● 英文で理解しよう

Covered call option : A covered call option is when the party that writes the call option already owns the underlying securities subject to the option. For example, if investor A owns 100 shares of XYZ corporation and writes a call option to investor B of 50 shares of XYZ corporation, the call option is covered because investor A will not have to go to the market in order to purchase the shares when the call option is exercised.

A naked call option is the opposite of a covered call option. The granter of the option does not possess the shares under option and must assume the market risk of purchasing the securities on the open market if the option is called.

カバード・コール・オプション：カバード・コール・オプションはコールオプションを売る側が原証券をすでに保有している場合に使う。投資家AがXYZ株式会社株を100株所有し、投資家Bにそのうち50株のコール・オプションを売った場合、そのコール・オプションはカバーされているという。投資家Aはコール・オプションが行使されても、その株式を市場で手当てする必要がないからである。ネイキッド・コール・オプションはカバード・コール・オプションの反対。オプションの売り手はオプション契約の原株式を保有しておらず、オプションが行使されると市場で株式を購入しなければならないという市場リスクを負う。

In the money : In the money refers to an option that if exercised will result in a profit. For example, if the strike price of an option to purchase stock is $50.00 per share and the stock is trading at $55.00, then the option is in the money. An in the money option has intrinsic value because it can be exercised at a profit.

インザマネー：インザマネーとは行使されると利益が得られるオプションをいう。例えば、株式を購入するオプションの行使価格が1株50ドルで、市場の取引価格が55ドルとすれば、そのオプションはインザマネーにある。オプションがインザマネーにあるときには、行使をすれば利益を伴うのでそのオプションには本質的価値があるという。

英文読解のポイント

- Market riskは市場リスク、つまり金融商品価格の変動から生ずるリスクをいう。
- Go to the marketは「市場に行く」から「市場で売買する」。Open marketは「誰でも参加できる市場」を意味する。

1章 デリバティブ

8 デリバティブのメリットとリスク
Advantage and Risk of Derivatives

　デリバティブにはさまざまなメリットがあります。ひとつはヘッジ機能（hedging function）です。ヘッジとは将来の不確定なリスクを確定する機能を意味します。たとえば銀行は長期の住宅ローン（residential mortgage）を固定金利で供与しますが、顧客からの預金の多くは短期変動金利です。このような運用と調達期間のミスマッチ（a mismatch between the duration of the assets and liabilities）があると、将来短期金利が上昇すると逆ざやになるリスクを負います。しかし金利スワップ、オプション、先物、先渡しなどを利用すればこのリスクをヘッジできます。ところで「逆ざや」はnegative carryといいますが、運用金利が調達金利より高い「順ざや」はpositive carryといいます。同様な使い方に、短期金利が長期金利より低い右上がりの曲線（順イールド・カーブ）をpositive yield curve、normal yield curveといい、逆イールド・カーブをnegative yield curve、inverted yield curveといいます。

　オプションにはレバレッジ効果（leverage effect）もあります。Leverageは「梃子」を意味しますが、デリバティブを「梃子」として少額で大きな利益をあげる効果をいいます。たとえば、A社株を1,000円で買って1200円で売却すると利回りは20%（(1,200 − 1,000)÷1,000）ですが、100円のオプション料で100円の利益をあげると100%（100÷100）の利回りとなります。借入金を梃子として会社買収をすることをleveraged buyoutというのも同じ理由です。また、総資産を自己資本で割って算出することをファイナンシャル・レバレッジ（financial leverage）といいます。

　オフ・バランス（off-balance sheet）のメリットもあります。オプションや先物などでは、計算根拠として元本（principal）を使いますが、実際には元本の決済をしません。このような元本を想定元本（notional principal）といい、バランスシートに記載されません。ROE（株主資本利益率＝return on equity）やROA（総資産利益率＝return on assets）を高めるためにオフ・バランス化は有効な手段となります。

　一方でデリバティブにはリスクもあります。最大のリスクはレバレッジ効果を利用して少額で大きな投機ができるので損失も大きくなることです。デリバティブ取引は複雑なものが多いので、あらかじめ内容をよく調べておかないと予想外のリスクに戸惑うこともあり得ます。

● 英文で理解しよう

FRAs are often used as a hedge against future movement in interest rates. Like financial futures, they offer a means of managing interest-rate risk that is not reflected on the balance sheet and, therefore, generally requires less capital. FRAs allow a borrower or lender to "lock in" an interest rate for a period that begins in the future, thus effectively extending the maturity of its liabilities or assets. For example, a financial institution that has limited access to funds with maturities greater than six months and has relatively longer-term assets can contract for a six-against-twelve month FRA, and thus increase the extent to which it can match asset and liability maturities from an interest-rate risk perspective. By using this strategy, the financial institution determines today the cost of six-month funds it will receive in six months' time. Similarly, a seller of an FRA can lengthen the maturity profile of its assets by determining in advance the return on a future investment. (http://www.toerien.com)

金利先渡しは将来の金利変動リスクに対するヘッジとしてよく用いられる。金融先物と同様、金利先渡しは、バランスシートに反映されない形での金利リスクヘッジ手段なので一般的に多額の資本を必要としない。金利先渡しは借り手ないし貸し手が将来の特定の時期から一定期間金利を固定できるようにすることで負債ないし資産の満期を延長する効果をもつ。たとえば、ある金融機関が6ヵ月を超える資産を有しているが、6ヵ月までしか資金調達ができない場合に金利先物が有効となる。つまり、6ヵ月後決済の期間6ヵ月の金利先物契約をすれば、資産と負債の金利を一致させることができる。この戦略を使うと、現時点で6ヵ月後に受取る期間6ヵ月の資金のコストを決定できることになる。同様に、金利先渡しの売り手は予め将来の投資収益を決めることによって、実質的に所有資産の満期を延長することになる。

英文読解のポイント

- Requires less capitalのcapitalは株主資本と借入れ資本の合計を意味する。経営者にとっては、ROE（株主資本利益率）やROC（資本利益率）の向上が重要なので、capitalを極力使わずに利益をあげようとする。その意味でもoff-balanceが重要となる。
- Six-against-twelve monthは「6ヵ月後決済の期間6ヵ月」の金利先物をいう。
- Match asset and liability maturitiesは「資産と負債の期間を一致させること」で金融機関ではALM（asset liability management）と呼んでいる。

1章 デリバティブ

9 仕組み商品
Structured Product

　デリバティブを組み込んだ金融商品は通常の株式や債券に比べて仕組みが複雑ですが、高いリターンを期待できることがセールスポイントです。ただし、高いリターンには高いリスクがつきものです。ここではいくつかのデリバティブを組み込んだ商品を紹介しましょう。

　為替の先渡しを利用した債券に二重通貨建て債（dual currency bond）があります。投資家は円で債券を購入し、金利は円で受取り、満期時点の元本償還は米ドルや豪ドルなどの外貨で受取ります。通常の債券に比べて高い金利を享受できますが、元本が外貨償還となるので元本の為替リスク（currency risk）を負います。二重通貨建て債の変形で、元本償還を円、金利支払を外貨とした債券を逆二重通貨建て債（reverse dual currency）といいます。この場合元本の為替リスクはなくなり、金利が為替リスクにさらされます。逆二重通貨建て債を好む機関投資家は多いのですが、満期までの期間がかなり長期（10年以上）となるのが特徴です。

　日経平均（Nikkei 225）などの株式指数（equity index）の変動に償還元本がリンクする債券を株価指数連動債（equity index linked note）といいます。また、特定の株価に償還元本が連動する債券を他社株転換社債といいます。他社株転換社債はexchangeable bondと呼ばれますが、これはリンクされた株価次第で株に「転換される」債券という意味です。これらの連動債では組込まれたオプションのオプション料が金利に上乗せされるため、通常の債券より金利が高く設定されます。しかし、償還時点の株価次第で償還元本が減額したり、株式で償還を受けたりするリスクがあります。

　他社株転換社債などにはノックイン条項やノックアウト条項がついていることもあります。ノックイン（knock-in）条項とは、予め設定された価格に達すると初めて権利が発生するタイプで、逆にノックアウト（knock-out）条項では設定価格に達すると権利が消滅するタイプをいいます。このようなトリガー（trigger）条項がついたオプションをバリア・オプション（barrier option）といいます。Knock-in、knock-out、barrier option、triggerと辞書の意味どおりではないのですが、なんとなく感覚では理解できる呼び方だと思いませんか。ただ、これらはそのままカタカナで訳すのが無難でしょう。

● 英文で理解しよう

A barrier option is a European style option which has one of two features:

(1) A knock-out feature causes the option to immediately terminate if the underlier reaches a specified barrier level, or

(2) A knock-in feature causes the option to become effective only if the underlier first reaches a specified barrier level. For example, a knock-in call option might have a strike price of $100, and a knock-in barrier at $110. Suppose the option was purchased when the underlier was at $90. If the option expired with the underlier at $105, but the underlier did not first reach the barrier level of $110, the option would expire worthless. On the other hand, if the underlier first rose from $90 to $110, this would cause the option to knock-in. It would then be worth $5 when it expired with the underlier at $105. （http://www.contingencyanalysis.com）

バリアオプションは、以下の二つのどちらかを持つ、ヨーロッパ型のオプションである。(1) ノックアウト型は、オプションの原資産が一定の金額に到達すると、直ちにオプションの権利が消滅する、あるいは、(2) ノックイン型は原資産が特定の価格レベルに達した場合に初めてオプションの効力が発生する。例えば、ノックインコール・オプションが100ドルの行使価格を持ち、オプションの権利が発生する価格が110ドルとし、原資産の価格が90ドルのときにオプション購入したとしよう。もし、オプションが原資産の市場価格が105ドルで取引されていて、一度も110ドルに達しなかったとした場合、そのオプションは意味のないものになる。逆に、もし原資産の価格が一度でも90ドルから110ドルに上昇したら、オプションの効力が発生する。この場合、行使期限時の原資産価格が105ドルであったとすればそのオプションは5ドルの価値があることになる。

英文読解のポイント

- Knock-outやknock-in optionを入れた仕組み債は高いリターンを期待できる反面、リスクも高いhigh risk high return商品といえます。
- Underlierはunderlying assetと同じ意味。
- Expireは「期限が到来する」。Expiration, maturity, due dateなどはいずれも「満期」の意味。

2章 証券化

1 | MBS
Mortgage Backed Securities

　Securitizationまたはsecuritisationという単語は、securities（有価証券）からの造語です。有価証券は流通性（assignability）があるのが特徴ですが、本来は流通性のない債権に流通性を持たせたのが証券化商品です。売掛債権（account receivable）、住宅ローン（residential mortgage）、商業貸付債権（commercial loan asset）、リース債権（lease asset）、商業不動産（commercial real estate）など、将来一定のキャッシュフローが予定されている資産はほとんど証券化できます。つまり、証券化とは、将来のキャッシュフローを裏づけとして証券を発行することと定義できます。

　証券化商品の原点は、1970年にGNMA（Government National Mortgage Association＝政府抵当金庫）が発行したMBS（mortgage backed securities＝モーゲージ担保証券）です。MBSとは住宅ローンの集合体（これをプール＝poolという）を、証券を発行する目的で設立した特別目的媒体（special purpose vehicle＝SPV）に売却し、そのプール裏づけとしてSPVが発行する証券をいいます。プールからの返済金は発行体の経費などを差引き後、そのまま投資家に移転します。発行体を素通り（pass-through）するので、pass-through securities（パス・スルー証券）とも呼ばれます。Pass-through securitiesの場合、住宅ローンの期限前返済（prepayment）が投資家に直接影響するので、投資家にとっては投資期間を確定できないという問題があります。つまり、市場金利（market rate）が大幅に下落すると住宅ローンの借入人は低い金利のローンに借り替える（refinance）ため、大量の期限前返済が発生します。pass-through securitiesの場合、元の住宅ローンの期限返済がそのままpass-through securitiesの期限前返済となり、返済を受けた投資家はその時点の低い金利で再投資（reinvestment）せざるを得ないという不利益を被ります。この問題を解決したのがCMO（collateralized mortgage obligation）です。CMOでは短期から長期まで満期の異なる数種類の証券（tranche）を発行します。プールからのキャッシュフローを短期の証券から充当するように人為的に調節することで、返済の不確定性を回避する仕組みとなっています。CMOはpass-throughと対比してpay-through securities（ペイ・スルー証券）と呼ばれます。

● **英文で理解しよう**

Collateralized Mortgage Obligation (CMO) : CMOs are bonds that are collateralized by whole loan mortgages or mortgage pass-through securities. A key difference between traditional pass-throughs and CMOs is the mechanics of the principal payment process. In a pass-through, each investor receives a pro rata distribution of any principal and interest payments made by the homeowner. The CMO structure substitutes sequential retirement of bonds for the pro rata principal return process of pass-throughs. All principal payments go first to the fastest-pay tranche of bonds. Following retirement of this class, the next tranche in the sequence then becomes the exclusive recipient of principal. This process continues until the last tranche of bonds is retired. The effect of the CMO innovation is to utilize cash flows of long maturity, monthly-pay collateral to create securities with short, intermediate and long final maturities. This broadens the range of investors for mortgage securities and ultimately forces more competitive mortgage rates for homebuyers.

(http://www.pimco.com/bonds_glossaryc.htm)

モーゲージ担保債務証書（CMO）：CMOは、住宅ローンあるいはパス・スルー型MBS（住宅ローン担保証券）を裏づけとした債券である。伝統的パス・スルー型MBOとCMOの重要な相違点は、債券の償還の仕組みにある。パス・スルー型では、もとの住宅ローンの元利金返済がパス・スルー型債券の投資家にその持分ごとに比例して配分される。CMOでは、パス・スルー型の比例返済方式を、CMOの債券（トランシェ）ごとに順次償還される仕組みへと変更している。もとの住宅ローンからのすべての元金支払金は、CMOの「第一償還トランシェ」に充当され、このトランシェが全額償還されると、第二償還トランシェにすべての返済金が充当される。CMOの最後のトランシェが全額償還されるまでこの方法が続くことになる。この革新的ともいえるCMOの効果は、月次ベース返済の長期住宅ローンのキャッシュフローを利用して償還期限が短期・中期・長期の債券を創造したことである。CMOによって住宅ローンへの投資家層が拡大し、住宅購入者にとってさらに魅力的な住宅ローン金利がもたらされた。

英文読解のポイント

- Loan mortgageは不動産担保ローンという意味だが、一般的には住宅ローンを指す。pass-through securitiesはパス・スルー型のモーゲージ担保証券（MBS）をいう。
- Pro rata distributionは「担保証券の持分に応じて配分がなされる」ことで、pro rataは「……に比例して」。
- Fastest-pay trancheは「プール資産からの元金返済がもっとも優先して適用されるトランシェ（部分）をいう。
- Long maturity, monthly-pay collateralは、住宅ローンなどの「満期までの期間が長期で、元利払いが毎月行われる担保資産」。

Pass-Through MBS

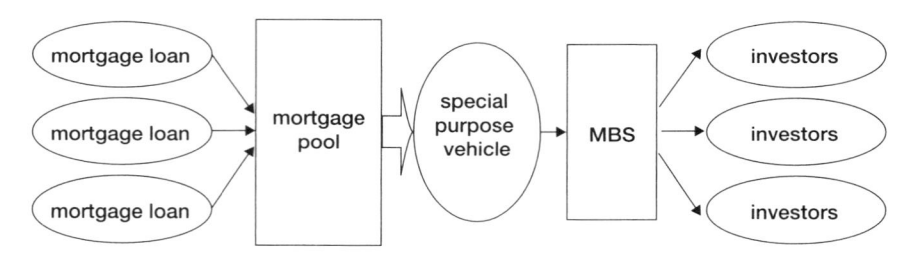

mortgage loan → mortgage pool → special purpose vehicle → MBS → investors
mortgage loan →
mortgage loan →

Pay-Through CMO

mortgage loan → mortgage pool → special purpose vehicle → first tranche notes → investors
mortgage loan → → second tranche notes → investors
mortgage loan → → third tranche notes → investors

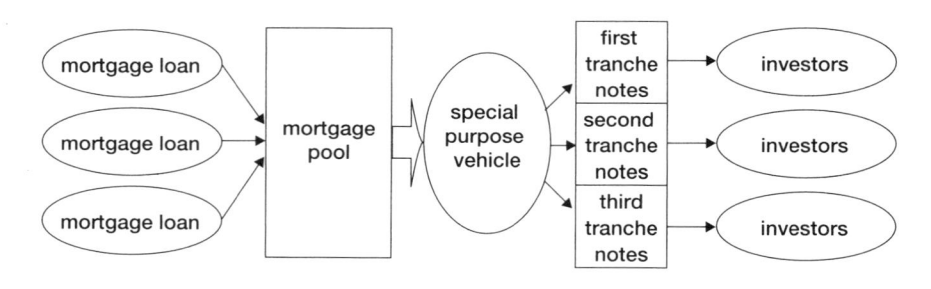

コーヒーブレイク

シンジケーションと墓石広告

　ローンであれ債券の発行であれ、金額が大きくなるとひとつの金融機関ですべてを取り仕切るのはリスクが大きすぎます。そこでリスクを分散するために、複数の金融機関でグループを組成することになりますが、これをsyndicate（シンジケート、あるいはシ団）と呼びます。債券発行を例にとって具体的に見てみましょう。発行債券を引き受けるグループがまず組成されます。これがunderwriting syndicate（引受シ団）です。Underwriting syndicateを取り纏める役割を果たすのがlead manager（主幹事）です。Lead managerは1社のことが多いのですが、金額によっては複数のjoint lead managers（共同主幹事）となることもあります。Lead managerは引受グループの代表として、発行会社（issuer）との折衝や発行に関連する書類の作成のほか、シンジケート団メンバーへの割当額の決定などを行います。この役割をbook runnerといいます。債券の割当て、つまりbook（帳簿）をrun（管理）するという意味です。Lead managerの引受額がもっとも大きく、co-lead manager、co-manager、managerと引受額が少なくなります。Underwriting syndicateは、発行された債券が全額売れなくても債券を引き取らなくてはなりません。Underwriting syndicateのほかにselling group（販売団）が組成されますが、selling group membersには引受責任はなく、販売できる範囲で債券のallocation（割当て）を受けます。

　債券が発行されると、主要な新聞や金融雑誌にtombstone advertisement（墓石広告）が掲載されます。広告の様式が墓石に似ていることからこのように呼ばれます。広告には発行債券の概要（金額、期間など）、underwriting groupやselling groupの会社名が列記されます。左側のトップに記載されるのがlead managerです。同じポジションに複数の引受業者が存在するときには、アルファベット順となります。他愛もないことですが、投資銀行家はtombstoneに掲載されるポジションを大変気にします。特にjoint lead managerの場合には左のポジションを得るべくさまざまな駆け引きをすることもあります。

　販売目的でtombstone advertisementをすることはできないので、tombstoneには"record purpose only"と明記されています。しかし、tombstoneは実績を顧客にアピールできる効果が期待できるため、ほとんどの取引でtombstone advertisementが作成されます。（第二部第2章3節シンジケート・ローンを参照して下さい）

2章 証券化

2 ABS
Asset Backed Securities

　MBSやCMOの証券化技術を、クレジットカード・ローン、自動車ローンや売掛金などの一般の債権に応用したのがABS（asset backed securities＝資産担保証券）です。

具体的にABSの基本的な流れを見てみましょう。ここでは、A社が所有している売掛債権（account receivable）を対象として資産担保証券（ABS）を発行すると仮定します（170ページを参照）。

① A社のような売掛債権の保有者をオリジネーター（originator）あるいは原債権者と呼びます。これはオリジネーターの存在がないと証券化商品を創造（originate）できないということに由来します。

② 証券化証券の発行だけを目的としてSPC（special purpose company）を設立します。特別の目的（special purpose）で設立されるのでこのように呼ばれます。SPCは投資家（investor）と原債権者を繋ぐ役割を果たしているので、conduit（導管）とも呼ばれます。SPCの代わりに信託勘定（trust account）を利用することもできます（SPCや信託などを総称して特別目的媒体（SPV＝special purpose vehicle）といいます）。

③ A社は売掛債権をSPCに売却して、売却代金を受取ります。つまり、A社は将来のキャッシュフローを現金化できたことになります。

④ 売掛債権を購入したSPCは売掛債権を裏づけとしてABS（資産担保証券）を発行します。SPCが発行する証券は証券会社（investment bank，securities company）が引き受け、投資家に販売します。

⑤ 投資家が購入しやすいように信用格付会社（credit rating agency）からABSに格付（credit rating）を取ります。

⑥ 売掛債権の回収はサービサー（servicer）と呼ばれる回収業者が行い、投資家への返済資金に充当します。受取債権の最終的な支払義務者を原債務者（obligor）といいます。この例ではA社から買掛勘定（account payable）で商品を買った会社がobligorです。Servicerとoriginatorが同一のこともあります。

⑦ Obligorから回収した資金でABSの元利金支払い（redemption）に充当します。

● 英文で理解しよう

Obligor：An obligor is an individual or company that owes debt to a third party as a result of borrowing money or issuing bonds. An obligor is another word for debtor.

Originator：An originator is a bank or other financial institution that securitizes the income stream from loans it has made to its customers. Investment banks sometimes act as originators.

Servicer：The servicer is the organization that is responsible for collecting the receivables that form the basis underlying the securitization transaction and manages the investment on behalf of the investors. The originator is usually the servicer.

原債務者：原債務者（obligor）とは資金調達つまり債券を発行した結果、債券の保有者である第三者に負債を負うことになる個人あるいは法人をいう。obligorとはdebtorの別の言い方である。

オリジネーター：オリジネーターとは自らが顧客に供与したローンからのキャッシュフローを証券化する銀行あるいは金融機関をいう。

サービサー：サービサーとは、資産担保証券の投資家のために、資産担保証券の原資産となっている受取り債権を回収する責任を有する組織をいう。オリジネーターがサービサーになることが多い。

英文読解のポイント

- Obligorは債務者。Obligeの人格化で、反対に債権者はobligee。
- Debtは「債務、借金、負債」で、新聞でよく報道される不良債権はbad debt、不良債権に対する引当金はbad debt provision。債務者はdebtorで、債権者はcreditorという。
- Originatorはoriginate（……を創造する）の人格化で、金融の世界では、新しい取引をはじめる人をoriginatorという。たとえば、顧客と交渉して新規債券発行の主幹事のポジションを獲得すべく営業する投資銀行員がoriginatorである。証券化におけるoriginatorは証券の裏づけとなる資産を有していた人を指す。つまり、資産の所有者がいないと証券化の取引は始まらないからである。また新しい取引を開拓する部門をoriginationという。
- Servicerはserviceの人格化。Service a debtは「借入金を払う」。

2章 証券化

3 ABSの仕組み（その1）
Structure

　ABSの特徴は、オリジネーターがSPVに売却した受取債権（receivable）の将来のキャッシュ・フローで元利金（principal and interest）の返済をするということです。つまり、ABSの投資家は受取債権の保有者である原債権者つまりオリジネーター（originator）ではなく、受取債権の支払者（原債務者＝obligor）のリスクをとります。原債務者からのキャッシュ・フローを投資家につなぐ役割を果たすのがSPV（special purpose vehicle）です。投資家にとって安全で魅力のあるABSとするにはSPVをどのように組み立てるかがポイントになります。

　第一に、オリジネーターが倒産や破綻したとしても、SPVが購入した受取債権が影響を受けないようにする必要があります。これを倒産隔離（bankruptcy remote）といいます。倒産隔離とするためには、いくつかの点に留意しなければなりません。

(1) オリジネーターとSPV間の受取債権の売買を、法的・会計的に完全な売買（真正売買＝true sale）とする。真正売買であれば、オリジネーターが倒産しても買い取った受取債権に影響が及ばないからです。そのためには、原債務者に債権がSPVに譲渡された旨を通知するなど、譲渡に必要な法的手続きをとります。これによって、第三者対抗要件（perfection）を備えることができます。日本でも特定債権法（1993年）や債権譲渡特例法（1998年）によって、リース債権などは新聞公告（public notice）や登記（registration）だけで第三者対抗要件を取得できるようになりました。英語のperfectionは厳密に言えば、「特定の担保目的物について可能な限り最大の保護を取得する」という意味ですが、第三者対抗要件と訳してもいいでしょう。たとえば、We have a perfected security interest in the receivables.（われわれはその受取債権に対して対抗要件を具備した担保権を保有する）と使います。

(2) SPVはABSを発行する目的だけで設立されるので、それ以外の要因でSPVが倒産しない仕組みを講じておく必要があります。たとえばSPVの活動をABS発行だけに限定したり、取締役にオリジネーターの関係者が入らないなどオリジネーターと無関係な独立した組織とすることが必要です。

英文で理解しよう

In order to ensure that the SPV remains off the balance sheet of the originator and that the SPV is bankruptcy remote, the shares will customarily be held by a charitable trust established for that purpose. There must also be no provision in the constitutional documents of the SPV giving the originator a right to control the affairs of the SPV. Generally the Articles of Association of the SPV will limit its business activities to the particular activity of the deal, such as the issue of the securities. In order to maintain the integrity of the structure, the directors, officers and administration of the SPV should be independent of the originator. The SPV must show commercial benefit for entering into the deal with the originator and as a rule this will be shown by payment of a fee to the SPV. (http://www.hsbc.ky/trsdetail5.htm)

SPV（特別目的媒体）がオリジネーターのバランスシートに載っておらず、また倒産隔離となっていることを確かなものにするために、その目的のためだけに設立された慈善信託がSPVの発行株式を保有する。またオリジネーターがSPVの業務を管理できるという条項が、SPVの法的な内部文書に記載されることのないようにする。SPVの定款で、SPVの業務活動を証券の発行など特定の行為に限定する旨規定することが多い。SPVの仕組みを完全なものにするために、SPVの取締役、役員や業務管理がオリジネーターから独立していることが必要である。また、SPVとオリジネーターとの取引にビジネス上のメリットがあることを示すためにも、オリジネーターはSPVに手数料を支払うことが多い。

英文読解のポイント

- SPVをオリジネーターから倒産隔離するために、オリジネーターに関係のないcharitable trustなどがSPVの所有者となるスキームがよく使われる。
- Constitutional documentsは会社定款（articles of incorporation）や付属定款（by-laws）を指す。
- Affairsにはさまざまな意味があるが、ここでは「業務、仕事」をいう。
- Must show commercial benefitは、SPVがオリジネーターから独立していることを示す意味から、オリジネーターとの取引が「SPVにとって商売として成り立っている」ことを示さなければならない。

2章　証券化

4 ABSの仕組み（その2）
Structure

　投資家が自分のリスク許容度（risk tolerance）にあわせて投資できるようにさまざまな仕組みがSPVに組み込まれます。ひとつは、信用補完（credit enhancement）と呼ばれる仕組みです。代表的な信用補完は格付（credit rating）の高い銀行や保証会社から返済保証をつけることです。通常は証券全額ではなく部分保証となります。これを第三者保証（third party guarantee）といいます。また、流動性リスク（liquidity risk）に備えて流動性の保証を銀行から取り付けます。

　超過担保（overcollateralization）もよく行われる信用補完です。これは証券発行額を上回る（たとえば額面の110%）受取債権をSPVに移転して、将来の資金不足に備えるものです。

　ABSに優劣をつけていくつかの種類に分けて発行することも一種の信用補完といえます。たとえば、優先債券（senior bond）、メザニン債券（mezzanine bond）および劣後債券（subordinated bond）の三種類に分けます。受取債権からのキャッシュフローはまず優先債券の元利金払いに充当され、次にメザニン債、最後に劣後債に充当されます。優先債券が不履行（default）となる確率は低くなる反面、劣後債はキャッシュフロー不足の影響を直接受けるのでハイリスクとなります。ところで、mezzanine（中二階）は、金融の世界では「優先と劣後の中間」的なポジションを指します。たとえば、優先株は普通株（劣後）と債券（優先）の中間に位置するので、優先株による資金調達をmezzanine financeといいます。また会社の成長段階で、創業期（start-up）から新規株式公開（IPO = initial public offering）をする直前まで成長した段階をmezzanine stageともいいます。ちなみに、成熟した段階をmatured stageといいます。

　受取債権の回収業務を担うサービサーもSPVの信用に影響を与えます。オリジネーターがサービサーを兼ねることも多いですが、その場合には回収金がオリジネーターの財産と混合されるcommingling risk（混合リスク）が生じます。その意味で、オリジネーターとは異なる第三者をサービサーとして指名するのはSPVの信用を高めるのに有効となります。さらに、サービサーの経営状態が悪化した場合に備え、バックアップ・サービサー（back-up servicer）を定めておくことも重要です。

● 英文で理解しよう

Commingling risk : A commingling risk exists when the originator of a securitization is also the servicer so that the cash flows from the underlying assets and from the originator's other sources are mixed before being distributed. The primary risk is that the money owed to the investors will be treated as part of the general assets of the originator in the event of bankruptcy.

混合リスク：証券化のオリジネーターがサービサーでもあるとき混合リスクがあるという。その場合、もとになる資産とオリジネーターの他の資産から生み出されるキャッシュフローが分配される前に交じり合ってしまう。最大のリスクは投資家に帰属するお金が、オリジネーターの倒産の際に、オリジネーターの一般資産として扱われてしまうことである。

Collateralisation : One or more parties may agree to post collateral. Collateral levels may be fixed or vary over time, depending on the market value of the deal.

Credit downgrade triggers : In the event that one of the parties' credit rating is downgraded below a certain level by a specified credit rating service, the deal is restructured or terminated.

(http://www.contingencyanalysis.com/glossarycreditenhancement.html)

担保徴求：一社あるいは複数の関係者が担保を差し入れる。担保差入れ額は取引自体の市場価値にもよるが、固定されるかあるいは変動する。

クレジット・ダウングレード・トリガー：特定の格付会社の格付が、特定のレベル以下に下げられたときに、取引の構成を変えるか、取引自体を終了する。

英文読解のポイント

- General assets of the originatorは「オリジネーターの一般債権」という意味。倒産企業の一般債権は債権者間で平等に配分されるのが原則なので、証券化用のキャッシュフローをオリジネーターの一般資産と分離しておくことが重要となる。
- Credit downgrade triggerも信用補完方法のひとつで、ABSの信用格付が引下げられたときのリスク回避策。

2章 証券化

5 ABSのメリット
Benefits of ABS

この章の最後にABSのメリットと問題点を簡単に触れてみましょう。

① 会社価値（enterprise value）を高めるのが経営者（management）の最大の目標ですが、そのためには株主（shareholder, stockholder）からの資本を効率的に運用しなければなりません。証券化を通じたオフ・バランス化によって、経営指標であるROE（return on equity＝株主資本利益率）やEVA*（economic value added＝経済付加価値）などを高めることができます。

② 証券化による資金調達（funding）は、ABS発行会社の信用力（creditworthiness）ではなく、裏づけとなっている資産の最終支払者（obligor）の信用力で行うので、仮に自社の信用格付（credit rating）が低くても、裏づけ資産の信用力次第で高い格付を取得することができ、その結果自社調達より有利な調達ができます。

③ 証券化商品は、多くの場合一般投資家や機関投資家に販売されるので、借入れ銀行など従来の資金調達源（funding source）とは異なる新たな資金調達源を追加することができます。

④ 将来のキャッシュ・フローを現時点で現金化することができます。

⑤ 資産をSPVに売却する形となるので、資産の保有時に負っていた信用リスク（credit risk）や市場リスク（market risk）を除去することができます。

ところで、資金調達源は英語でfunding source、source of funds、source of financingといいます。"Depend too much on the traditional funding sources"（伝統的な資金調達源に依存しすぎ）とか、"diversify its sources of funding"（資金調達源を分散する）などと使います。ABSには"diversification of funding sources"というメリットがあります。

一方、証券化の手続きは必ずしも簡単ではなく、格付会社（rating agency）との交渉や複雑な契約書類の作成などかなりの時間が必要となります。その結果、格付取得関連費用や弁護士費用などの初期コストがかなり高い水準に達する可能性もあります。その意味で、あまり少額の場合にはABSを発行するメリットが得られないことになります。

● **英文で理解しよう**

The following are the main benefits/reasons why Issuers choose to securitise assets;

- **Diversification of funding** : Originators, especially those having no direct access to the bond and commercial paper markets, view securitisation as an attractive way to diversify their funding away from traditional bank finance.
- **Creation of liquidity** : Illiquid assets can be readily converted into cash.
- **Increased business without new capital** : An originator can release equity associated with its loan or mortgage book in order to generate further business without raising fresh capital.
- **Cost of funds** : Independent and captive finance companies have securitised assets to obtain capital at attractive rates. The lower funding is due to enhanced rating of the securities issued, although this is dependent upon credit spreads observed in the market across rating classes.
- **Transfer of risk** : Securitisation can result in total or partial pass through of risk.
- **Regulatory capital arbitrage** : Bonds/loans regardless of credit quality, incur the same regulatory capital charge, which results in lenders being unable to earn an attractive return on equity when they hold high quality, low margin assets. By securitising these type of assets, return on capital and equity can be increased.

(http://wwwstud.nijenrode.nl/ncv/2001/verenigingen/fiduciair/art5.htm·)

資産担保証券を発行するメリットは以下の通り。

資金調達の多様化：オリジネーター、特に債券市場やコマーシャルペーパー市場で資金調達を直接することのできないオリジネーターにとっては、証券化をすることで従来の銀行借入れだけでなく新たな資金調達源を拡大できる魅力的な手段である。

流動化の創造：流動性のない資産をすぐに現金化できる。

増資を要しない事業の拡大：一般の融資や不動産担保融資をバランスシートから切り離すことで自己資本に余裕ができるため、増資をすることなく新規の事業を始めることが可能となる。

調達コスト：独立した金融子会社は証券化可能な資産を持っているので、有利な金利で資金調達できる。証券化証券が高い格付を取得できるからである。ただし、調達金利は格付のランクごとに異なる市場実勢金利による。
リスクの移転：証券化によってすべてあるいは一部のリスクを移転できる。
資本規制裁定取引：信用度の如何にかかわらず、債券ないしローンに対して同一の決められた資本コストがかかる。つまり信用度は高いが利ざやの薄い資産を保有していると、高いROE（株主資本利益率）を得ることができない。このようなタイプの資産を証券化すると、ROC（資本利益率）やROEを引上げることができる。

英文読解のポイント

- Fundingは「資金調達」の意味で、fund raisingやfinancingも同じ意味。
- Traditional bank financeは、「伝統的な銀行借入れ」による新規調達。
- Illiquid assetsとは、売掛金やリース債権など直ちに現金化しにくい（つまり流動性の小さい）資産を意味する。証券化によって、これらの資産の流動性が高まることになる。
- ここでいうregulatory capitalはBIS（国際決済銀行）や規制当局などによる自己資本規制上の資本金を指す。
- Return on capitalは株主資本だけでなく長期借入金や債券など外部の借入資本（debt capital）を合計した投下資本に対する利益率。一方、return on equityは株主資本に対する利益率をいう。

<Basic Structure of Asset Backed Securities>

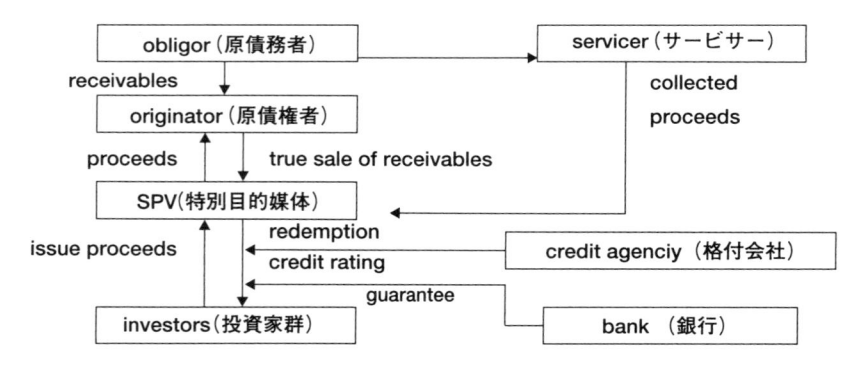

```
obligor（原債務者） ──────────────→ servicer（サービサー）
    │ receivables                        │ collected proceeds
    ↓                                    ↓
originator（原債権者）
    │ proceeds ↑    ↓ true sale of receivables
    ↓
SPV（特別目的媒体） ←── redemption ──── credit agenciy（格付会社）
    │              ←── credit rating ──
    │ issue proceeds          ↑ guarantee
    ↓                         │
investors（投資家群）          bank（銀行）
```

コーヒーブレイク

会社の組織

　会社の組織をcorporate organizationといい、組織図をorganization chartといいます。会社の命令系統をreporting lineといいますが、日本人が考える以上にreporting lineは重みがあります。これは、ボーナスなどの報酬や昇進は直属の上司の評価に大きく影響されるからです。米国の金融機関のreporting lineは日本でいう事業部制が主体です。つまり、収益を生み出すfront office（フロント・オフィス）を主体として組織が構成されます。Front officeを支える部門をback office（バック・オフィス）と呼び、決済業務（settlement）、会計（accounting）、システム（technology）や法令遵守（compliance）などfront officeの後方支援業務に携わります。Front officeとback officeをつなぐポジションをmiddle office（ミドル・オフィス）といい主として、リスク管理（risk management）、ポートフォリオ管理などに携わります。Front office、middle office、back officeがいわば現場とすれば、それを側面からサポートする人事（human resources）、財務・経理（finance）、広報（communicationsまたはpublic relations）や総務（administration）はfunction group（ファンクション部門）と位置づけられます。

　投資銀行の場合、フロント・オフィスは、M&A業務や引受け業務をする投資銀行部門（Investment Banking Division）、債券やコマーシャル・ペーパー、証券化商品を取り扱う債券資本市場部（Debt Capital Markets Division）、新株発行や株式売買などに携わる株式資本市場部（Equity Capital Markets Division）などに分かれます。Back office、middle office、function groupの経費は割り当てられた労働時間やスタッフ数などをもとに各front officeに配分（cost allocation）されます。

　グローバルに業務を展開している投資銀行の場合、地域の長（regional head）の役割と事業部門長の関係はどうなのでしょうか。基本的には事業部門（business unit）の長が全世界ベースで業務を統括しているので、地域のスタッフも所属している部門長にレポートします。ただし、地域の長も地域の関係官庁との折衝、地域の戦略策定、各事業部門間の協力体制に責任を持ちます。したがって、地域のスタッフは所属している事業部門長と地域の長の両方にレポートすることになります。これをmatrix reporting lineと呼び、多くの銀行が採用しています。

3章 M&A

1 | M&Aビジネス
M&A Business

　M&Aビジネスとは、会社の合併や買収などから手数料収入を得ることです。Mはmerger（合併）、Aはacquisition（買収）を意味します。米国の合併・買収の歴史は古く、USスティールやデュポンが合併によって誕生した19世紀末に遡ります。日本でも、会社の合併・買収自体は古くから行われていましたが、アドバイザーとして手数料を得るM&Aビジネスは比較的新しいビジネスといえます。ブリヂストンやソニーなど有力企業が積極的に欧米企業を買収した1980年代に、多くの日本の銀行や証券会社がM&Aビジネスに参入しました。バブル経済崩壊後（collapse of bubble economy）、日本企業の海外市場での大型買収は激減しましたが、1990年代後半には外国企業による日本企業の買収や大型出資が活発化し、外国の投資銀行（investment bank）も積極的に日本市場でのM&Aビジネスに参入してきました。

　M&Aのアドバイザーは一方の当事者側のみにつきます。買収サイドのアドバイザーをbuy side advisor、被買収サイドをsell side advisorといいます。アドバイザーの役割は、合併・買収対象会社の選定（screening）、会社価値の算出（valuation）、対象会社との条件交渉（negotiation）や会社内容の詳細な調査（精査＝due diligence）など多岐にわたります。アドバイザー手数料はM&Aの規模により異なりますが、基本的には、①アドバイザーとして働いている期間支払われるretainer（retaining fee）、②取引が完了した時に支払われるsuccess fee（成功報酬）の2種類となっています。Retainerは"a payment made to someone such as a lawyer so that they will be available to do work for you when you want them"（必要なときに働いてもらえるように弁護士などに支払うお金）（Macmillan English Dictionary）と定義されているように、サービスを提供した時間をベースに支払われるのが一般的です。Work feeとも呼ばれます。Success feeは文字通り取引が成功裏に完了した場合に払われる報酬で、通常は取引規模に一定の比率を掛けたものとなります。

　会社の合併・買収は、ヒト・モノ・カネというすべての経営資源にかかわる重要な経営判断です。それだけに、M&Aビジネスに携わる金融マンには、経営だけでなく、法律、会計、税務など幅広い知識が要求されます。

● **英文で理解しよう**

The group provides a full range of services including mergers and acquisitions, disposals, strategic investments, joint ventures, privatizations, capital restructurings, spin-offs, minority buy-backs, fairness opinions and takeover defense. Key features of our execution capabilities include: complete support for domestic and cross-border transactions, unique transaction structuring capability and the ability to provide new products in Japan's changing financial environment, including tracking stock, tax-efficient spin-offs and split-offs ("bunkatsu" transactions) and bankruptcy advisory.　(http://www.csfb.com)

このグループは、合併・買収、売却、戦略的投資、合弁会社設立、民営化、資本再構成、分社化、少数株主権買収、フェアネス・オピニオンの発行、買収防御アドバイスなど一連の幅広いサービスを提供しています。私どもの取引遂行能力の特徴としては、(1) 国内だけでなく海外案件について完全な支援体制 (2) 卓越した取引組成能力 (3) トラッキング・ストック、税効果のあるスピン・オフやスプリット・オフなどの分割取引、倒産にかかわるアドバイザリーなど、変貌している日本市場に必要な新商品の提供力などがあります。

英文読解のポイント

- Disposalは文字通り「会社の処分や売却」。Strategic investmentは「戦略的な投資」。単に経済的利益をねらったものではなく経営に関連する投資を意味する。
- Joint venturesは「合弁会社」。英語のまま「ジョイント・ベンチャー」としても使われる。複数の会社が共同で事業を営むことをいう。
- Privatizationsは「民営化」で、国営企業や政府関係法人の株式を一般に公開して、民間会社になることを指す。日本でも旧国有鉄道（現在のJR）や電信電話公社（現在のNTT）はprivatizeされた例である。
- Capital restructuringは「資本再構成」。財務基盤や収益構造を改善すべく、優先株を発行するとか、自社株を買戻すなど。資本勘定の中身を再構築すること。
- Spin-offやsplit-offは「分社・分割」で、事業部門や子会社を切り離すこと。
- Minority buy-backsは、少数株主（minority shareholders）から株式を買戻して100％子会社にする経営戦略。
- Fairness opinionsは、そのままフェアネス・オピニオンとか「評価意見書」と訳される。中立的な立場から売買価格の妥当性についての意見書をいう。
- Takeover defenseは、敵対的買収を仕掛けられた会社側のアドバイスをする業務。

3章 M&A

2 合併と買収
Merger, Consolidation, Acquisition

　Mergerとは、複数の会社が統合されて一つの会社になる合併を意味します。合併には、(1) 合併会社のなかの一社が存続し、残りの会社は存続会社（surviving company）に吸収される形態の吸収合併と (2) 新会社を設立し、既存の会社が新会社に吸収される形態の新設合併があります。英語では、mergerが吸収合併、consolidationが新設合併を意味します。新設合併の場合、会社設立など煩雑な手続きがあることから、合併の多くは吸収合併の形態を採っています。合併会社は吸収された会社の債権・債務をすべて引き継ぎます。

　Acquisitionは「買収」を意味します。買収とはある会社の支配権をねらって相当数（できれば過半数）の議決権株式を購入することを意味します。50％超の株数を保有すると親会社の連結対象となります（50％以下でも実質的に経営権を握っている場合には子会社となることもあります）。Acquisitionだけでなくbuy outやtakeoverなども買収を意味します。Friendly takeoverは被買収会社の経営陣が買収を支持している「友好的買収」を指し、逆のケースをhostile takeover（敵対的買収）といいます。ただし、takeoverだけで「乗っ取り」という敵対的な買収を意味することもあります。「乗っ取り屋」はraiderといいます。

　株を取得するのではなく、営業部門を取得するのも買収の一方法です。これを資産買収（asset purchase）とか営業買収（営業譲渡）といいます。株式買収（stock purchase）の場合、被買収会社の偶発債務（contingent liability）や隠れた債務（hidden liability）などの問題債務を引き継ぐ惧れがありますが、資産買収の場合には取得したい資産だけに限定するので余計な債務を引き継ぐ心配がありません。ただし、株式取得にくらべ取得手続きが煩雑で多くの時間を要するという問題があります。

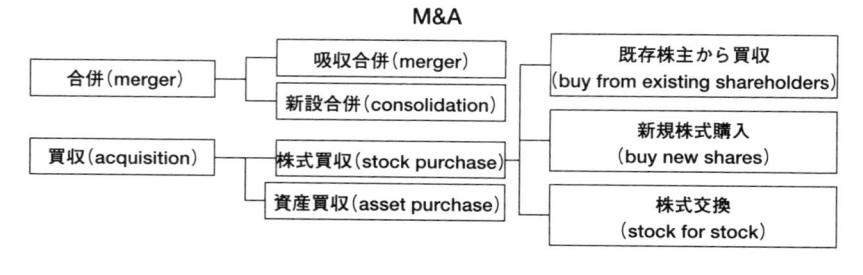

M&A

合併 (merger)	吸収合併 (merger)	
	新設合併 (consolidation)	
買収 (acquisition)	株式買収 (stock purchase)	既存株主から買収 (buy from existing shareholders)
		新規株式購入 (buy new shares)
	資産買収 (asset purchase)	株式交換 (stock for stock)

英文で理解しよう

Consolidation: A consolidation occurs when separate companies, divisions or product lines are combined into a new company. In a consolidation, the entities being consolidated lose their identity.

Merger: Merger occurs when two or more companies combine into one of the companies. Mergers are done in order to achieve greater efficiencies of scale and productivity. The surviving company absorbs all of the assets and liabilities of the merged company. M&A refers to the business of merging and acquiring companies. An industry is said to be in a period of consolidation when many weaker companies are taken over by more powerful companies.

新設合併：別個の会社、部門や製造ラインが結合して新しい会社を設立するのを新設合併という。新設合併では合併する会社は消滅する。

吸収合併：2社以上の会社がその中のひとつの会社に結合されるのを吸収合併という。より大きい規模の利益やより高い生産性を達成する目的で吸収合併が行われる。存続会社が吸収される会社のすべての資産と負債を引き継ぐ。M&Aとは、会社を吸収合併したり買収することをいう。数多くの弱小会社が、より強大な会社に買収されていくような場合には整理統合の時代になったといわれる。

英文読解のポイント

- Divisionは、divide（分割する）の名詞で「分割」とか「分類」。転じて「局」「課」「部」など小グループを表す。Departmentも同様に「部門」の意味。
- Entityは「独立した存在」から「事業体」などを意味する。法律によって設立される法人はlegal entity。
- Identityは「身元・独自性・個性」を意味するが、ここでいう"lose identity"は文脈から言って「消滅する」と訳してもいいでしょう。
- 「規模の利益」はスケール・メリットともいわれるが、英語はscale meritではなくmerit of scaleが正しい。
- Surviving companyは「存続会社」で、吸収される会社はmerged company。買収をする会社はacquiring companyで逆に買収される会社（被買収会社）はacquired companyまたは、買収者にねらわれた会社なのでtarget companyともいわれる。「乗っ取り屋」はraider.

3章 M&A

3 会社分割
Divestiture

　広義のM&Aには、合併・買収だけでなく、会社を分割・分社化するdivestitureも含まれます。Divestitureはdivest（権利などを奪う、衣服などを剥ぎ取る）の名詞で字義的には「略奪・脱衣」の意味ですが、経済の世界では会社や部門の「売却」「整理」「分割」を意味します。たとえば、"divestiture of non-core business"は「非中核事業の売却」となります。日本では、2001年4月の商法改正により会社分割制度が導入されました。会社分割とは、分割を行う会社（分割会社）が営業の全部または一部を切り離して他の会社（承継会社）に移転することによって、1つの会社を2つ以上の会社に分離する手法をいいます。承継会社として会社を新たに設立する方法（新設分割）と既存の会社を使う方法（吸収分割）があります。また切り離した会社の株式の割当先が分割会社か分割会社の株主かによって分社型か分割型かに分類されます。

　米国でいうdivestitureにはさまざまな分割方法が含まれます。たとえば、spin-offは日本の分社型会社分割に似ていますが、必ずしも会社の事業部門の分社に限りません。連結子会社の株を無償で親会社の株主に与えることもspin-offになります。米国では連結決算制度（consolidated financial statement）となっているので、子会社（subsidiary）も連結財務上は一事業部門の取扱いとなるからです。Split-offは親会社（parent company）の株式と引き換えに子会社の株式を親会社の株主に渡すことを指します。また、split-upは、複数の子会社の株を親会社の株主に親会社株全部と引き換えに渡し、その後親会社が清算される形態をいいます。さらに、carve-outと呼ばれる方法では、子会社の20%以下の株式をIPO（新規株式公開=initial public offering）で一般に販売し、その後残りをspin-offする形態をいいます。親会社にはIPOで販売した株の代金が入るだけでなく、引続き子会社の支配権を維持できるメリットがあります。

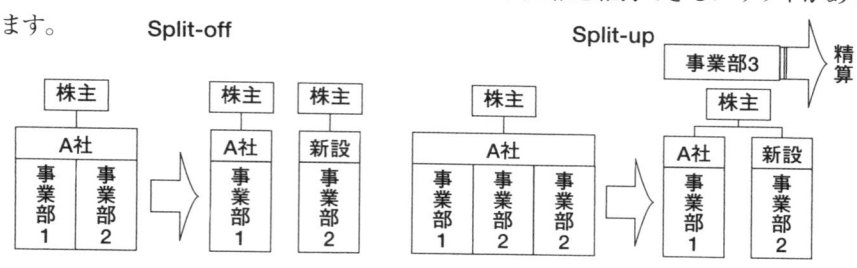

● 英文で理解しよう

In a standard spin-off, a corporation takes part of its existing business, or one of two separate businesses that it conducts and moves that business into a new subsidiary. It then distributes the stock of the new subsidiary to its shareholders pro rata, without tax to the corporation or the shareholders. When the transaction is completed there are side-by-side corporations instead of one. Each is owned by the same shareholders. Another form of spin-off is the "split-off", in which the stock of a newly formed subsidiary is distributed only to certain shareholders of the parent corporation who give up some or all of their original stock in exchange. When the transaction is completed there are two separate corporations that are owned in different proportions by the original shareholders.

(http://www.fredlaw.com/articles/html/tax_9603_twg.html)

通常のスピン・オフでは、会社が事業を営んでいる既存の事業の一部、あるいは別の二つの事業の一つを取り出して、新設の子会社に移管し、その後新設子会社の株を親会社の株主に比例配分する。この際、会社にも株主にも税金は課せられない。スピン・オフが完了すると、一社ではなく二社が並立することになるが、二社とも同じ株主が保有する。もうひとつの方法であるスプリット・オフでは、親会社株式の全部あるいは一部との引き換えに応じる株主だけに、新設子会社の株式が交付される。したがって、取引完了後、二社の株主は同じであるが、持ち株比率は株主によって異なってくる。

英文読解のポイント

- Businessにはさまざまな意味があるが、英語の辞書には"the work of buying and selling products or services for money"（お金でものやサービスを売買すること）から、事業、商取引、仕事、業務などを意味する。そのままビジネスということも多い。Businessには、ビジネスを営む組織（organization）を指すこともある。たとえば、small businessは「中小企業」、business behaviorは「企業行動」。
- Pro rataは「比例して」というラテン語がそのまま英語として使用されている。そのほか、pari passu「同等」、versus「対する」、vice versa「正反対」なども英文によく出てくるラテン語である。
- Subsidiaryは50％超あるいは実質的な支配下にある「子会社」でaffiliateは関係会社を意味する。

4 | M&Aのメリット
Advantage of M&A

　買い手（買収会社）にとって、M&A戦略から得られるであろう最大のメリットは、「時間を買う」ことです。自社で人材を育成し顧客基盤を拡大していくには相当の時間を必要としますが、M&Aを通じて人材や顧客基盤、ブランド力などを直ちに獲得することができます。また、自社の弱い部門を補強することもできます。たとえば、顧客基盤は強いが技術部門の弱い企業が、技術力の高い企業を買収するケースなどがその典型です。

　M&Aには、1＋1＞2とする相乗効果も期待されます。たとえば、関東と関西という異なる地域を基盤にする会社が合併すれば顧客基盤が拡大して売上高（revenue, sales）が増加するだけでなく、管理部門やシステム部門など重複する本部機能のスリム化によるコストダウンを実現できます。売り上げが倍増してコストは微増にとどまるので、収益は大きく増加することになります。また、製造会社が卸売り会社を買収することで、効果的な在庫管理や中間マージンの排除、販売先の確保などの相乗効果も期待できます。

　ところで、相乗効果、つまり「二つ以上のものや人が結合すれば単に倍でなく、それ以上の力や効果が出ること」を英語ではsynergyまたはsynergy effectといいます。Synergyの前にいろいろな単語をつけて「……相乗効果」とか「……シナジー」といいます。たとえば、financial synergy（財務シナジー）、sales synergy（販売シナジー）、management synergy（経営上の相乗効果）などです。

　会社を売却する側にとってもメリットがあります。企業価値（enterprise value）を高めた上で売却して譲渡益（capital gain）を得ることは最大のメリットでしょう。また、後継者がいない場合や、さらなる発展のためには有力な支援や資金が必要という場合などにもM&Aは有効となります。ただし、M&Aにはリスクも伴うことに留意しなければなりません。最大のリスクは企業文化の相違から生じる軋轢でしょう。経営者（management）だけでなく従業員間のチームワークがうまくいかず、その結果優秀な人材（human resource）が流出するといったことが発生するかもしれません。また、買収した会社に重大な偶発債務（係争中の問題で将来多額の損害賠償を科せられるなど）があり、その結果大きな損失を被るおそれもあり得ます。

● 英文で理解しよう

Horizontal merger：A merger between firms that provide similar products or services. Merging one steel manufacturer into another steel manufacturer is an example of a horizontal merger. Horizontal mergers permit the surviving firm to control a greater share of the market and, it is hoped, gain economies of scale.

Vertical merger：A merger between two firms involved in the same business but on different levels. As an example, an automobile company may purchase a tire manufacturer or a glass company. The merger permits the firm to gain more control of another level of the manufacturing or selling process within that single industry.

(http://www.xrefer.com/entry.jsp?xrefid=590913)

水平型合併：同じような製品やサービスを提供する会社同士が合併すること。たとえば、ある製鉄会社が別の製鉄会社と合併するのが、水平型合併の例といえる。水平合併により、存続会社はより大きなマーケット・シェアを支配することができるし、スケール・メリットも期待できる。

垂直型合併：同じ事業分野であるが、異なった事業段階にある二つの会社が合併すること。たとえば、自動車会社がタイヤ製造会社あるいはガラス製造会社を買収するなどが垂直型合併にあたる。この形態の合併をすると、同じ分野の別の段階（たとえば製造とか販売プロセス）を支配することができる。

英文読解のポイント

- 合併や買収の形態を説明した英文で、horizontalは文字通り「水平」つまり、同業者どうしのM&Aをいう。この型の合併によって、コストを最小限に抑えつつ市場の拡大をはかるというsynergyが期待できる。日本企業が米国の同業者を買収するのも、米国市場開拓をねらった水平型M&Aである。

- 一方、verticalは「垂直」つまり、同分野の川上と川下の間のM&Aをいう。製造業者が販売業者を買収するとか、製造会社が部品会社を買収するなどが垂直型M&Aである。もうひとつ、conglomerate merger（コングロマリット型合併）といわれるM&Aがあるが、これは相関関係のない事業分野を買収するものである。製鉄会社が、食品会社やセミコンダクター・メーカーを買収するとconglomerate mergerになる。競争力のある事業分野に「選択と集中」をする戦略ではコングロマリット型M&Aは採用されない。

3章 M&A

5 会社価値評価1
Valuation1

　会社の買収価格の目安はどこにあるのでしょうか。証券取引所や店頭市場で株を公開している会社であれば、市場で売買されている株価に発行株数（shares outstanding）を乗じた時価（market capitalization）が目安になるでしょう。ただし、株主総会で取締役選任などの決議案を決議できる過半数を獲得しないと会社を支配したとはいえません。したがって、会社の支配権をねらって過半数の株式を買う場合には市場価格（market price）より高い価格を提示するのが一般的です。これを支配権プレミアム（control premium）といいます。会社を支配する権利をcontrolling interestといいます。ここでいうinterestは「金利」ではなく、「所有権」（right to own a part of business）の意味です。したがってmajority interestは「過半数の株数をもつ」となり、逆にminority interestは「少数株主権」を意味します。Premiumという単語もいくつか異なった意味があるので要注意です。ここでは、「通常より高い値をつける」つまり「割増金」を意味します。そのほか、保険料（insurance premium）やオプション手数料（option premium）を意味するpremiumもあります。

　バランス・シートから買収価格を判断する方法もあります。純資産方式（net asset approach）といって、資産から負債を差引いた純資産（net asset）を株式購入価格とするものです。ただし、バランス・シートの簿価（book value）をそのまま利用すると必ずしも現状の資産価値を正確に反映しないので、資産・負債とも時価（market value）に換算して純資産を算出します。これを修正純資産方式（adjusted book value approach）といい、通常はこの方式が利用されます。

　同業他社との比較で価格を算定することもあります。これを類似企業比較方式（comparable peer company analysis）といいます。株価を1株当たり当期利益（earnings per share = EPS）で割った株価収益率（price-earnings ratio=PER）を用いるのがもっとも簡単な方法です。例えば、類似企業のPERが20倍（例えば株価が500円でEPSが25円の場合）とすると、買収対象企業のEPSに20倍を掛けた数字が会社の株式購入価格となります。より詳細に比較するには、類似企業の売上高、EBITDA（earnings before interest、taxes、depreciation and amortization）、キャッシュ・フロー、成長率などさまざまな指標を利用します。

英文で理解しよう (http://www.philipsaunders.com/control.htm)

Stockholders holding a controlling interest in a company can determine the nature of the business; select management; enter into contracts; buy, sell, and pledge assets; borrow money; issue and repurchase stock; register stock for public offering; and liquidate, sell, or merge the company. Whether anyone will pay a premium for a controlling interest (a control premium) depends largely upon whether the potential buyer believes he or she can enhance the value of the company. If the company is being run satisfactorily by current management and new ownership could neither do better nor create synergies to increase value, what extra value could be created through acquisition? It is the potential for a new owner to increase value that makes buyers willing to pay a premium for control. Obviously, the size of the premium will depend upon how much incremental value buyers believe can be created.

会社の支配権を握っている株主は、事業内容や経営陣の選任、契約の締結、資産の売買や担保差し入れ、借入れ、株式の発行や買戻し、株式公募のための登録、また、会社の清算・売却・合併を決議することができる。会社の支配権を得るためにプレミアムを払う（支配権プレミアム）か否かは、買い手候補会社が買い取り会社の価値を高めることができると確信しているか否かに大きく依存する。現在の経営陣が会社をうまく経営しており、新しい買い手がそれ以上会社価値をあげる経営ができなかったり、相乗効果を造ることができなかったりする場合には、買収から何も付加価値は生まれない。買い手企業が支配権プレミアムを支払ってもよいと考えるのは、買い手企業にとって潜在的な会社価値があるからである。当然ではあるが、買い手企業が創造できると確信している付加価値の金額によってプレミアムは異なってくる。

英文読解のポイント

- Select management（経営陣の選任）のmanagementは経営陣、つまりCEOやCFOなどを指す。Manage a companyは「会社を経営する」、management decisionは「経営上の決定」となる。
- Pledgeは「〜することを約束する」という意味から転じて「返済を保証するために担保に差し入れる」となる。
- Register stock for public offeringは公募を行うために米国のSEC（証券取引委員会）にregistration statement（登録届出書）を届け出ること。

3章 M&A

6 会社価値評価2
Valuation2

　もっとも多く利用される会社価値算出方式がディスカウンテッド・キャッシュフロー（discounted cash flow=DCF）と呼ばれ、将来の予想フリー・キャッシュフロー（free cash flow=FCF）を資本コスト（cost of capital）で割引いて現在価値（present value）に換算して会社価値を算出するものです。

　FCFとは、事業の継続に必要な設備投資（capital expenditure）や運転資金（working capital）を除いた余剰現金で、「投資家に分配できる現金」（cash available for distribution）を意味します。税引き後営業利益に減価償却費を加え、事業継続に必要な資本投資額と運転資金の増加を差引いて算出します。予想FCFを現在価値に換算する際には、割引率（discount rate）として加重平均資本コスト（weighted average cost of capital=WACC）が用いられます。WACCは株主資本コスト（equity capital）と借入れ資本コスト（debt capital）を加重平均して求めます。株主資本コストは資本資産評価モデル（capital asset pricing model=CAPM）を使って算出します。CAPMは国債など無リスク（risk-free, riskless）の投資収益率（rate of return）と当該投資固有のリスクを合計したものです。また、借入れ資本コストは長期借入金や社債の利子を税引き後ベースに換算して算出します（借入金利子などは経費として損金処理できるためです）。上記で算出した将来のFCFの現在価値（present value）から借入金を差引いた額が株主価値となります。DCF法はもっとも進んだ会社価値評価方法と考えられていますが問題点もあります。将来のFCFを正確に予想することは極めて困難であることと割引率次第で算出結果が大きく異なるという問題です。

　ところで、discountにはさまざまな用い方があります。Discount rate（割引率）のdiscountは「除する、割る」、bus and train discount（バスや列車料金の値引き）では「値引き」、また、discount the possibility（その可能性を軽視する）と、「軽視、無視」、もあります。さらに、「折り込み済み」という意味もあります。"The stock has already discounted disappointing bad news."（株価は既に悪い材料を織り込んでいる）。Discountは金融の世界ではしばしば登場します。Discount brokerは手数料を大幅に割引くディスカウント・ブローカー、discount bondは割引債、金利がつかないゼロ・クーポン債はdeep discount bondといいます。

● 英文で理解しよう

FCF（フリー・キャッシュフロー）
= Earnings before interest and taxes（EBIT）（金利・税引前利益）
− Income tax（法人税）
= Earnings before interest（EBI）（金利前純利益）
+ Depreciation（減価償却額）
− Capital expenditure（設備投資額）
± Changes in Working Capital（運転資本変動額）

WACC = [$r_d \times (1-t) \times (D/(D+E))$] + [$r_e \times (E/(D+E))$]

r_d：cost of debt capital（借入資本コスト）
r_e：cost of equity capital（株主資本コスト）
D：debt capital（借入資本額）
E：equity capital（株主資本額）
$D \times (1-t)$：debt capital after taxes（税引後借入資本額）
t：Income tax rate（法人税率）

CAPM = FY + β（MY − FY）

FY：Yield of non risk assets（normally treasury bonds）（無リスク資産利回り、国債）
MY：Yield of the stock market（株式市場全体の投資収益率）
(MY − FY)：Risk premium of the stock market（株式市場のリスクプレミアム）
β（or beta）：Coefficient of variation of the company's own stock price volatility relative to the overall stock market. With a higher value of β, the risk of the company will be higher.（ベータ：全体の株式市場に対する個別の株価の変動率係数。βが高いほどリスクも高くなる）

英文読解のポイント

● WACC（Weighted Average Cost of Capital）は、外部からの長期借入金や債券（総称して借入資本）と内部資本（株主資本）のコストを加重平均して算出する。株主資本もリスクに見合うリターンを求めているのでコストとしてみる。借入金は損金に計上できるので、税引後で計算する。

3章 M&A

7 精査
Due Diligence

　買収・合併は大変重要な経営判断です。株価や従業員の士気に大きく影響を与えます。そのため、買収会社と被買収会社の間で守秘義務契約書（non-disclosure agreement, confidentiality agreement）を締結し、交渉の事実や内部資料が外部に流出しないことを互いに約束します。交渉の結果、買収価格や買収方法などについて基本合意がなされると、基本合意書（letter of intent=LOI）が締結されます。LOIには、基本条件や今後のスケジュールなどが規定されます。LOIは一部の条項を除いて、法的拘束力（legal binding）はなく、LOIを締結しても最終合意に達しないこともあります。しかし、当事者双方に道義的責任（moral obligation）を負わせたり、今後の交渉スケジュールを明確化したりする効果はあります（LOIについては力試し5を参照してください）。

　LOIが締結されると、精査（due diligence）が実施されます。精査とはさまざまな観点から被買収会社を詳しく調査することを意味します。たとえば、工場や設備の老朽度は帳簿上だけでは判断できません。実地検査が不可欠です。売掛金（account receivable）や貸付金（loan assets）の返済状況を判断するためには、直近の支払状況や相手先の財務内容を調査しなければなりません。係争中の案件など将来予想以上の負債をもたらす偶発債務（contingent liability）もあり得ます。さらに、経営者と従業員間でトラブルはないか、取引先ともめごとは発生していないか、など表面だけの調査では判明しない経営上の重要事項は実に多く存在します。精査では、法律や会計の専門家を含めたチームで、法律・経理・財務・税務・人事など経営上のあらゆる事項を詳細にチェックします。精査の結果次第では、当初の合意条件が大きく修正されるだけでなく、取引自体が白紙に戻ることもあります。

　ところで、dueには"according to the usual standards and rules"の意味があるので、due diligenceを直訳すると「適格な基準に従った注意深く勤勉な行為」とでもなるでしょうか。そのほか、dueには"The loan is due next Monday"（来週月曜日にローンの返済期日が到来する）とか、"The company lost money due to its poor performance"（会社は業績不振で損失となった）などの意味があります。また、in due courseは「近いうちに」、due north (south)は「真北（真南）」となります。

● **英文で理解しよう**

Sample Due Diligence Checklist	精査チェック・リスト（見本）
1. Financial Information	1. 財務情報
(a) Annual and quarterly financial information for the past 3 years	a) 年次・四半期財務情報（過去3年間）
(b) Financial projection for the next 3 years.	b) 今後3年間の財務予想
(c) Capital structure (shares outstanding, potentially dilutive securities)	c) 資本金勘定（発行済み株数、希薄化の可能性のある証券）
2. Products	2. 商品
(a) Description of each product (major customers, growth rates, market share)	a) 各商品明細（主要顧客、成長率、マーケット・シェア）
3. Customer Information	3. 顧客情報
(a) List of top 15 customers for the past 2 fiscal years	a) 会計年度過去2年間の上位15顧客リスト
(b) Description of any significant relationships severed with in the last 2 years	b) 過去2年間で消滅した主要な取引関係
4. Marketing, Sales, and Distribution	4. マーケティングと販売
(a) Strategy and implementation (domestic and international distribution channels, positioning of the products, marketing opportunities / risks)	a) 戦略と実施状況（国内・海外の販売網、商品の位置付け、マーケティング・チャンスとリスク）
(b) Major customers	b) 主要顧客
5. Management and Personnel	5. 経営陣と人事
(a) Summary of biographies of senior management	a) 経営幹部の経歴
(b) Compensation arrangement including incentive stock plans	b) インセンティブ・ストックオプションを含む報酬制度
(c) Significant employee relationship problems, past or present	c) 従業員との関係における主たる問題点（現在及び過去）
(d) Personnel turnover (data for the last 2 years)	d) 過去2年間における離職率
6. Legal and Other Matters	6. 法的事項ほか
(a) Pending lawsuits against the Company	a) 会社に対する進行中の訴訟案件

(b) Pending lawsuits initiated by the Company (c) Description of environmental and employee safety issues and liabilities (d) Summary of insurance coverage /any material exposures	b）会社が行っている進行中の訴訟案件 c）環境や従業員安全に関する問題点と債務について d）付保範囲や主たるリスク内容

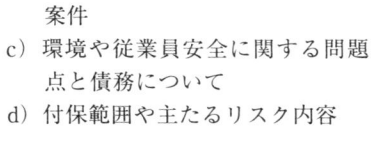

http：//www.deloitte.com から抜粋した精査事項チェックリストの一部です。左欄と右欄を対応させながら、チェック項目を理解してください。

Core principles of M&A **Key definitions** ・Acquisitions ・Takeovers（agreed, resisted and contested） ・Mergers **Commercial rationale for M&A** ・Market share up, competition down ・Growth objectives ・Synergies ・Diversification **Financial rationale for M&A** ・Increasing earnings per share ・Purchase of undervalued assets ・Break-up possibilities ・Tax considerations ・Gearing **Advisory roles** ・Investment banks ・Stockbrokers ・Reporting accountants ・Solicitors ・Valuers **Growth of M&A activity** ・Impact of deregulation ・Impact of privatisations ・Growth of cross-border M&A **Review of overseas M&A** ・Europe, Asia and Pacific region	**M&Aの基本原則** **主要定義** ・買収 ・支配権取得（合意的、敵対的、競争的） ・合併 **M&Aを行うビジネス上の理由** ・マーケット・シェア増加、競合の低下 ・成長 ・シナジー効果 ・多角化 **M&Aを行う財務上の理由** ・1株当り利益の増加 ・過小評価されている資産の購入 ・企業解体の可能性 ・税務上の理由 ・レバレッジ **M&Aのアドバイザー** ・投資銀行 ・証券会社 ・会計会社 ・弁護士 ・会社評価会社 **M&A市場の成長** ・規制緩和のインパクト ・民営化のインパクト ・クロス・ボーダーM&Aの増加 **海外M&A市場の検討** ・欧州、アジア太平洋

（http://www.iff-training.com/courses/c_det_41_ma.asp）

コーヒーブレイク

敵対的買収防御策（Defense Strategy）

現在の経営者に敵対して、過半数の議決権株を取得して実質的に経営権を握ることを敵対的買収（hostile takeover）といいます。日本では、敵対的買収はまだそれほど馴染みがありませんが、敵対的買収が頻発する米国や英国には敵対的買収に関するさまざまな面白い言い方があります。M&A業務に携わる投資銀行マンたちのいわば遊び言葉で、M&Aも彼らにとってはゲーム感覚で捉えられているのかもしれませんね。

乗っ取り屋はraider（侵入者）と呼ばれ、乗っ取り屋に脅されて高値で株を買い戻すことをgreenmailといいます。Greenmailとは、裏が緑色であったドル紙幣（greenback）と脅迫（blackmail）の混成語です。Goodbye kiss（さよならのキス）もgreenmailと同じ意味です。乗っ取り屋はいつも魅力あるターゲットを狙います。誰からもねらわれていない魅力的なターゲットをsleeping beauty（眠れる美女）と呼びます。敵対的買収を成功させるために、乗っ取り屋もさまざまな作戦を取ります。経営陣も簡単に拒否できないような魅力的な買収提案をして、熊に抱きしめられたように経営陣を苦しめるbear hug、週末に突然公開買付けを申し入れるSaturday night specialなどがあります。株主から株主総会での議決に関する委任状（proxy）を獲得することによって、実質的に経営権を握るproxy fight（委任状争奪戦）もよく利用される作戦です。

一方、敵対的買収に対する防御策はshark repellent（鮫のような乗っ取り屋から身を守る作戦）といいます。たとえば、買収コストが高くつくようにするpoison pill（毒薬）、買収されたらいっせいに経営陣が退職するというpeople pill、会社の魅力をなくして買収者の意欲を失わせるscorched-earth defense（焦土作戦）、被買収会社の経営者に対して多額の退職金を支払うゴールデン・パラシュート（golden parachute）などです。被買収会社が逆に買収をし掛けるパックマン戦略（pac-man strategy）はビデオゲームから来た言葉です。また、買収をし掛けられた経営陣が友好的な関係にある別の会社に買収を求める戦略（白馬の騎士・white knight）もしばしば利用されます。White knightほど友好的ではないが、敵対的買収者よりは好ましい買収会社をgray knightとよびます。

3章 M&A

8 株式公開買い付け
Tender Offer

　株主は保有株数に応じて平等に扱われるという株主平等の原則があります。ごく限られた少数の特定株主と直接株式取引をする場合はともかく、市場外で一定数以上の株主と取引する場合には、他のすべての株主にも同様の機会を与えなければ、株主平等の原則に反することになります。一定期間内に不特定多数の株主から特定の株式を有価証券市場（証券取引所や店頭市場）以外で買い付ける場合には、公開買付けで行うことが法律で決められています。米国ではtender offer、また英国ではtake over bid（TOB）が公開買付けを意味します。Tenderは「書面で申入れる」という意味で、"tender a bid"（入札する）、"tender notice"（入札公告）などと使います。ほかにもtenderには、"This meat is tender"（この肉は柔らかい）、"a tender age"（年端もいかない若い年齢）、"His voice is tender"（彼の声はやさしい）などという意味もあります。

　日本の証券取引法では、60日間で10名超の株主から相対取引で株を買う場合にはTOBによると規定されています。ただし、10名以下の場合でも、買付け後の所有比率が3分の1を超える場合には株主数にかかわらずTOBの対象となります。米国や英国でも同様にTOBに関するルールが決められています。

　TOBを行う場合には、株式買収対象会社（target company）、証券取引所（stock exchange）および当局（regulatory authority）にその旨届け出ると同時に新聞に公告（public notice）を掲載します。公告には対象会社名、予定買付株数、買付価格などを記載します。買付期間は原則として20日以上60日以内で、買付価格は、時価に一定のプレミアムを上乗せするケースが多いようです。応募株数が予定買付株数に達しない場合には、TOBを白紙に戻すこともできます。逆に応募株数が予定買付株数を上回る場合には、応募数に按分して買付けることとなります。

　TOBは直接株主に買付けを申し入れるので、必ずしも経営者（取締役会）の応諾を得る必要はありません。経営者がTOBに賛同している場合を友好的TOB（friendly TOB）といい、反対の場合を敵対的TOB（hostile TOB）といいます。敵対的TOBは、まだ日本ではそれほど多くみられませんが、米国では一般的に行われています。

● 英文で理解しよう

Tender Offer：There are two types of tender offers: Take-Overs and Take-Unders. Take-overs occur when the tender offer for the shares in the target company is higher than the current price of the stock. A Take-under is when the tender offer is less than the current price of the stock. While Take-overs are the norm for acquisitions since most shareholders have to be induced with higher prices to sell their shares, the Take-under does occur, especially in a strong market.

The Take-under happens when a target company has its stock price run-up in anticipation of a tender offer or with the expectation of more than one bidder for the company. Investors may be too aggressive in their pricing and push a stock's price well ahead of its value to any buyer. When the tender price is announced, and it's less than the current price, the stock will sometimes stay above the tender price because investors believe another, higher price will materialize. Sometimes it does. Other times, there's only one bidder, and if enough shareholders don't tender their shares, the acquisition doesn't happen. When that occurs, the price of the stock drops dramatically. （http://www.thompsonfn.com）

株式の公開買付け：公開買付けにはTake-overとTake-underという二種類がある。Take-overは、買収対象会社（ターゲット会社）株に対する公開買付け価格が市場価格より高い場合をいう。Take-underは、逆に公開買付け価格の方が市場価格より低い場合をいう。多くの投資家がその所有株を売りたいと思うように、高い買付け価格を提示することが多いので、通常はTake-overとなる。ただし、市場が強気の時にはTake-underになることもある。

公開買付けが行われる前に公開買付けを予想して株価が上昇する場合や、複数の買収会社が買付けをすると予想される場合に、Take-underの状況が発生する。これは、投資家が株価に対して強気過ぎたり、市場が見なす価値以上に株価を押し上げたりすることによる。公開買付け価格が発表され、それが市場価格より低い場合でも、株価は買付け価格より高く推移することがある。これは、より高い買付け価格を提示する別の買い手があらわれると投資家が信じていることによる。時にはそういうことも起り得る。しかし、最終的に買い手は一社だけで、株主が買い手が予定している株数を売らなかった場合には、買収は成立しないことになる。その場合、株価は大きく下落することになる。

力試し3 — 英文金融記事を読みこなす

Waning confidence in strong recovery

The early months of 2002 dissipated the earlier ebullient mood that had built up in financial markets during the fourth quarter. From the start of the year to the first week of May, stock prices declined and US long rates edged lower with the waning of confidence in a strong economic recovery. In Europe, rising oil prices and new wage negotiations raised the spectre of inflation, pushing up long rates. In equity markets, investors' hopes were dashed by a lack of evidence that corporate earnings were recovering with the economy as a whole. Share prices were depressed further by continued skepticism about corporate disclosure and accounting practices, by new reports about stock analysts' biased recommendations and by a sudden aversion to corporations that relied heavily on short-term debt.

In spite of a relatively steep yield curve, large firms found the long-term debt market more hospitable than the short-term market. Some corporations could not issue commercial paper (CP) because of difficulty in obtaining backup facilities. In April, the largest provider of such facilities announced that it was pulling back from this business, effectively closing the CP market to many corporate borrowers. To obtain funds at short-term interest rates, some borrowers turned to the long-term market to issue corporate bonds and then converted their fixed interest payments into floating rate through the swap market.

Investors in emerging markets seemed to remain confident that a lacklustre recovery in the advanced economies would not undermine the growth prospects of certain favoured economies. Among the best performing stock markets were those of Mexico, Korea and Southeast Asian countries, which were seen as having the most to gain from an economic rebound in the United States. In spite of continuing economic problems in Argentina, sovereign spreads in general narrowed in an environment of low international interest rates.   (http://www.bis.org/)

訳

衰退する強い回復への自信

　前年の第4四半期に金融市場で高まってきた溢れるばかりのムードは、2002年の最初の何ヶ月間で雲散霧消してしまった。強い景気回復に対する自信が揺らいだことから、新年初頭から5月第1週目までの間、株価は下落し米国長期金利はじり安となった。欧州では、石油価格の上昇や賃金値上げ交渉がインフレ懸念を呼び起こし、長期金利を押し上げた。経済全体の回復につれて企業業績が回復するという兆しはいっこうに見られず、株式市場の投資家の希望は打ち砕かれた。企業の財務・営業内容開示や会計手法に対する疑念、株式アナリストの偏った売買推奨意見に関するニュース、短期借入れに頼りすぎている企業に対する反感が急速に広がったことなどから、株価はさらに低迷した。

　比較的急なイールド・カーブにもかかわらず、大企業にとっては短期金融市場より長期債市場での調達のほうが容易であった。バックアップ・ライン（CP発行用の短期信用枠）を設定することができないために、コマーシャル・ペーパー（CP）の発行を断念した企業もあった。4月には、バックアップ・ラインの最大の提供銀行がバックアップ・ライン業務からの撤退を発表したため、多くの企業にとっては実質的にCP市場が閉鎖されることとなった。短期金利で資金調達をするために、長期債市場で社債を発行して、それをスワップで変動金利に転換しなければならない企業もあった。先進諸国経済の回復は低迷しているが、これによって恵まれた経済状態にあるいくつかの国の潜在成長性が損なわれることはないと、新興成長市場への投資家は確信しているようであった。米国の景気回復からもっとも益を受けると見られていた、メキシコ、韓国、東南アジア諸国などの株式市場は良好な成績を示した。国際的な低金利水準のなかで、アルゼンチン経済が引続き昏迷しているにもかかわらず、ソブリン・スプレッド（カントリー・リスク金利と米国債の金利格差）は縮小した。

Key Word

Ebullient moodは直訳して「溢れんばかりのムード」としたが、「先行きに対する強気」を表している。英英辞書（Macmillan English Dictionary）では"very happy and enthusiastic"と解説されている。

With the waning of confidence in a strong economic recoveryは「強い景気回復に対する自信が揺らぐ」という意味。waneは、衰えるという意味。

Corporate earningsは「企業収益」。EBITDAはearnings before interest, taxes, depreciation and amortization（金利・税金・償却前利益）を意味する。ちなみに、depreciationは設備などの有形資産の減価償却、amortizationは営業権などの無形資産の

減価償却を意味する。

Skepticism about corporate disclosure and accounting practicesは、2002年に報道された米国の大企業による粉飾決算などに対する市場の不信感を指している。Disclosureは、公開会社として株主に会社業況や重要情報などを適切に開示すること。

Stock analysts' biased recommendationsは、投資家のために中立な立場で株の買いや売りを推奨すべき立場にあるアナリストが、自社の引き受け業務を助けるために中立ではない意見を述べたという問題が背景にある。

Steep yield curveは傾きの急な利回り曲線（イールド・カーブ）、つまり、満期までの期間が長期になるほど利回りが高くなるイールド・カーブを指す。

Backup facilityは、市場の流動性（liquidity）が欠如したためにCP（コマーシャル・ペーパー）を発行できない時に備えて、銀行があらかじめ設定する貸出枠を指す。

Corporate bondは民間会社が発行する「社債」。発行者が地方自治体の場合はmunicipal bond（地方債）、公社・公団などの政府企業の場合はagency bond、国が発行するのがGovernment bond。

Convert fixed interest payment into floating rate through the swap marketは、金利スワップを利用して固定金利を変動金利に変換するという意味。

Emerging marketは「新興成長市場」で、逆に成長が止まった成熟市場はmatured marketという。先進国の市場でも新商品や成長企業（growing company）など成長している市場はgrowing market（成長市場）という。

Best performing stockは「株価が上昇した株」。Performは「演じる、実行する、機能する」などの意味があるが、ここでは「もっとも良好な実績を示した株」となる。

Sovereign spreadは「国家リスクの借入れ金利と、米国連邦政府証券の金利との格差」を意味する。Spreadは買い呼び値（bid）と売り呼び値（asked）の乖離幅の「格差」。

解説

　この記事は、Bank for International Settlement（国際決済銀行）のWebサイトから抜粋したもので、2002年前半の世界の市場動向について触れている。市場の動きを表す際によく用いられる単語、たとえば、price declined、edged lower、strong economic recovery、equity markets、depressed、steep yield curveなどが用いられているので、この機会に確実に自分のものにしよう。

　また、不正な会計操作や、株価を高めるために中立であるべきアナリストが引受部門（underwriting department）と協調して偏った意見を出すなど、いわゆる米国のITバブルが崩壊した結果表面化した不祥事を理解していないと理解しにくい個所もある。

第四部

リスクとリターン

　リスクとリターンという言葉が急に一般の人の間に広まったのは、超低金利のため預金の利息がゼロに近くなったことと、預金のペイオフ解禁で預金にもリスクがあると分かったためでしょう。金融商品の種類も、自由な市場も限られていればリスクという概念は十分理解されず、リスクを取って利益を上げることもできません。ここではリスクの種類、リスクとリターンの関係、リスクの計測、この応用として株式投資の実務を解説します。

1章　リスクの種類

1 信用リスク
Credit Risk

　信用リスクとは信用（credit）を供与した相手先の財務内容の悪化などによって、返済が予定通り行なわれないリスクをいいます。カントリー・リスク（country risk）と商業リスク（commercial /corporate risk）に分類できます。カントリー・リスクは取引相手国の政治、経済、社会の変化により企業の国有化（nationalization）や、外貨準備（foreign reserve）の急減、為替管理制限（exchange control）などが発生し、その結果債権が回収できなくなるリスクです。外国政府や政府機関あるいは国営企業や地方公共団体などに対する貸出（sovereign loan）やそれらが発行した証券の元利金返済リスクをソブリン・リスク（sovereign risk）といいます。借入人が外国に所在する民間企業の場合、所在国の国際収支（balance of payment）の悪化などによって対外支払の制限や禁止措置がとられた結果、返済能力が充分あっても返済できない事態が発生します。このリスクをトランスファー・リスク（transfer risk）といい、カントリー・リスクのひとつです。カントリー・リスクを判断する材料としてdebt service ratio（債務返済比率）が利用されます。これは年間の対外債務を輸出額で割って算出します。通常20％を超えると債務過大と考えられます。一般的にカントリー・リスク管理として、国毎に与信限度（country limit）を設定します。

　国内の与信先にはカントリー・リスクはなく、純粋に相手先（counterpart）の債務履行能力（repayment capability）を判断することになります。与信先が元利金を返済しない場合や返済が遅延するなどの状態をevent of defaultといい、借入人は期限の利益を失うことになり直ちに返済を求められます。これを定めた条項をacceleration clause（期限の利益喪失条項）といいます。どこかでevent of defaultが発生すると、他の借入契約も同時に期限の利益を失うという条項をcross defaultといいます。ところで、会社の破綻や破産を表す英語には、bankruptcy、insolvency、bust、bust-out、failure、financial ruin、smash、liquidationなどいろいろな単語があります。「破産する」と動詞として使う場合には、go bankruptとgo bustなどgoをよく使います。Go underも「破産する」を意味します。信用リスクを判断することは必ずしも容易ではないので、一般投資家（public investor）だけでなく多くの機関投資家（institutional investor）も格付会社の信用格付（credit rating）を利用しています。

● 英文で理解しよう

Credit risk : Credit risk is the risk that the issuer of a security, such as a bond, or the borrower of funds, may default on interest and/or principal payments or become bankrupt. If either event occurs, the investor or lender could lose part or all of the investment.

Sovereign risk / Country-specific risk : The risk inherent in holding shares, bonds or other securities whose fortunes are closely allied with a particular country. If the country goes into an economic downturn, or its debt is subject to a credit re-rating, or international investor sentiment just turns against it, your investments may well lose value even though the underlying fundamentals are unchanged. Generally speaking, sovereign risk is more of a problem for investors in emerging markets than in developed economies. (http://www.finance-glossary.com)

信用リスク：信用リスクとは、債券など有価証券の発行体または資金の借入人が金利、元本のいずれかまたは両方について債務不履行に陥るか破産するリスクをいう。このいずれかの事態が発生すれば、投資家または貸し手はその投資の一部または全部を失うことがある。

ソブリン・リスク / 特定国リスク：裏づけとなる財産が特定国と密接に結びついている株式、債券などの有価証券を保有することから生じ得るリスクをいう。その国の景気が悪くなるか、国の債務が格付けの見直しに直面するか、或いは海外の投資家心理が悪化する場合には、たとえ基本条件が変わらないとしても、投資資産の価値が減じる可能性もある。一般的にソブリン・リスクは、先進経済圏というよりもむしろ新興国の市場に対する投資家の問題である。

英文読解のポイント

- Sovereign riskは、国家主権直結の機関に対する与信リスクでcountry-specific riskとも言われる。Country riskの方がやや幅が広い概念といえる。
- Its debt is subject to ～ のdebt は、その国のgovernment bondなどを意味する。
- Credit watchは格付を見直す可能性がある時に使われる。
- Investor sentimentは投資家の心理をいうが、地合という意味でも使われる。
- Emerging marketは新興市場、developed economies（先進経済国）の市場はmatured marketともいわれる。

1章 リスクの種類

2 市場リスク
Market Risk

　市場リスクとは、経済状況、金利変動、政治・社会動向などの影響を受けて金融商品価値が変動するリスクです。たとえば、市場金利が上昇すると固定金利の債券価格（bond price）は下落します。また、政治情勢が悪化すると、優良企業の株（blue chip）も含めて株式市場（stock market）全体が下落します。米国の貿易収支が悪化して円高（appreciation of yen）になると、保有している米国債（Treasuries）の円換算ベースの価値は下落します。このようなリスクが市場リスクです。市場リスクは同じ種類の金融商品に共通し、分散（diversification）によっても取り除けないリスクなので、組織的リスクあるいはシステマティック・リスク（systematic risk）とも呼ばれます。

　市場リスクを持っている状態をpositionといいます。たとえば、ドル建て資産を持っている場合はドルの買持ち（overbought or long position）といいます。Positionを持つと期待に反して損をすることもあります。思い切って「損切り」することも必要となります。市場リスクを軽減あるいは回避するためには、リスクを第三者に移転（transfer）する、つまりヘッジ（hedge）するのが一般的です。ヘッジ方法としては、先物（futures）、先渡し（forward）、オプション（option）などのデリバティブ（derivatives）を利用します。

　市場リスクの抑制と利益の確保を目的として、多くの銀行ではasset and liability management＝ALM（資産・負債の総合管理）を導入しています。初期の段階では、金利リスク・ヘッジに重点が置かれていましたが、リスクの計量化（measuring risk）の進展にともないALMの管理手法も高度化しています。

　広義の市場リスクとして、流動性リスク（liquidity risk）があります。Liquidityとは"ability to buy or sell an asset quickly and in large volume without substantially affecting the asset's price"（ある資産を売買価格に大きな影響を受けることなく、速やかにかつ大量に売買できること）ですから、liquidityが失われるリスクをいいます。たとえば、金利の急上昇時に市場で短期資金が突然取れなくなるリスクです。流動性リスクを管理するには資金繰りを充分に把握して、不測の事態に備えることが必要です。

● **英文で理解しよう**

Market risk : One of the six risks defined by the Federal Reserve. The risk of an increase or decrease in the market value/price of a financial instrument. Market values for debt instruments are affected by actual and anticipated changes in prevailing interest rates. Market values for all financial instruments, except direct obligations of the U.S. Treasury, are affected by either actual or perceived changes in credit quality.

(http://www.americanbanker.com/glossary)

Mismatch : Used in asset/liability management to describe the difference between rate-sensitive assets and rate-sensitive liabilities in rate gaps or between cash inflows and outflows in liquidity gaps.

(http://www.americanbanker.com/glossary)

Short position : Occurs when a person sells stocks he or she does not yet own. Shares must be borrowed, before the sale, to make good delivery to the buyer. Eventually, the shares must be bought back to close out the transaction. This technique is used when an investor believes the stock price will go down. (http://www.forbes.com/)

市場リスク：連銀が定義した六つのリスクの一つで、金融商品の市場価値・価格が変動するリスク。金融商品の市場価値は、現在あるいは予想される市場金利変動の影響を受ける。米国財務省の直接債務を除き、あらゆる金融商品の市場価値は、実際のあるいは予想される信用力の変化の影響も受ける。

ミスマッチ：資産・負債総合管理において、金利敏感資産と金利敏感負債間の金利ギャップまたはキャッシュの流入・流出間の流動性ギャップの差異を説明するのに用いられる。

ショート・ポジション（売り持ちポジション）：所有していない株式を売却すること。この場合、株の買い手に株を規定通り引き渡すために、売却前に株を借りなければならない。最終的に取引を手仕舞うとき株を買戻すことになる。株価が下落すると予想した時にこの投資手法が用いられる。

英文読解のポイント

● An increase or decrease in the market value/price の value/price は、「価格の増・減」の意味だが、ここでは「変動」と訳した。
● Debt instrument は「債務証書」だが、ここでは「金融商品」と訳した。

- Actual and anticipated changes in prevailing interest rates ならびに actual or perceived changes in credit quality は、「金融商品」の値段は、金利や信用度の現在および今後の変化を織り込むことを説明している。
- Borrowing short and lending long（短期借りの長期貸し）は mismatch の典型。
- Short とは証券取引で手持ちがないのに空売りすることをいう。Short position はその状態「売り持ち」を意味する。Long は「買い持ち」。
- Good delivery は「適法に受渡しをする」。Close out は「手仕舞う」。Position が closed の状態、つまり short でも long でもない状態を square という。スポーツなどで all square（互角、五分五分）というのと同じ意味。

〈ヘルシュタット銀行事件〉

On June 26, 1974, German banking regulators withdrew the license of Bankhaus Herstatt, a small bank in Cologne active in the foreign exchange market, and ordered it into liquidation effective after the close of bisiness that day. Herstatt had entered into foreign exchange trades with a number of American banks in which Herstatt received Deutsche Marks for Dollars. Prior to the announcement of Herstatt's closure, the bank had already taken in all its Deutsche Mark receipts, but had not yet made any U.S. dollar payments.

Serveral banks had irrevocably paid Deutsche Mark to Herstatt on that day, but had not yet received the anticipated US dollars (an exsample of credit risk and liquidity risk). Some banks had entered into forward trades with Herstatt not yet due for settlement and lost money in replacing the contracts (an example of replacement risk). Still others in the market lost the monies they had on deposit with Herstatt (an example of traditional counterparty credit risk). Following the closure of the Herstatt bank, the foreign exchange markets experienced severe systemic problems. (http://www.ny.frb.org/bankinfo/payments/gi part5.html)

　1974年6月26日、ドイツの金融当局は、ケルン所在の小銀行で外国為替市場で活動をしていたヘルシュタット銀行の免許を取り消し、当日の営業時間後に清算を命じた。その前にヘルシュタットは多くの米銀とドル払い・ドイツマルク受けという為替取引を行っていた。ヘルシュタット閉鎖の発表前に、同行はそれらの取引からドイツマルクを受け取っていたが、対価の米ドルは未払いであった。

　何行かの米銀は取り消し不能ベースでドイツマルクを払っていたが、予定していた米ドルを受け取ることが出来なかった（信用リスクと流動性リスクの例）。また何行かは未決済の先物為替があったため、代替取引をしなければならなかった（再構築のリスクの例）。ヘルシュタットに預金をしていたため損を被った銀行もあった（伝統的な取引相手先信用リスクの例）ヘルシュタットの閉鎖の後、外為市場は厳しいシステミック・リスクを経験した。

コーヒーブレイク

契約英語のキーワード

　国際金融の世界では契約書から逃れることはできません。Financial instrumentという単語の直訳は「金融関連の法的文書」ですが、広義では「金融商品」を意味します。これは、債券や株、預金などのすべての金融商品が、何らかの法的な拘束力のある証書で裏付けられているからでしょう。法的な拘束力（legally binding）を持つ契約書はcontractとかagreementといわれます。厳密には二つの単語に相違はあるのでしょうが、実際には両方とも法的拘束力を有する合意書として使われています。

　法律英語を限られたスペースで説明することは不可能ですので、ここでは重要な単語をいくつか説明しましょう。クロス・ボーダー取引では、Governing Law（準拠法）とJurisdiction（裁判管轄）条項は必ず挿入されます。世界の各国はそれぞれ異なった法律体系をもっているので、どの国の法律・裁判所に従うかは重要な点です。契約者の力関係で決まることもありますが、国際取引の先進国である英国や米国ニューヨーク州法とするのが一般的です。ただし、外国の法律を準拠法とする契約を無効とする国もあるので、取引相手国によっては注意が必要です。Representations and Warranties（事実の表明および保証）は、契約書に関連する事実状況を確認し、それを保証する条項です。契約会社が合法的な主体（legal entity）であること、契約に必要な当局の許認可を取得していること、契約書の規定がすべて有効であることなどを表明・保証します。ただし、これは契約締結現在での事実の表明・保証であり、将来にわたる義務ではありません。将来の一定の作為・不作為義務を規定しているのがCovenants（誓約）条項です。たとえば、融資契約書（loan agreement）では、借入人が一定の流動比率を維持するなどを約束するのがこの条項です。一方の当事者が上記の条項に違反した場合には、その契約は解除（termination）されます。たとえば、"Either party may terminate this Agreement, if the other party breaches this Agreement"などと規定します。契約が解除されるのは契約違反だけではありません。取引相手の信用状態（creditworthiness）が悪化すれば解除となります。信用状態の悪化などによる債務不履行の内容を規定したのが、Event of Default（債務不履行）です。支払遅延、破産・清算、著しい財務内容の悪化などが発生すればEvent of Defaultとなります。融資契約などでは、Event of Defaultが発生すると期限の利益を失い、借入れ人は直ちに返済を迫られます。Cross default条項がある時には、ほかの契約書でEvent of Defaultが発生した場合でも期限の利益を失います。期限の利益喪失を規定した条項をacceleration clauseといいます。

1章 リスクの種類

3 法務リスク
Legal Risk

　国際取引を新たに始めるときは、取引相手の法的資格や取引内容の相手国および日本における合法性（legality）などを弁護士（counsel or lawyer）と相手国の現地弁護士（local counsel）の法律意見書（legal opinion）によって確認します。法律意見書なしで決定したことが違法であった場合には、多額の損害賠償責任（liability for damage）を課されたり、取引自体が無効になったりするおそれがあります。これを法務リスクと呼びます。訴訟（lawsuit）や事故取引など法的リスクに対処するため、多くの金融機関では法律の専門家で構成する法務部（legal department）を設置しています。

　法務リスクは法務部の設置だけでは回避できません。金融機関の役員や従業員全員が法令違反をしないことを充分に理解する、つまり法令遵守体制の確立が必要です。法令遵守をcomplianceといいますが、これはcompliant（法令などに準拠する）の名詞です。法令遵守のための管理責任者としてcompliance officerを任命して、コンプライアンス・マニュアル（compliance manual）の作成、社員の教育や内部チェック体制の整備などを行います。また、社内の監査部門（internal audit）が定期的に社内検査を実施します。さらに、国の監督機関（regulatory authority）も定期検査を実施して法令遵守体制をチェックします。

　法律や規則に違反すると、罰金（fine）や禁固（imprisonment）あるいは行政処分が科せられることになります。行政が科す行政処分はadministrative actionあるいはadministrative penaltyといい、営業停止（suspension of some businesses）などが科せられます。

　社会倫理（social ethics）に反する取引や、違法ではないが公正な取引とはいえない（not illegal, but falls short of a fair trade）取引、さらには取締役（director）のスキャンダルなどで社会的な制裁（social sanction）を受けるリスクがあります。違法でないものの、メディアなどによって社会的制裁を受けるので会社の評価に傷がつきます。これを評判リスク（reputation risk）といいます。法令を遵守しないで法務リスクを犯した場合にも、評判リスクに直面することはいうまでもありません。評判リスクで業績が悪化したり倒産した会社は枚挙にいとまがありません。

英文で理解しよう
(http://www.americanbanker.com/glossary)

Legal risk: Legal risk is a financial risk that arises from uncertainties in laws, regulations or legal actions, such as lawsuits.

Reputation risk: One of nine risks defined by the OCC and one of six risks defined by the Federal Reserve. The risk to earnings or capital arising from the possibility that negative publicity regarding the institution's business practices, whether true or not, will cause a decline in its customer base, costly litigation, or revenue reductions. The Federal Reserve and the OCC define reputation risk in almost exactly the same way.

法務リスク：法務リスクとは、法律、規制または訴訟のような法的措置などに関する不確定要因から生じる金融のリスクをいう。

評判リスク：OCC（米国通貨監督局）が定義した九つのリスクのひとつ、且つ連銀が定義した六つのリスクのひとつ。収益または資本に対するリスクであって、会社の商行為に対するマイナスの報道が、事実か否かは別として、顧客基盤の低下、高額の訴訟、または収入の減少をもたらす可能性から起こる収益あるいは資本上のリスクをいう。連銀とOCCは評判リスクをほぼ全く同じように定義している。

英文読解のポイント

- Uncertaintiesは複数形で使われることが多いが、この例のように、不確実な状態や事態などを指すときによく見られる。天気の変わりやすさは単数形でthe uncertainty of the weatherという。
- Legal actionは法律に基づいて起こす行動で、lawsuit（訴訟）は典型的な例。
- OCCとは、Office of the Comptroller of the Currencyの略で、金融機関の指導・監督も行っている。
- 評判リスクはイメージ・ダウンあるいは訴訟事件などで経営に打撃を与える。それがarising from the possibility以下の内容となる。
- Negative publicityはマイナスとなる広告・宣伝または報道などを指す。Negative criticismは非建設的な批評という意味になる。
- Business practicesは営業行為ないし取引慣行で、複数形で使う。
- Cause a decline in customer base は「顧客基盤の低下をもたらす」の意味。
- Costly litigationは「高額の＝expensive訴訟事件」と読めるが、a costly mistake（高くつく失敗）のように「結果として高くついた訴訟事件」とも訳せる。

1章 リスクの種類

4 | オペレーション・リスク
Operational Risk

　金融機関が業務を遂行する際には、信用リスク、市場リスク、法務リスクのほかに、さまざまなリスクに直面します。これらを総称してオペレーション・リスクといいます。"Operational risk can be defined as the risk of monetary losses resulting from inadequate or failed internal processes, people, and systems or from external events." オペレーション・リスクは、内部手続き、社員やコンピュータシステムによる不適切な取扱いやミス、あるいは外部的事象によって引き起こされる経済的損失と定義されます.（Basel Committee on Banking Supervision）たとえば、コンピュータ本体の故障やソフトのプログラム上の問題から生じるシステム・リスク（system risk）、手続き上の不備から生じるリスクや、単なる人間による事務ミスから生じるリスクなどがオペレーション・リスクに相当します。

　また、取引相手の支払い不履行などで予定通り決済が行われない決済リスク（settlement risk）も広い意味ではoperational riskに含まれます。株や債券取引では取引の執行（execution）の何日か後で支払いと引き換えに証券が受け渡されます（delivery against payment）が、決済日（settlement day）に支払がなされないリスクをdelivery riskといい、支払いがなされない状況をfailといいます。また、為替取引などでは時差から生じる決済リスクがありますが、実際に発生したHerstatt Bank事件からHerstatt riskと呼ばれます（市場リスクの節を参照）。決済リスクが金融システム全体に波及して金融の仕組みそのものが崩壊するリスクをシステミック・リスク（systemic risk）といいます。

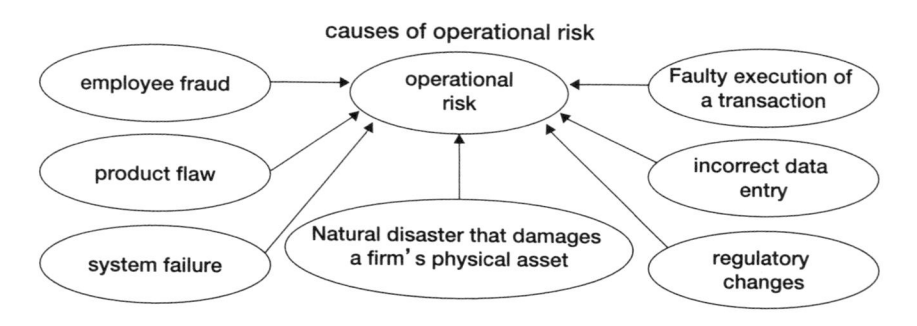

causes of operational risk

- employee fraud → operational risk
- product flaw → operational risk
- system failure → operational risk
- Natural disaster that damages a firm's physical asset → operational risk
- Faulty execution of a transaction → operational risk
- incorrect data entry → operational risk
- regulatory changes → operational risk

● 英文で理解しよう

Settlement risk : The Herstatt incident illustrated that settlement risk not only has a credit risk component, but a liquidity risk component as well. If a party does not receive currency which it has purchased, the party must somehow cover the shortfall in that currency. Following the closure of the Herstatt bank, the foreign exchange markets experienced severe systemic problems. (http://www.contingencyanalysis.com)

決済リスク：決済リスクは信用リスクの要素だけでなく流動性リスクの要素も併せ持っていることが、Herstatt事件で明らかとなった。為替取引で購入した通貨を受取れない場合に、その当事者はそれをどこかでカバーせざるを得なくなる。Herstatt Bankの閉鎖後、為替市場は厳しいシステミック・リスクを経験することとなった。

Systemic risk : Systemic risk is the risk that a localized problem in the financial markets could cause a chain of events which ultimately cripple the markets. For example, a default by a major market participant might cause liquidity problems for a number of that institution's counterparties. This might cause those counterparties to fail to make payment on their own obligations, and a liquidity crisis could spread throughout the markets. (http://www.contingencyanalysis.com)

システミック・リスク：システミック・リスクとは、金融市場の局部的な問題が最終的に市場の機能を麻痺させるような一連の出来事を起こすリスクをいう。例えば、市場の大手参加銀行が債務不履行に陥ると、多数の取引相手行も流動性リスクに直面する。そしてこれらの銀行も支払不履行に陥ることになり、流動性危機が市場全体に広がっていくことになる。

英文読解のポイント

- Settlementは、ここでは決済の意味だがSettlement agreement（和解契約）、settlement of disputes（紛争の解決）などと法律用語としても使われる。
- Systemicはシステムそのもので、systematic（組織的な、秩序だった）と異なる。
- A chain of eventsは「一連の出来事（事件）」。

2章 リスクとリターン

1 リターン
Return

　リターン（収益率）とは投下した資本に対する利益を意味し、英語ではrate of returnといいます。株式投資の章で説明した通り、リターンには金利や配当などのインカム・ゲイン（income gain）と売却益に相当するキャピタル・ゲイン（capital gain）があり、インカム・ゲインとキャピタル・ゲインを合計したものをトータル・リターン（total return）といいます。

　トータル・リターンは利益総額を当初投資額で除することで年率（annualized rate）表示します。たとえば、株式に1,000円投資して、1年間で20円の配当収入と180円の売却益があったとすると、トータル・リターンは年率20％ {(20+180)/1,000} となります。ただし、トータル・リターンは複利（compound rate）、つまり配当（dividend）などの収入は元本（principal）に加算されて再投資されるとの仮定で計算されることに注意してください。たとえば、1,000円を年率20％で5年間運用した場合、単利と複利では以下のように最終回収金額に大きな格差が生じます。

〈単利〉　　$(1+0.2\times 5)\times 1,000 = 2,000$
〈複利〉　　$(1+0.2)^5 \times 1,000 = 2,488$

　では、5年後に2,000円となる複利はいくらでしょうか。

$$(2,000 \div 1,000)^{1/5} - 1 = 0.149 \ (14.9\%)$$

　上記の通り、複利では14.9％となります。つまり、1,000円投資して5年後に2,000円となるトータル・リターンは年率14.9％となります。5年後の2,000円を将来価値（future value）、今の1,000円を現在価値（present value）といいますが、金融の世界ではしばしば登場する考え方です。

　ところで、前置詞onをreturnの後につけると、return on asset（資産収益率）、return on equity（株主資本利益率）、return on invested capitalあるいはreturn on investment（株主資本＋優先株＋外部長期借入金に対する収益率）と「……に対する収益率」を意味します。Onではなくofだと、return of capital（特別利益などによる資本金の返却）、return of a loan（借入金の返済）と「返却」の意味になります。

● **英文で理解しよう**　　　(http://www.solutionmatrix.com/glossd.html)

What that future money is worth today is called its Present Value, and what it will be worth when it finally arrives in the future is called not surprisingly its Future Value. Just how much present value should be discounted from future value is determined by two things: the amount of time between now and future payment, and an interest rate. For a future payment coming in one year:

$$\text{Present Value} = (\text{Future Value}) / (1.0 + \text{Interest Rate})$$

What is the present value of $100 we will not have for a full year? If we use an annual interest rate of, say, 10%, then

$$\text{Present Value} = (\$100)/(1.0 + 0.10) = \$90.91$$

What is the present value if the payment were not coming for 3 years? The present value of $100 to be received in 3 years, using a 10% interest rate is thus : Present Value = $100 / (1.0 + 0.10)^3 = $100 / (1.1)^3 = $75.13

将来のお金を今日の価値で表したのが現在価値で、当然ではあるが、最終的に将来に達成される価値を将来価値と呼ぶ。将来価値を割り引いて現在価値がいくらになるかは、二つの要素で決まる。現在と将来の支払い時期までの期間と金利である。将来の支払いが1年後に行われるとした場合：

現在価値＝将来価値／(1.0 + 金利)

今後1年間手にすることができない100ドルの現在価値はいくらか。年利10%とすると：

現在価値＝100ドル／(1.0+0.10) =90.91ドル

3年後に支払われる場合の現在価値はいくらか。たとえば、3年後に受け取る100ドルの現在価値は、金利が10%とすると以下のようになる：

現在価値＝100ドル／(1.0+0.10)^3＝100ドル／(1.1)^3=75.13ドル

英文読解のポイント

● Discountは「割引く」。Discount rateは現在価値を算出する割引き金利。
● Worthは名詞で「価値」、形容詞で「‥する価値がある」「‥に相当する」。Be worth trying（試みる価値がある）などと使う。
● Annual interest rateは「年利」、金利は通常年利で表示する。Semi-annualは［半年毎の］でsemi-annual payment（半年毎の支払い）などという。
● Present valueは「現在価値」で、future valueは「将来価値」。

2章　リスクとリターン

2 | リスク
Risk

　金融の世界でリスクとは「危険」という意味ではなく、将来の不確実性（uncertainty）またはリターンのバラツキ（volatility）を意味します。たとえば、5％のリターンを期待して株を買ったのに、実際のリターンは2％しかなかったというのがリスクです。

　バラツキの度合いは、「時間」と「投資案件特有のリスク」に左右されます。「時間」から生じるリスクの典型はインフレーションです。インフレによって物価が上がり、その結果、今日の1,000円は1年後には1,000円以下の価値に下落します。時間のリスクは長くなるほど大きくなります。短期国債と長期国債の利回りを比較すれば、一般的に償還期間の長い国債の利回り（yield）が高くなっています。長期利回りが短期利回りを上回る状態を順イールド・カーブ（positive yield curve）といい、逆を逆イールド・カーブ（negative yield curve）といいます。

　投資案件特有のリスクは、投資内容によって異なってきます。国債は国が支払利息を約束しているので、期待利益とのぶれはほとんどありません。一方、株式は会社の収益など多くの変動要因にさらされており、期待利益を大きく下回る結果になる恐れもあります。国債と株式の期待利益がともに5％とすると、当然ですが株式を選択する人はいないでしょう。ぶれ幅、つまりリスクが大きいからこそ高いリターンを期待するわけです。Higher-risk higher-return、lower-risk lower-returnとなるわけです。金融商品でいえば、一般的に、短期金融商品⇒社債⇒株式という順序でリスクもリターンも高くなります。高いリターンをねらって積極的にリスクを取る人をrisk lover（リスク愛好者）、逆にリスクを嫌う人をrisk averter（リスク回避者）、その中間をrisk neutral（リスク中立者）と呼びます。リスク許容度はrisk toleranceといいますが、投資をする時に、自分のリスク許容度を認識せずに、収益率が高そうだというだけで投資をすると痛い目にあうかも知れません。

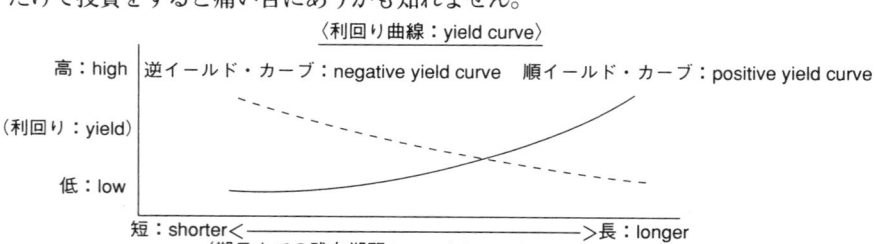

〈利回り曲線：yield curve〉

高：high　逆イールド・カーブ：negative yield curve　順イールド・カーブ：positive yield curve

（利回り）：yield

低：low

短：shorter <————————————————> 長：longer
（期日までの残存期間：remaining period until maturity）

英文で理解しよう

(http://www10.americanexpress.com)

Risk tolerance: The capacity to accept investment risk. This includes psychological factors relating to your willingness and financial factors relating to your financial need. These factors include your willingness to take chances, experience and understanding of financial markets and investment risks, investment time frame, access to other sources of income and capital, ability to make additional investments in the future, total value of your investment portfolio, proportion of your total portfolio that the particular investment represents, and the extent to which you need to maximize the return to meet specific investment goals.

リスク許容度：投資リスクを受け入れる能力で、リスクをとりたいという意志に関連する心理的要素と、資金ニーズに関連する金融的要素が含まれる。これらの要素には、チャンスをつかみたいという意志、金融市場と投資リスクについての経験と理解、投資期間、そのほかの所得や資本調達源、将来追加的な投資をしうる能力、投資ポートフォリオ全体の価値、個別の投資がポートフォリオ全体に占める割合い、投資目的を達成するために求められる収益率が含まれる。

Risk Aversion: The attitude of an investor who is not willing to accept increasing amounts of uncertainty about future investment returns without commensurate increases in the level of return anticipated. Another manifestation of this attitude is the investor who prefers less risk for the same rate of return expectation. (http://www.mcmorganfunds.com)

リスク回避：予想リターンが相応に増えない限り、将来の投資リターンに関する不確実性が増えることを受け入れない投資家の姿勢をいう。別の表現をすれば、同じ期待収益率に対してより少ないリスクを求める投資家をいう。

英文読解のポイント

- Rate of return は「収益率」。Investment return は「投資からのリターン」「投資収益率」。Return には、products return（返品）、return ticket（往復切符）、return check（不渡小切手）、tax return（税務申告）などさまざまな意味がある。

2章 リスクとリターン

3 リスクの計測
Measures of Risk

　将来のリスクを計測することは可能でしょうか。過去の多くのデータから収益率の分布図を作成すると、正規分布（normal curve）に近い形となることが実証されています。将来の不確実性の分布も同様に正規分布になると仮定すると、期待収益率（expected rate of returnまたはmean）と分散（variance）あるいは標準偏差（standard deviation）をリスクの尺度として利用できます。たとえば、収益率が景気と比例して動くA社株と反比例して動くB社株の期待収益率と標準偏差を計算します。

景気の状態	発生する確率	A社株 予想収益率	B社株 予想収益率
好景気	1/3	10%	−8%
普通	1/3	5%	5%
不景気	1/3	−5%	20%
期待収益率		3.33%	5.67%

　好景気、普通、不景気とも発生する確率は3分の1とすると、三つのシナリオでの予想収益率の加重平均値はA社株3.33%、B社株5.67%となります。これを期待収益率といいます。期待収益率と各々のシナリオでの収益率との格差（偏差＝deviation）を求め、これを2乗（square）してその加重平均値、つまり分散（variance）を算出します。分散は2乗して求めたので平方根（square root）をとってもとに戻した値が標準偏差です。A、B社株の標準偏差を求めて見ましょう。標準偏差をσ＝シグマで表示します。

　A社株の場合、期待収益率（3.33%）からの標準偏差が6.24%であるので、統計学的に68.24%（1σ）の確率で3.33%±6.24%、つまり−2.91%から9.57%の範囲に収益率がおさまると算出できます。確率を高めて2σ（95.44%）にすると、12.48%（6.24%×2）となるので、95%の確率で収益率が3.33%±12.48%、つまり−9.15%から15.81%の範囲におさまると予想できます。一方、B社株は1σで5.67%±11.44%、2σで5.67%±22.88%のぶれがでることになります。A社株の期待収益率はB社株より低いが、標準偏差が小さいA社株の方がリスクは小さいことがわかります。

A社株の分散（variance）
$(10-3.33)^2 \times 1/3 + (5-3.33)^2 \times 1/3 + (-5-3.33)^2 \times 1/3 = 38.89$

A社株の1標準偏差（1σ）　　$\sqrt{38.89} = 6.24\%$

B社株の分散（variance）
$(-8-5.67)^2 \times 1/3 + (5-5.67)^2 \times 1/3 + (20-5.67)^2 \times 1/3 = 130.89$

B社株の標準偏差（1σ）　　$\sqrt{130.89} = 11.44\%$

● **英文で理解しよう**

Standard deviation measures the volatility of a fund's returns. Funds with high standard deviations exhibit relatively more volatility than those with low standard deviations. A fund's annual return can be expected to fall within one standard deviation of its average annual return two-thirds of the time. As an example, a fund with an average annual return of 12% and a standard deviation of 8 percentage points can be expected to produce an annual return that is within the range of 4% to 20% two-thirds of the time. During the remaining one-third of the time, it would be expected to fall outside of these boundaries. (http://www.funds-sp.com)

標準偏差はファンドがもたらすリターンの変動幅を測定する。標準偏差が大きいファンドは標準偏差が小さいファンドに比較して相対的に大きい変動幅を示す。ファンドの年ベースのリターンは、年間の2/3は、平均収益率の1標準偏差の範囲におさまるはずである。例えば、平均収益率が12%で標準偏差が8%のファンドの場合、年の2/3の期間、リターンが4%から20%の範囲におさまると期待し得る。残りの1/3の期間については、リターンがその範囲を超えることもあり得る。

Expected Rate of Return: The weighted arithmetic average of all possible returns on an asset or portfolio, where the weights represent the probabilities that each outcome will occur. It is the expected value or mean of a probability distribution. (http://www.tradingroom.com)

期待収益率：資産やポートフォリオからのすべての起こり得る収益率の算術的な加重平均をいう。この場合、それぞれの起こり得る確率で加重平均する。つまり、期待収益率は、確率分布の期待値（平均値）をいう。

2章　リスクとリターン

4 リスクの分散
Diversification of Risks

"Don't put all your eggs in one basket"（すべての卵をひとつのカゴに入れるな）という有名な諺があります。三つの卵をひとつのカゴに入れて持っている場合、万一そのカゴを落としてしまうとすべての卵がダメになってしまいます。しかし、三つのカゴにひとつずつ分けて入れておけば、ひとつのカゴを落としても残りの二つは無事です。投資も同じで、ひとつの株にすべてのお金を投資するのではなく、分散して投資・運用した方がリスクは少なくなります。

分散投資は英語で、diversificationといいますが、前項に登場した分散（variance）と混同しないようにしてください。分散投資された証券の集合体をportfolio（日本語訳もポートフォリオ）といいます。Portfolioは「投資銘柄リストをはさんだ紙ばさみ」の意味から転じたものです。Portfolioの目的のひとつは分散投資をすることで、投資リスクを軽減することです。

前項のA、B社株を組合わせた簡単なportfolioを使って分散投資効果を確認しましょう。Portfolioの期待収益率（expected rate of return）はA社株とB社株の期待収益率（3.33％、5.67％）の加重平均であり、どのような組合わせをしてもA社株とB社株の期待収益値の間に収まります（右頁の表を参照）。

一方、リスクはどうでしょうか。A、B社株を五通り組合わせて、それぞれの加重標準偏差（σ）を調べてみたのが表の下段です。表をグラフ化すると明確になりますが、標準偏差は組合わせによってはA社株、B社株いずれよりも低くなります。組合わせることで単独の株よりリスクを小さくできるのです。これが分散投資によるリスク低減効果です。実際にさまざまな組合わせで収益率とσをグラフ化するとこの範囲に収まります。明らかに、この曲線の左の線上がもっとも効率的な組合わせとなるので、このラインを効率的フロンティア（efficient frontier）と呼びます。

分散のリスク低減効果は、A社株とB社株が同じように動かず、お互いの動きをある程度相殺し合うために発生します。このお互いの関係を相関関係（correlation）といい、その程度を相関係数（correlation coefficient）といいます。相関係数は＋1から－1の間で動き、係数が－1に近づくほど分散効果が大きくなり、－1だと完全にリスクは除去できます。

● **英文で理解しよう**

The risk of your overall portfolio is actually based on the correlation of risk between asset classes, and is not just a weighted average of the standard deviation of the returns for each of the asset classes. The actual portfolio risk calculation requires inputs such as the variance of the returns on the different asset classes, and the covariance between each pair of asset classes. Variance measures the deviation of a return from its expected value, while covariance measures the degree to which two asset class returns move together.　(http://help.yahoo.com/help/us/fin/fp/fp-27.html)

ポートフォリオ全体のリスクは、実際には複数の資産の間の相関関係によって決まる。それは、各々の資産の標準偏差の単なる加重平均ではない。実際のポートフォリオのリスクを計算するには、異なった資産のリターンの分散や二つの資産間の共分散を入力する必要がある。分散は、期待値からリターンがどの程度乖離しているかを測定し、共分散は二つの資産のリターンが同じように変動する程度を測定する。

〈分散投資効果〉

	A：100% B：0%	A：75% B：25%	A：50% B：50%	A：25% B：75%	A：0% B：10%
Strong economy	10	5.5	1	−3.5	−8
Neutral	5	5	5	5	5
Weak economy	−5	1.25	7.5	13.75	20
Expected return	3.33	3.92	4.5	5.08	5.67
Variance	38.89	3.6	7.17	49.6	130.89
Standard deviation	6.24	1.9	2.68	7.04	11.44

[Graph: Average Annual Rate of Return vs Standard Deviation, showing Efficient Frontier curve]

Efficient frontier

The combinations of securities portfolios that maximize expected return for any level of expected risk, or that minimizes expected risk for any level of expected return. Pioneered by Harry Markowitz.
(http://www.marketvolume.com/glossary/e0063.asp)

2章 リスクとリターン

5 | システマティック・リスク
Systematic Risk

　前項では、二つの株式の組合わせによるリスク低減効果を考えましたが、統計学では分散と共分散を使って解明します。公式の説明は省略しますが、分散（variance）が「ひとつの株式の期待収益率と起こり得る収益率との差の2乗を合算する」のに対し、共分散（covariance）は「二つの株式の期待収益率と起こり得る収益率との差を掛け合わせたもの」です。つまり、共分散は二つの株式の同方向への動きの程度を表します。共分散を標準偏差で標準化したのが相関係数（correlation coefficient）で－1から＋1の間の値となる。理論的には、組み合わせる株を増やすほど互いの株が相殺し合うことになり、相関係数は－1に近づく、つまりportfolioの標準偏差は0に近づくことになります。しかし、実際には一定の組合せ数までは分散投資効果があるが、その後はリスク低減効果が小さくなり、最終的に市場全体の変動リスクが残ります。理論とは異なり、株価は現実的には同じような動きをすることが多く、共分散（covariance）がマイナスではなくプラスとなるからです。つまり、完全な分散投資をしても最終的に取り除けないリスクが残ります。これをシステマティック・リスク（systematic risk）あるいは分散不可能リスク（undiversifiable risk）と呼びます。このリスクは市場全体のリスクと等しいので、市場リスク（market risk）とも呼びます。

　市場全体ではなく、個々の株固有のリスクを個別リスク（unique risk、security specific risk）といいますが、このリスクは分散化によって取り除くことが可能となります。したがって、固有のリスクを非システマティック・リスク（unsystematic risk、non-systematic risk）ともいいます。もしひとつの株しか保有しないのであれば、その株の個別リスクが重要になりますが、多数の株を組合せたポートフォリオでは個別リスクではなく、市場リスクだけが問題となります。なお、systemic risk（システミック・リスク）は、「個別の金融機関の倒産などが金融システム全体に波及するリスク」をいいます。混同しやすいので注意してください。

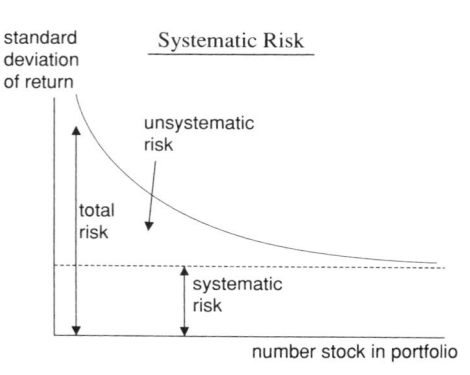

● **英文で理解しよう**　　　　　　　　　　　(http://www.irmi.com)

Covariance : A statistical measure of the degree to which two random variables are correlated. Related to correlation coefficient (correlation coefficient is covariance divided by the product of the standard deviations of the two random variables). A correlation coefficient of +1.0 indicates perfect positive correlation; -1.0 indicates perfect negative correlation (i.e., a "natural hedge") ; zero indicates no correlation.

共分散：二つの確率変数が相関する程度を測る統計手法。相関係数と関係する（つまり、相関係数は二つの確率変数の標準偏差で除した共分散である）。＋1.0の相関係数は完全な正の相関関係を示し、－1.0は完全な負の相関関係を示す（すなわち、「自然のヘッジ」となる）。そして、0は何も相関関係がないことを示す。

Systematic and unsystematic risk : An asset's total risk consists of both systematic and unsystematic risk. Systematic risk, which is also called market risk or undiversifiable risk, is the portion of an asset's risk that cannot be eliminated via diversification. Unsystematic risk, which is also called firm-specific or diversifiable risk, is the portion of an asset's total risk that can be eliminated by including the security as part of a diversifiable portfolio.　　　　　　　　　　　(http://www.prenhall.com)

システマティック・リスクと非システマティック・リスク：ある資産のトータル・リスクはシステマティック・リスクと非システマティック・リスクからなる。システマティック・リスクは市場リスクないし分散不能リスクとも呼ばれるが、資産の分散では取り除くことのできない部分をいう。非システマティック・リスクは、会社固有リスクないし分散可能リスクとも呼ばれるが、その証券を分散されたポートフォリオに含めることによって除去しうる資産のトータル・リスクの一部をいう。

英文読解のポイント

● Random variableは「確率変数」。Randomは「でたらめな、系統だっていない」という意味。金融でよく使われるrandom walk（酔歩）は「酔っ払いのようにどちらに行くか分からないこと」をいう。Random numberは「乱数」。

● Natural hedgeは、特別にヘッジ手段を講じなくても、相関係数が－1のためヘッジされた状態になっていることをいう。

2章 リスクとリターン

6 資本資産価格モデル
Capital Asset Pricing Model

前項で説明した通り、分散化では完全には取り除けないシステマティック・リスクが存在します。これを発展させたのがCAPM (capital asset pricing model) です。CAPMでは、投資証券の個々のリスクは市場全体のポートフォリオ (market portfolio) (つまりシステマティック・リスク) に対する感応度 (sensitivity) で計測できます。この感応度をベータ (β) で表します。CAPMの公式は以下の通りです。

CAPM = Rf + β (Rm − Rf) = Rf + β × market risk premium
Rf：リスク・フリー金利　　Rm：株式市場の期待収益率　　β：ベータ値
株式の期待収益率＝リスク・フリー金利＋β×市場リスクプレミアム

リスクフリー金利は通常短期国債 (short-term government bond, Treasury bill) の利回りが使われます。リスク・フリー金利はrisk-free interest rateとかriskless interest rateといい、短期国債はrisk-free securitiesとも呼びます。個別の株式のリスク・プレミアム (risk premium) は、株式市場全体のリスク・プレミアム (過去一定期間の株式市場全体の収益率とリスク・フリー金利との差) を測定し、それにベータ (β) を掛けて算出します。βとはその株価と市場全体の株価の動きを示す感応度で、βが1とはその会社の株価が市場全体と同じ動きをすることを意味します。市場の変動幅より大きい動きをする場合はβが1を超え、逆の場合にはβは1未満になります。つまり、競争的な市場では期待リターンは市場のリスク・プレミアムにβを乗じた直線 (証券市場線＝security market line) 上にあるというのがCAPM理論です。

金利リスクの尺度として利用されるものに、デュレーション (duration) とコンベキシティ (convexity) があります。デュレーションは債券の平均回収期間を表し、市場金利の変動に対する債券価格変動の感応度を示す尺度です。債券の残存期間が短いほどまた利回りが高いほど、デュレーションは小さくなります。投資期間とデュレーションが等しい時には金利が変動しても保有債券価格は影響を受けません。これをimmunization (イミュナイゼーション、免疫化) といいます。利回りが大きくなった場合のdurationの感応度をconvexityといいます。固定金利債の債券価格と利回りの関係は直線ではなく、すこし凸型となりこれをconvexityといいます。Convex (凸状の) から転じたものです。

● 英文で理解しよう

CAPM divides the risk of holding risky assets into systematic and specific risk. Systematic risk is the risk of holding the market portfolio. As the market moves, each individual asset is more or less affected. To the extent that any asset is affected by such general market moves, that asset entails systematic risk. Specific risk is the risk which is unique to an individual asset. It represents the component of an asset's volatility which is uncorrelated with general market moves.

According to CAPM, the marketplace compensates investors for taking systematic risk, but not for taking specific risk. This is because specific risk can be diversified away. When an investor holds the market portfolio, each individual asset in that portfolio entails specific risk, but through diversification, the investor's net exposure is just the systematic risk of the market portfolio. (http://www.contingencyanalysis.com)

CAPMは保有リスク資産の危険度をシステマティック・リスクと資産の固有リスクに分ける。システマティック・リスクとは市場リスクそのものをいう。市場の変動に伴って、個々の資産は多かれ少なかれ影響を受ける。市場全体の動きに影響を受ける範囲で、その資産はシステマティック・リスクを伴うといえる。固有リスクは当該資産に固有のリスクであり、市場全体の動きとは関係のない資産固有の変動要因をいう。

CAPM理論によると、システマティック・リスクに対しては相応のリターンが期待されるが、資産固有のリスクは分散化によって取り除くことができるので資産固有のリスクに対するリターンは補償しない。投資家が市場の構成銘柄と同じポートフォリオを保有するとき、ポートフォリオを構成する個々の資産は固有リスクを含んでいるが、分散によってそのポートフォリオの最終的なリスクはシステマティック・リスクと等しくなる。

英文読解のポイント

- Risky assetsは「リスク資産」で、短期国債のような無リスク資産（risk-free assets）との対比で使われる。Market portfolioとは「市場全体の構成銘柄と同じポートフォリオ」という意味。
- "The marketplace compensates investors for taking systematic risk"は「システマティックリスクには相応のリターンが期待される」という意味。

2章　リスクとリターン

7　バリュー・アット・リスク
Value at Risk

　すべてのリスクを定量的に予測することは困難ですが、リスクの計量化は著しく進歩しています。多くの金融機関では、市場リスク管理手法として、ベーシス・ポイント・バリュー（basis point value＝BPV）とバリュー・アット・リスク（value at risk＝VaR）を併用しています。BPVとはイールドカーブ（yield curve）や株価を一定幅（たとえば、1 basis point）変化させて、時価ベースの保有資産価値を計る方法です。VaRは、「一定の期間における一定の確率（confidence level＝信頼水準）の範囲内に生じ得る最大損失を、過去のデータをベースに統計的に予測する手法」です。たとえば、VaRが保有期間1週間、信頼水準99％で10億円ということは、「1週間内に生じる損失額は99％の確率で10億円以内におさまる」ことを意味します。at risk とは「リスクにさらされる」ですからvalue at riskは「リスクにさらされている価値」となります。ちなみにexposure（さらされること）もリスクを意味します。VaRの算出方法には、①分散・共分散方式（variance-covariance approach）②ヒストリカル・シミュレーション（historical simulation）③モンテカルロ・シミュレーション（Monte Carlo simulation）の三通りあります。VaRは多岐にわたるポートフォリオ全体の予想最大損失額をひとつの数字で表すので、大変分かりやすいリスク管理指標といえます。しかし、過去のデータをもとに統計的に計測するため、データの期間や取り方などで結果が大きく変わります。また、Black Mondayなどの市場の大きな変化には必ずしもうまく対応できないこともあります。このため、VaRと実際の損益を比較するバック・テスティング（back-testing）や、極端なシナリオを想定して損益を計算するストレス・テスト（stress-testing）でVaRを補足します。

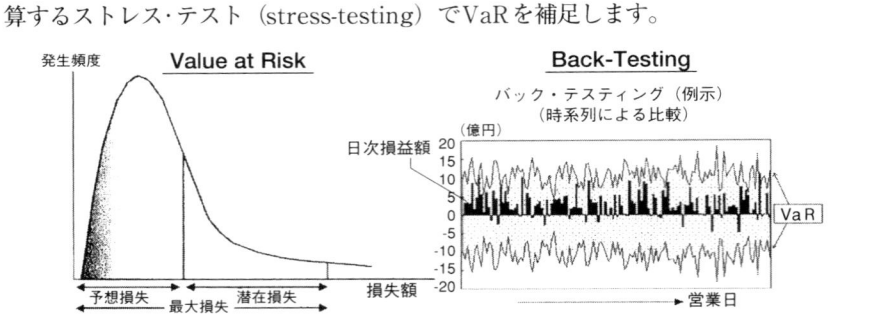

● **英文で理解しよう** (http://www.finpipe.com/mrisk.htm)

For example, the portfolio manager might have 100 million dollars under management and an overnight-95% confidence interval VaR of 4 million dollars. This means that 19 times out of 20 his biggest loss should be less than 4 million dollars. Hopefully, he is making money instead of losing money. You can also express VaR as a percentage of assets, in this case 4%.

例えば、資産運用担当者が100万ドルの資産を運用し、保有期間が翌日まで（オーバーナイト）で信頼確率95％のVaR（予想最大損失額）が400万ドルだとする。これは、20回のうち19回は最大400万ドル未満の損におさまることを意味する。損をするのではなく、儲けることもあり得る。VaRを資産に対する百分率で表すこともでき、この場合は4％になる。

Monte Carlo simulation is becoming recognized as the optimal quantitative methodology for measuring "Value-at-Risk" (VaR). While analytical methods have been developed and successfully implemented for vanilla portfolios, including those with standard option positions, market practitioners principally agree that Monte Carlo is the only viable VaR method for portfolios containing short-dated and exotic option positions. (http://www.garp.com/public/monte.doc)

モンテカルロ・シミュレーションは、VaRを測定するもっとも適した定量分析法として認知されてきている。分析的手法が標準的なオプションを含む単純なポートフォリオの測定手法として発達し成果をあげているが、モンテカルロ法が短期のエキゾチックオプションを含むポートフォリオでは唯一対応可能なVaR計測法だという点で、市場の実務家の意見は基本的に一致している。

英文読解のポイント

● Portfolio managerはasset managerと同義。Under managementは「運用されている」。Assets under management（運用資産）などと使う。
● An overnight-95% confidence interval VaRは「保有期間が翌日までで信頼確率95％での最大損失額」。Overnightは「翌日まで」の意味で、overnight loan（翌日返済の貸出）、overnight delivery（翌日配達便）などと使う。
● Quantitative methodologyは「定量的手法」。定性的手法はqualitative methodology。
● Vanilla optionのvanillaはplain vanillaと同じ意味。「単純な、オーソドックスな」

2章 リスクとリターン

8 株主資本利益率と経済付加価値
ROE/EVA®

　ROEは、株主資本金（equity capital）に対する利益率で、株主の投下資本がどのように運用されて利益を上げているかを見る指標です。

　株主は他の債権者に比べて解散時の資産の配分などでもっとも劣後した立場にあります。株式投資からのリターンが社債の利回りより低いのであれば、投資家はわざわざ株に投資はしないでしょう。その意味でも、ROEは株価判断の重要な指標としてしばしば利用されます。ところで、return on equity（ROE）とreturn on capital（ROC）とは異なるので注意してください。ROEは「普通株」に対する比率で、ROCは「普通株に長期借入金と優先株式を加えた額」に対する比率です。Capitalは株主資本（equity capital）だけではなく外部資本も意味するからです。Return on invested capitalもROCと同じ意味となります。

　ROEは総資産利益率（return on assets）と財務レバレッジ（financial leverage）に分けられます。つまり、高いROEを達成するためには、総資産利益率を上げ、余分な株主資本を持たないことが肝要です。

> ROE ＝ ROA（net income/total assets）× financial leverage（total assets/shareholders'equity）

　ROEに加え、EVA®（経済付加価値）を経営指標として取り入れる会社が増えています。EVA®はコンサルタント会社のStern Stewartが開発し、同社の登録商標となっている指標です。ROEが株主資本に対する比率（％）であるのに対し、EVA®は下記の通り実数で示されます。

> EVA® ＝ net operating profit after tax －（capital × cost of capital）

　EVA®で使われるnet operating profit after tax（NOPAT）は日本でいう営業利益とは少し異なりますが、基本的には金利などの営業外収益を含まない税引後利益をいいます。また、capitalとは借入資本コストと株主資本コストの加重平均資本コスト（WACC））を意味します。NOPATからWACCを差引くことで、総資本コストをどれだけ上回る利益を上げたかを実数で算出することができます。EVA®がプラスであれば、その会社は投下資本を上回る付加価値を創造したことを意味し、逆にマイナスになれば投下資本を破壊していると判断されます。

● **英文で理解しよう**　　(http://www.sternstewart.com/evaabout/whatis.shtml)

Strategic plans often are based on growth in revenues or market share. Companies may evaluate individual products or lines of business on the basis of gross margins or cash flow. Business units may be evaluated in terms of return on assets or against a budgeted profit level. And bonuses for line managers and business-unit heads typically are negotiated annually and are based on a profit plan. The result of the inconsistent standards, goals, and terminology usually is incohesive planning, operating strategy, and decision making. EVA eliminates this confusion by using a single financial measure that links all decision making with a common focus. EVA is the only financial management system that provides a common language for employees across all operating and staff functions and allows all management decisions to be modeled, monitored, communicated and compensated in a single and consistent way - always in terms of the value added to shareholder investment.

戦略計画はしばしば収益あるいは市場占有率の成長性をもとに策定される。会社は個別の製品あるいは取扱品目全体の成果を、粗利益あるいはキャッシュフローに基づいて評価する。各事業部の評価は、資産収益率か収益予算との比較で行われる。ラインマネジャーや事業部門責任者のボーナスは通常毎年の利益計画に基づいて交渉で決められる。整合性のない基準、ゴール、用語を用いる結果、互いに関連性のない計画、業務戦略や意思決定がもたらされることになる。ＥＶＡは、共通の照準をもったすべての意思決定を結びつけて、単一の財務的な尺度を用いることによってこの種の混乱を取り除く。ＥＶＡは事業部門や管理部門にかかわらずすべての従業員に共通の言語で伝えることのできる唯一の財務管理システムである。また、単一の整合性のある方法、つまり株主資本に対する付加価値を通して、あらゆる経営判断をモデル化し、監視し、伝達し、そして補完するシステムでもある。

英文読解のポイント

- Line of businessは「事業部門」を意味するが、ここでは個別商品に対して「取扱品目全体」と解釈。Business unitは「事業部門」。
- Operating and staff functionのoperatingは製造などの事業部門で、staff functionは人事や経理などの管理部門を指す。
- Shareholder investmentは「株主の投資」だが、ここでは「株主資本」。

2章 リスクとリターン

9 リスク調整後株主資本利益率
RAROC

　前項で説明したVaRをリスク管理だけでなく経営にも利用したのがRAROCです。RAROC（risk adjusted return on capital）は予想損失を見込んだ利益をVaR（予想最大損失額）で割って求めるのが一般的です。

$$\text{RAROC} = \frac{\text{Risk Adjusted Return}}{\text{Value at Risk}}$$

　経営者にとって株主資本利益率（return on equity＝ROE）の極大化が重要な目標ですが、会社全体のROEを高めるためには各部門の資本利益率を上げなければなりません。その方法として、VaRに基づいて各部門に資本金を配分し、その配分された資本金に対する利益、つまりRAROCを見る方法が取られます。RAROCは最初にこの方法を創ったBankers Trust（Deutsche Bankに買収された）が名付けたものです。配分される資本金をrisk capitalとかeconomic capitalといい実際の資本と区別しています。この方式をrisk capital allocationといいます。

　Risk capital allocationには、以下のメリットがあります。
① 予想最大損失額をrisk capitalとして配分するので、各部門ともその範囲内でリスクを取り利益を極大化する。つまり最悪の事態でも資本金を上回る損失を被る可能性が小さい。
② リスクを勘案した利益率が算出できるので、実質的な貢献度を知ることができる。

　RAROCとrisk capital allocationを活用して、1980年代後半から多くの米銀ではROEを高めるために以下のような戦略がとられました。
① 商品をRAROCの観点から見直し、RAROCの低い部門を縮小した。
② 逆に、多額のrisk capitalを使わずに高い利益を上げる部門を積極的に拡大した。
③ VaRを上回る資本金は自社株買いなどで減らしていった（資本金が小さいとそれだけROEは高まる）。

　この結果、大手米銀は企業向け融資業務を縮小し、M&Aアドバイザリー、デリバティブ、証券化などの分野を拡大していきました。

● 英文で理解しよう

RAROC: Risk Adjusted Return On Capital is a key figure for measuring the risk/return ratio of banking operations. The risk-adjusted result, i.e. net earnings minus standard risk/costs is related to necessary or allocated risk capital. Risk capital requirements arise separately from the credit, market and operative risks associated with the respective business operation. (http://public.deutsche-bank.de)

RAROC：リスク調整後株主資本利益率は、銀行業務のリスクに対するリターン比率を測定する重要な数字である。リスク調整後の結果、つまり純利益から標準的なリスクやコストを引いたものと、必要な資本あるいは分配されるリスクキャピタルとの関係をみたものである。それぞれの銀行業務にともなって発生する信用リスク、市場リスク、事務リスクに対して別々にリスクキャピタルが必要となる。

Let us now consider two portfolio managers. Each of them starts the year with 100 million dollars under management. Bob makes a return of 30%, handily beating his target of 20%. Jerry makes a return of 20%, coming in on target. Who is the better fund manager? Let's say that Bob's average overnight-95% VaR was 7 million dollars and Jerry's average overnight-95% VaR was 2 million dollars. One way of calculating Bob's return on risk capital is as follows: 30 million dollars/7 million dollars=428.6% Using the same method, Jerry's return on risk capital is: 20 million dollars/2 million dollars=1000.0% It could be reasonably argued that Jerry is a better fund manager in that he used his risk capital more efficiently. (http://www.finpipe.com/mrisk.htm)

二人の運用責任者を考えてみよう。二人とも1億ドルを運用し、Bobは目標の20%をたやすく超えて30%のリターンを、一方のJerryは目標通り20%のリターンを達成した。どちらがよい資産運用責任者だろうか。例えば、Bobの一晩の平均的VaRが95%の確率で700万ドルだとし、Jerryのそれが200万ドルだとする。ボブのリスクキャピタルに対するリターンを計算する一方法は以下の通り。3000万ドル/700万ドル＝428.6%。同じ方法で、ジェリーは、2000万ドル/200万ドル＝1000.0%となる。ジェリーのほうがリスクキャピタルを有効に使っているので、よりすぐれたファンドマネジャーだと結論づけられよう。

英文読解のポイント

- Risk capitalとは「予想される損失に備える資本金」の意味だが、そのままリスク・キャピタルと使われている。2番目の英文では、value at risk（VaR）で算出された予想最大損失額をrisk capitalとしている。Risk capitalはeconomic capitalともいわれる。
- Net earningsは「経費などを引いた純利益」で、ここからさらに「リスクに関係して予想される損失やコスト（risk/cost）」を差引いたのがリスク調整後利益となる。
- Allocated risk capitalとは、各部門毎のRAROCを算出するために各部門に配分されるrisk capitalをいう。各部門は与えられたrisk capital（通常はVaR）の範囲内で最大の利益を求めることになる。
- Credit risk, market risk, operative riskについてはリスクの種類を参照されたい。
- 2番目の英文は、RAROCによる業績評価を示したもの。米国の銀行や投資銀行は、この様な方法で業績を評価している。つまり必ずしも収益の絶対数が大きい社員がもっとも高く評価されるのではなく、リスクに対してもっとも高い比率の収益を計上した社員が評価される。

〈エコノミック・キャピタル・アロケーションの例〉

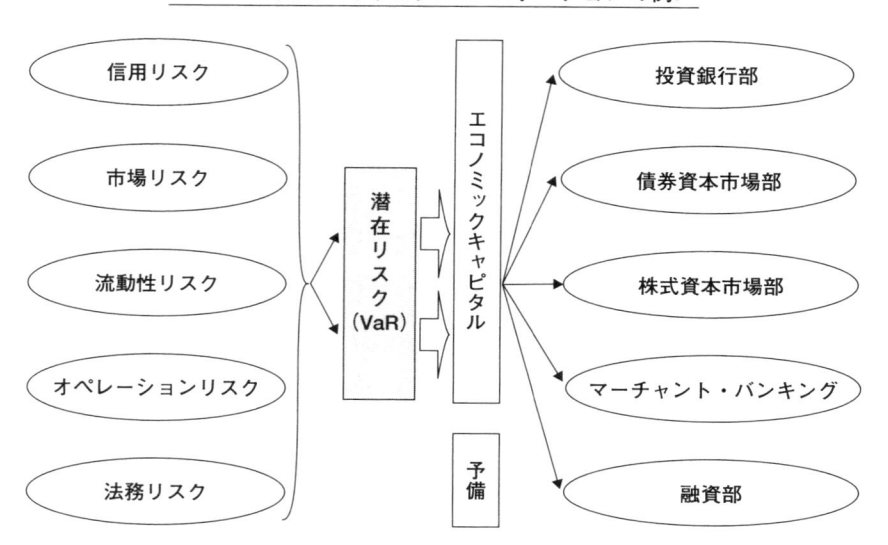

コーヒーブレイク

株式と子会社

　株式を表す単語として、share、stock、equityがよく使われます。金融用語専門の辞書（Barron's Dictionary of Finance and Investment Terms）で各々の意味を見ると以下のように説明されています。

SHARE：unit of equity ownership in a corporation. This ownership is represented by a stock certificate.（株式会社の所有権の単位。この所有権は株券で表される。）

STOCK：ownership of a corporation represented by shares that are a claim on the corporation's earnings and assets.（株式で表される株式会社の所有権で、株式は会社の収益や資産に対する請求権を有する。）

EQUITY：ownership interest possessed by shareholders in a corporation---stock as opposed to bonds.（株式会社の株主が有する所有権で、債券ではなく株式による所有権をいう。）

　上記の説明を読む限り、いずれの単語も大きな差異はないようです。たとえば、株式市場はshare marketともstock marketともequity marketともいいます。株主もshareholder、stockholderともに頻繁に使われます。ただ、株数をいうときにはshareを用い（たとえば、1,000 shares）、株式の概念をいうときにはstock（たとえば、資本金を意味するcapital stock）を用いるようです。また、equityは金融界で債券に対応して用いるときによく使われます。たとえば、debt capital markets department（債券資本市場部）とequity capital markets department（株式資本市場部）、debt financing（借入れによる資金調達）とequity financing（株式発行による資金調達）などです。

　ある会社が別の会社のvoting stock（議決権株式）の50％超を所有している場合、所有している会社をparent company（親会社）、所有されている会社をsubsidiary（子会社）といいます（ただし、50％以下でも実質的に支配されている場合にはsubsidiaryとする実質支配原則もあります）。50％以下ではあるが、一定以上の株数を保有されている場合はaffiliate（関係会社）になります。Subsidiaryはconsolidated financial statements（連結決算書）の対象となりますが、affiliateは持株に応じて決算書に反映されるにとどまります。ちなみに、10％以上の議決権を有する株主、取締役、幹部社員など、会社の経営に何らかの影響力をもつ人をaffiliated personと定義づけ、自社株の取引に制限を設けています。また、parent companyのなかでも自ら事業活動をせず、株式保有の目的で設立された会社をholding company（持株会社）と呼びます。親子間取引でも、通常の商業ベースで行われる取引は"arm's length transaction"といいます。（第二部5章株式を参照して下さい）

3章 株式投資の実務

1 株式総合利回り
Overall Rate of Return

　株式投資から得られるリターンには、配当収入と売却益があります。配当収入をインカム・ゲイン (income gain)、売却益をキャピタルゲイン (capital gain) といいます。Incomeは「収入」や「所得」という意味で、income tax（所得税）、current net income（当期利益）、fixed income（確定利付き債券）など幅広く使われますが、特に投資の世界では、金利収入や配当収入を指すときにincomeを使います。Income fund（配当・金利目当てのファンド）、income stock（安定した配当収入が期待できる公共事業株などの株、資産株ともいう）などと使います。ちなみに、配当ではなく主として売却益を期待する成長株はgrowth stockといいます。

　株式投資利回りを見る時には、インカム・ゲインとキャピタル・ゲインの合計額を購入株価で割った総合利回りで判断します。

> 総合利回り＝（キャピタル・ゲイン＋インカム・ゲイン）/購入株価

　株価は買いたい人と売りたい人、つまり需要と供給で決まります。人にはさまざまな見方があるので、株価を決める尺度はひとつではありません。マクロ経済の動向、金利（interest rate）や為替（foreign exchange）などの金融指標（financial indicator）や政治状況などの外的要因（external factor）は株式市場全体や特定の産業（sector）などに影響を与えます。たとえば、円が弱くなると輸出企業の株価が上がるのがこの例です。また個々の会社の資産内容（asset quality）や将来の事業発展性（business potential）などの内的要因（internal factor）も株価の大きな決定要因です。高い成長が見込まれる会社（growth company）や資産内容が良好な会社（blue chip）の株価には買いが殺到して株価が急騰するかもしれません。一方、業績の悪い会社の株は売られて下落することになるかもしれません。

　株は預金などと異なり、元本保証がありません。また会社が倒産した場合には、すべての債権者の中でもっとも劣後（subordinate）する地位にあります。その意味ではハイリスク・ハイリターンの金融商品といえます。

● 英文で理解しよう

Capital gain : Capital gain refers to the profit realized when land, assets or shares are sold at a price greater than the original purchase price. Unrealized capital gains exist when the value of land, assets or shares has appreciated but no profit has been received because no sale has occurred.

譲渡益：譲渡益とは、土地、財産、株式を購入価格よりも高値で売却した結果得られる利益をいう。土地、財産、株式の価格が上昇しているが、売買が行われていないため利益が実現していない場合には、未実現譲渡益があるという。

Rate of return : The annualized investment return that includes the following factors:
- transaction costs to buy or sell the stock.
- reinvestment of dividends.
- capital gain or loss earned on the stock.
- taxes paid on capital gains and dividend income.

(http://www.calcbuilder.com/cgi-bin/calcs/STO0.cgi/Netscape)

収益率：年率換算ベースの投資収益率は、下記の要素を含めて算出する。
- 株式売買にかかる取引費用
- 配当再投資収入
- 株式の売買（譲渡）損益
- 売買（譲渡）損益や配当収入にかかわる税金

英文読解のポイント

- Realized gainは実現した利益で、unrealized gainは未実現利益。未実現利益は会社の財務諸表に表れないので「含み益」ともいう。
- Annualizedは、「年率に換算した」。たとえば、3ヵ月で3％の利益はannualized rateでは12％となる。
- Transaction costは、取引の際に要するコストで、たとえば証券会社に支払う取扱手数料（brokerage commission）などをいう。
- Reinvestmentは「再投資」。複利計算では配当や金利収入をそのまま同じものに再投資するとの前提で計算する。
- Capital gainは（売却額−購入額）で求めた答えがプラスとなる譲渡益。Capital lossはマイナスとなる譲渡損。

3章 株式投資の実務

2 ファンダメンタル分析
Fundamental Analysis

　ファンダメンタル分析とは、株価に影響を与えるさまざまな要因を分析して株価動向を予測する方法です。Fundamentalは「基本的な」「基礎的な」という意味ですから、文字通り、マクロ経済、市場動向や政治状況などの外部要因だけでなく、投資対象会社の資産内容、収益動向、成長性などさまざまな基本的要因を分析する手法をいいます。ファンダメンタル分析で計算した株価と市場価格を比べて、割高（overvalued）あるいは割安（undervalued）かを判断します。ファンダメンタルズ分析では、株式の本質的な価値と市場価格に格差があったとしても、いずれは本質的価値（intrinsic value）に戻ると考えているので株価が割安だと判断するとその株式を買います。

　ファンダメンタル分析がさまざまな基本的要因を分析するのに対し、テクニカル分析（technical analysis）は過去の株価の動き（chart）から一定のトレンドやパターンを読み、それをもとに株価の先行きを予測する手法をいいます。主として市場での売り買いのタイミングをみるのに利用されます。投資銘柄選定をファンダメンタル分析で行い、売買のタイミングをテクニカル分析で行う投資家も多いようです。

　テクニカル分析にはさまざまな手法が開発されていますが、トレンド（trendline）とパターン（trading pattern）が基本です。トレンドとは上下ジグザグの動きを繰り返しつつマーケットの方向性を示します。数日間から数週間の平均価格を計算し、その数値をグラフ化して株価のトレンドをみる移動平均線（moving average）はトレンド分析の基本です。パターンは株価の動きで造られる形から、株価の動向を予測します。たとえば、トライアングルは株価の高値と底値を結んだもので、底値を結んだ線が水平で高値を結んだ線が下降している場合には「弱気」を示します（図を参照）。テクニカル分析には、実に多くの用語がありますので、この機会に勉強してみてください。

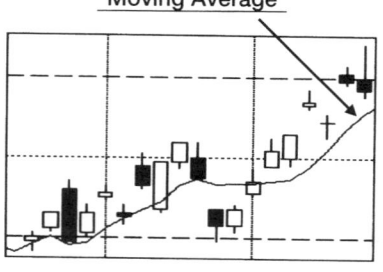

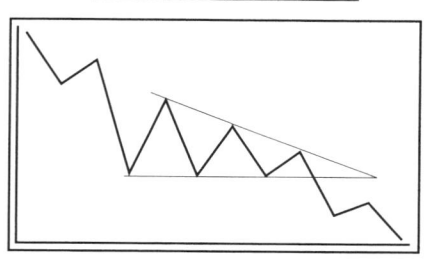

● **英文で理解しよう**

Moving average : One of the easiest indicators to understand, the moving average shows the average value of a security's price over a period of time. To find the 50 day moving average, you would add up the closing prices from the past 50 days and divide them by 50. Because prices are constantly changing, the moving average will move as well. The most commonly used moving averages are of 20, 30, 50, 100, and 200 days. Each moving average provides a different interpretation on what the stock will do, there is not one right time frame. The longer the time span, the less sensitive the moving average will be to daily price changes. Moving averages are used to emphasize the direction of a trend and smooth out price and volume fluctuations (or "noise") that can confuse interpretation.　　　　　　　　(http://www.investopedia.com)

移動平均線：もっとも理解しやすい指標のひとつである、移動平均線は一定の期間内の株価の平均的価値を示す。50日間の移動平均線を見つけるためには、過去50日間の株価の終値を合計して、それを50で割ればよい。株価は絶えず変化するので、移動平均線も同じように変化する。もっとも一般的に用いられる移動平均線は、20日、30日、50日、100日、200日のものである。それぞれの移動平均線は、株価の動きについて異なった解釈をもたらすので、唯一の正しい期間はない。期間が長いほど、移動平均線は日々の株価の変動に対する感応度が鈍くなる。移動平均線は、株価の全体の方向性を明らかにしたり、株価の方向感を失わせるような日々の価格や出来高の変動（ノイズ）を取り除く目的で利用される。

英文読解のポイント

● Closing priceとは市場の「終値」をいう。寄り付き値（始値）はopening price。
● The longer the time spanは、「移動平均線を算出する期間が長期になればなるほど」という意味。
● Smooth outは「取り除く」。Price and volume fluctuationsは「株価や取引量の変動」。Economic fluctuation（景気変動）、market fluctuation（市場変動）などと使う。
● Noiseは「騒音」という意味から、ここでは長期トレンドに関係のない動きをいう。

3章 株式投資の実務

3 | 株価収益率
PER

　PERはprice earnings ratioの略で、株価が普通株1株当たり利益（ESP=earnings per share）の何倍で取引されているかを示す尺度です。たとえば、利益が10億円で、発行株数が1億株の会社の株価が200円とすると、PERは以下の計算で20倍となります。

```
1株当たり利益＝10億円／1億株＝10円
PER＝株価／1株当たり利益＝200円／10円＝20倍
```

　前年度の実績利益で計算されたPERをtrailing PERといい、予想利益を使う場合はforward PERといいます。Trailingは聞き慣れない単語ですが、「直近の過去」を表します。たとえば、trailing 12 monthsは「直近の12ヵ月」となります。米国では4半期ベースで業績を判断するので、trailing PERというと「直近の4半期実績PER」を意味します。Forwardはcarried forward（次期繰り越し）とかforward contract（先物契約）のように「先の」を意味するので、forward PERは「今後4半期の予想業績PER」となります。株の投資家は会社の将来性に期待して投資をするので、forward PERが重要となります。一般的に、PERが高いと株価は割高、低いとその逆と見られますが、成長会社（growth company）ほどPERが高くなる傾向があります。ただし、PERの適切水準は存在せず、同業他社との比較や過去のPERとの比較で判断します。

　分母を利益ではなく、1株当たりキャッシュフローで計算した倍率が株価キャッシュフロー倍率（PCFR = price-to-cash-flow ratio）です。通常、減価償却費（depreciation）を加えたキャッシュフローで計算します。PERと同じように、PCFRが高いほど株価は割高、低いほど割安と考えられていますが、減価償却を組み戻しているので、成長企業などを判断する場合にはPERより有益と考えられます。減価償却費は損益計算書（profit and loss statement）では損金算入されるので、設備投資の大きい企業や先行投資の大きい成長企業ほど利益が圧迫されます。しかしPCFRでは償却費を組み戻して計算するので、投資の大きい会社ほどPERに比べてPCFRは低くなります。たとえば前述の会社でR&D（調査・開発＝research and development）関係の償却費が3億円あったとすると、利益は10億円ですが、キャッシュフロー・ベースでは3億円の償却費を戻して13億円となります。つまり、PCFRは15.3倍とPER（20倍）にくらべ割安感がでます。

● **英文で理解しよう**　　　　　　　　(http://moneycentral.msn.com)

Some analysts consider cash flow as perhaps a company's most important financial barometer, and the ratio of stock price to operating cash flow is favored by many over the price-earnings ratio as a measure of a company's value. Operating cash flow -- which is comprised of net earnings minus preferred dividends plus depreciation -- is arguably the best measure of a business' profits. Price-to-cash-flow ratios vary widely from industry to industry, with capital-intensive industries such as auto manufacturing or cable TV tending to have very low multiples, and less infrastructure-heavy industries, like software, sporting much higher ones. At this writing, the price-cash-flow ratio for the Standard & Poor's 500 companies is about 14. In other words, for every $1 that flows through those companies, their stock price is $14. But the average price-to-cash-flow ratio in the auto industry is 5, and in the software industry it is 39.

キャッシュフローを会社の財務状態を示すもっとも重要な指標であると考えるアナリストもいる。また、企業価値の尺度として、株価収益率より株価キャッシュフロー倍率を支持する人も多い。営業キャッシュフローは、純利益から優先株配当金を差し引いて減価償却費を足し戻したものだが、会社の利益をはかる尺度としておそらくもっとも妥当なものといえよう。株価キャッシュフロー倍率は業界ごとに異なる。たとえば、自動車製造会社やケーブルテレビ会社のような資本集約型の産業ではきわめて倍率が低く、ソフトウエア産業のような設備投資の少ない産業では高い倍率を示す。現時点で、S&P500の会社の株価キャッシュフロー倍率は約14、つまり、1ドルのキャッシュフローに対して、株価は14ドルとなっている。しかし、自動車産業の平均株価キャッシュフロー倍率の5に対して、ソフトウエア産業の倍率は39と高い。

英文読解のポイント

- Net earnings minus preferred dividends plus depreciationとは、「純利益から優先株配当金を差引いて減価償却費を足し戻す」こと、つまり普通株主に配分することができる現金ということ。
- Vary from industry to industryとは「業界ごとに異なる」という意味。
- Capital intensive industryは多額の設備投資を必要とする「資本集約産業」。
- Low multipleは「倍率が低い」。株価収益率は実際には倍率を表すので、price/earnings ratio（P/E）だけでなく、earnings multipleともいう。

3章 株式投資の実務

4 | 株価純資産倍率
PBR

　PBR（price book-value ratio）は、市場での株価（時価）と1株当たりの純資産（net worth, net assets, net book value）を比較した比率です。

> PBR＝株価／1株当たり純資産

　純資産とは会社の全資産から借入金などの負債を差引いた金額で株主資本金（equity capital）に等しくなります。たとえば、総資産が300億円で総負債が180億円、総発行普通株数が2000万株の会社の1株当たり純資産は600円（120億円／2000万株）となります。かりに株価が750円とするとこの会社のPBRは、以下の通り1.25倍となります。

> PBR＝750円／600円＝1.25

　会社が解散する場合に資産を処分して負債を返済し、手元に残るのが純資産です。したがって、純資産は最終的に株主に配分される資産といえます。理論的に考えれば、株価が純資産を下回ることはない筈ですが、実際には株価が純資産を下回る、つまりPBRが1倍以下の会社は多数あります。とくに、バランス・シートに計上されている資産額が現在の市場価値より低い、つまり含み損（hidden liability）をかかえている会社のPBRは低くなります。PBRが1倍を下回る株を割安株（undervalued stock）といいますが、割安株は時として買収（takeover）のターゲットになります。米国ではPBRの低い株を買収した後で、買収資産の一部または大半を売却して利益を上げる敵対的買収（hostile takeover）も見られました。

　ところで、1株当たり純資産や利益を算出するときに用いる発行株（shares issued and outstanding）とは「金庫株（treasury stock）を除く、株主が所有している発行済普通株」を意味します。しかし、転換型新株予約権付社債（convertible bond）やストック・オプション（stock option）などのように、現在は発行済普通株ではないが、将来普通株に転換する株もあります。これをdilutive securities（潜在的普通株）といいますが、これらdilutive securitiesを含めて、1株当たり利益を計算することも必要です。Dilutive securitiesを含めて計算したP/Eを（fully）diluted earnings per shareといいます。単にP/Eというと、通常は発行済普通株をベースに計算した1株当たり利益を指します、diluted P/Eと区別するためにbasic earnings per shareともいいます。

英文で理解しよう

Price/Book Value: The latest closing price of the stock divided by the most recent quarter's book value per share. (Book value is simply assets minus liabilities.) A favorite of strict value investors, the price/book value ratio gives some idea of whether you're paying a little or a lot for what would be left of the company if it went out of business immediately. A price/book ratio of less than one causes value hunters to salivate. One reason is that basic accounting principles, geared to err on the side of conservatism, typically understate a company's book value, since assets must be accounted for at cost less depreciation. Thus, a factory could have little or no value on the balance sheet even though, if it were for sale, it might bring millions. (http://moneycentral.msn.com)

株価純資産倍率：株価の直近の終値を、直近の四半期の1株当たりの簿価上の純資産で割ったもの（簿価上の純資産とは、単に資産から負債を差し引いたもの）。割安株を好む投資家にとって、株価純資産倍率は会社が倒産した場合の残存価値に対して、株価が高いか安いかの目安になる。株価純資産倍率が1以下であれば、割安株を狙っている投資家にとってその株は垂涎の的となる。保守的になりすぎる傾向のある基本的会計原則では、資産は減価償却費を引いた値で計上されるので、簿価は低い価値になることが多いからである。つまり、工場は貸借対照表上ではごくわずかかゼロの価値となっていても、仮に売却されれば何百万ドルの利益をもたらすこともある。

英文読解のポイント

- Closing priceは、「終値」「引け値」。Book valueは「簿価上の純資産」、つまり、資産から負債を差引いた金額。
- Go out of businessは「倒産する」という意味で、ほかにgo bankrupt、go bust、go broke、go underなどが同じ意味。
- Value hunterとは、「割安株（undervalued stock）を狙っている投資家」の意味。
- Book valueは「簿価」。バランスシートの資産や負債を時価（market value）で修正した簿価をadjusted book valueという。
- What would be left of the companyは残存価値。Residual value, salvage valueも同じ意味。会社が精算した時の価値はliquidating valueだが、のれん（goodwill）を含めて継続企業としての価値はgoing concernという。

3章　株式投資の実務

5　累積投資
Cumulative Stock Investment Program

　累積投資とは、毎月一定の期日にあらかじめ選んだ銘柄を一定の金額で買い付ける制度で、小口投資家にとって便利な投資方法です。一定額の買い付けなので、株価が高くなると買い付け株数が減る反面、株価が低い時にはより多くの株数を買うことができます。この買い方をドルコスト平均法（dollar cost averaging）といいます。この呼び名は英語の直訳で、わかりやすく訳せば「定額投資法」といったところでしょう。

　株式購入や売却のタイミングは誰にもわかりません。しかし、一定額を定期的に投資するドルコスト平均法を利用すれば、購入平均価格は常に市場平均価格を下回ることになります。以下の例で実験してみましょう。簡単な算数であることが分かりますね。

〈市場価格が上昇したケース〉

	株　　価	ドルコスト平均法	定額株投資
1月	800円	10,000円（12.5株）	8,000円（10株）
2月	1,000円	10,000円（10株）	10,000円（10株）
3月	1,200円	10,000円（8.33株）	12,000円（10株）
4月	1,400円	10,000円（7.14株）	14,000円（10株）
合計		40,000円（37.97株）	44,000円（40株）
1株当たりコスト		1,053円	1,100円

〈市場価格が下降したケース〉

	株　　価	ドルコスト平均法	定額株投資
1月	1,400円	10,000円（7.14株）	14,000円（10株）
2月	1,200円	10,000円（8.33株）	12,000円（10株）
3月	1,000円	10,000円（10株）	10,000円（10株）
4月	800円	10,000円（12.5株）	8,000円（10株）
合計		40,000円（37.97株）	44,000円（40株）
1株当たりコスト		1,053円	1,100円

　日本では、「るいとう」という呼び名で知られており、投資家は毎月一定金額を累積投資口座に払込み、証券会社はこれを合算して共同買付けをします。購入累積株が売買単位数に達すると、単位株として累積口座から一般口座に移されます。

● **英文で理解しよう**

Here's the dilemma : Your preferred brand of tuna is currently selling for $1.80 a can. What should you do? You could go ahead and buy $10,000 worth today (5,556 cans), but you might end up kicking yourself if there is a major sale in the next five months. Or, you could try to time the market by waiting for a sale, but if one doesn't occur--and prices climb steadily--you'll be much worse off than if you had bought sooner. Your third choice is to dollar cost average by following a systematic investment program.

The "magic" of dollar cost averaging is that you can end up with an average purchase price that is less than the average price over the time period. Over our five month period, the price of premium albacore tuna averaged $1.62 a can (($1.80 + $1.20 + $1.85 + $1.35 +$1.90) / 5). However, you paid an average purchase price of $1.56 a can ($10,000 / 6,393). By investing a fixed dollar amount each time, you bought more units when the price was low, fewer units when the price was high, and you ended up with more cans of tuna for your money.

(http://news.morningstar.com/news/MS/Investing101/DollarCostAveraging/dollarcostaveraging.html)

Month	Price of Tuna	Dollar Cost Average	Lump Sum
		$2,000 buy	$10,000 buy
Month 1	$1.80	1,111 cans	5,556 cans
Month 2	$1.20	1,667 cans	
Month 3	$1.85	1,081 cans	
Month 4	$1.35	1,481 cans	
Month 5	$1.90	1,053 cans	
Total		6,393 cans	5,556 cans

ここでジレンマが生じる。あなたが選んだブランドのマグロの缶詰は現在一缶1.8ドルである。そこでどうすべきか。1万ドル分すなわち5,556缶全部を今日購入することができるが、もし今後5ヵ月間に大売出しがあれば、後悔する結果になる。特売を待つこともできるが、もし特売がなく価格が上昇すれば、さらに悪い結果になる。第3の選択肢は系統だった投資計画に従って、ドルコスト平均法を行うことである。

ドルコスト平均法のもつ"魔法"は、購入期間を通じた平均価格よりも低い購入価格で購入することができることである。5ヵ月間のビンナガマグロの缶詰平均価格は一缶1.62ドルとなる($1.80 + $1.20 + $1.85 + $1.35 + $1.90)/ 5)。

しかし、平均法では一缶につき1.56ドルしか払わない（$10,000 ／ 6,393）。一定の金額を投資することによって価格が低いときには多くの缶詰を買い、価格が高いときには少ない缶詰を買う。結果としてより多くの缶詰を買うことになる。

月	マグロの価格	ドルコスト平均法による購入缶数	一括購入
		毎月2,000ドルずつ購入	10,000ドルで一括購入による購入缶数
1ヵ月目	1.80ドル	1,111缶	5,556缶
2ヵ月目	1.20ドル	1,667缶	
3ヵ月目	1.85ドル	1,081缶	
4ヵ月目	1.35ドル	1,481缶	
5ヵ月目	1.90ドル	1,053缶	
合計		6,393缶	5,556缶

英文読解のポイント

- ドル・コスト平均法を「マグロの缶詰」を使って説明したWebサイトから抜粋したもの。Kick oneselfは「後悔する」。Time the marketは「売買のタイミングを判断する」という意味。
- End up withは「……という結果になる」で、end up with a profit（最終的に利益となった）などと使う。
- Prices climbは「価格の上昇」をいうが、このほかにもprices rise, prices soarなども同じ意味。
- Worse offは「暮らしが苦しくなる」という意味。

The Difference Between Saving and Investing

Even though the words "saving" and "investing" are often used interchangeably, there are differences between the two.

Saving provides funds for emergencies and for making specific purchases in the relatively near future (usually three years or less). Safety of the principal and liquidity of the funds (ease of converting to cash) are important aspects of savings dollars. Because of these characteristics, savings dollars generally yield a low rate of return and do not maintain purchasing power.

Investing, on the other hand, focuses on increasing net worth and achieving long-term financial goals. Investing involves risk (of loss of principal) and is to be considered only after you have adequate savings.　　　　　　　　　　（http://www.womeninvesting.net/investment_basics.html）

貯蓄と投資の違い

「貯蓄」と「投資」はしばしば同じような意味で使われるが、ふたつの単語には違いがある。貯蓄は、緊急時のための資金や比較的近い将来（通常は3年以内）の特定の買い物のための資金である。安全性や流動性（現金化が容易）が貯蓄の重要な要素である。この特徴があるので、一般的に貯蓄の利回りは低く、購買力を維持できない。一方、投資は純資産を増加させて、資金面での長期的ゴールを達成することに重点を置く。投資には（元本を減らすという）リスクがあるので、適切な貯蓄額を持ったあとに投資を考慮すべきである。

コーヒーブレイク

テクニカル分析

株価は需要と供給で決まります。したがって絶対的な基準はありません。有名なエコノミストであるケインズは株価投資を美人コンテストになぞらえて次のように言っています。"It is like judging a beauty contest where the judges have to decide not just the most beautiful contestant but who everybody else thinks will be the winner."（株式投資とはちょうど美人コンテストの審査員のようだ。つまり、もっとも美しい人ではなくて、他の人みんなが優勝すると思っている人を選ばなければならない。）多数の人が株価の上昇を予想するときには株を買い、皆が下がると思うときに株を売るというわけです。もちろん、多数の投資家と反対の動きをする投資家もいるわけで、これらをcontrarian（逆張り投資家）と呼びます。

株の将来の方向を予想する分析方法にテクニカル分析（technical analysis）があります。チャートとかケイ線（chart）と呼ばれる株価の動きを示したグラフを分析するので、テクニカル分析をする人をtechnical analystとかchartistと呼びます。ここではいくつかテクニカル分析でよく利用される用語を説明しましょう。

Trend：市場全体や株価が動く方向で、高値（highest price）あるいは低値（lowest price）同士を結んだ線をトレンド・ライン（trendline）という。

Trading pattern：株価が作り出す形をいい、日本語でもパターンとして使われる。

Resistance level：高値での抵抗線をいう。supporting levelは下値の支持線。

Horizontal price movement：株価が狭いボックス圏で動く「横ばい」。Sideways price movementともいう。上方向への動きはup-trend、逆に下方向はdown-trend。

Moving average：移動平均線。特定期間の平均株価を示し、トレンドを見る。

Breakout：突き抜ける。上値抵抗線をbreakoutするとさらに上昇することになる。

Correction：一時的な株価の調整。上昇局面で株価が一時的に下落する時など。

Consolidation：correctionの後の地固めを表す際に良く用いられる。

Head and shoulder：日本語でもヘッド・アンド・ショルダーという。三つの高値で形成されるパターンでこの形が完成されると下方向のトレンドとなる。

Double top：これもそのままダブル・トップと呼び、二つの高値で形成されるパターン。下値のトレンドを指す。逆をdouble bottom（ダブル・ボトム）という。

Dip：一時的な下落、押し目を意味する。押し目買いはbuy on dips。

Selling climax：ほとんどの投資家が株式市場は暴落すると考えて、一斉に保有株を売るため大幅な下落となること。日本語でもセリング・クライマックスという。

V formation：ケイ線がちょうどV字型になることで、株価が底を打った場合に起こるパターンで、上昇傾向（bullish）となる。逆をinverse V formationという。

3章 株式投資の実務

6 株式指数
Stock Index

　株式市場全体や産業全体の動きを見るには株価指数が有益です。日本では日経平均（東証225）とTOPIX（東証株価指数）がもっとも頻繁に使われます。日経平均は東京証券取引所1部上場銘柄の中から、流動性・業種セクターのバランスを考慮して225銘柄を選択しており、株式市場の動向を伝える代表的な指数のひとつです。日経平均株価は対象225銘柄の株価合計額を銘柄数で割って算出します。しかし、実際には株式分割や組入れ銘柄の入れ替えがあるので、そのまま単純平均したのでは連続性を保つことができません。日経平均では分母（除数）を修正することで指数値の連続性を保っています。除数を英語ではdivisorといいます。ついでに、乗数のmultiplierも覚えておきましょう。米国の代表的な指数であるダウ・ジョーンズ工業株価平均（Dow Jones Industrial Average）も、日経平均と同じように株価平均法を採用しています。

　一方、TOPIX（東証株価指数）は東証1部の全銘柄の時価総額（株数×株価）と基準時価総額（1968年1月4日時点）を比較した指数です。連続性を持たせるために、上場廃止や増資などがあったときには都度基準時価総額を修正します。

| TOPIX =（比較時価総額／基準時価総額）×100 |

　東証が発表する時価総額ベースの指数には、TOPIXに加え、規模別、産業別の指数もあります。ところで、日経平均のように株価をベースとして平均株価を算出する指数をprice weighted indexといい、時価ベースをmarket capitalization weighted indexといいます。Weightedは、weighted average（加重平均）、risk weighted asset（銀行の自己資本比率のベースとなるリスク資産）などと金融ではよく使われる単語です。

英文読解のポイント

- Composition changesとは、ダウ工業株平均に組入れられた30銘柄の入れ替えという意味。Corporate acquisitionは企業買収、core businessは「中核となる事業」。
- Sustained growthは「持続的成長」、represent the sectorは「業界を代表する」。
- Price weightedは「価格平均」、market capitalization weightedは「時価平均」。

● **英文で理解しよう**　　　(http://www.djindexes.com/jsp/industrialAverages.jsp)

Dow Jones Averages Overview :The Dow Jones Industrial, Transportation and Utilities Averages are maintained and reviewed by editors of The Wall Street Journal. For the sake of continuity, composition changes are rare, and generally occur only after corporate acquisitions or other dramatic shifts in a component's core business. While there are no rules for component selection, a stock typically is added only if it has an excellent reputation, demonstrates sustained growth, is of interest to a large number of investors and accurately represents the sector(s) covered by the average. The DJIA is not limited to traditionally defined industrial stocks. Instead, the index serves as a measure of the entire U.S. market, covering such diverse industries as financial services, technology, retail, entertainment and consumer goods. The Dow Jones averages are unique in that they are price weighted rather than market capitalization weighted. Their component weightings are therefore affected only by changes in the stocks' prices, in contrast with other indexes' weightings that are affected by both price changes and changes in the number of shares outstanding.

ダウ平均株価の概要：ダウ工業、運送、公益株平均はThe Wall Street Journalの編集者が維持・見直しをする。継続性の観点から、構成銘柄の入れ替えはほとんど行われず、会社の合併とか、構成銘柄の主要事業部門に著しい変化が起きたときだけ入れ替えが行われる。構成銘柄の選択に特別のルールはないが、評価が高く、持続的な成長性を示し、大多数の投資家が関心を持っており、そしてダウ平均が対象とする産業を文字通り代表する会社が構成銘柄に選ばれる。ダウ平均は伝統的に工業株に限定しておらず、むしろ、金融、テクノロジー、小売、娯楽、消費関連などの多様な産業をカバーして米国の株式市場全体を示す尺度としての役割を果たしている。ダウ平均は時価平均ではなく株価平均であるという点に特徴がある。したがって、ダウ平均指数の平均値は、株価と発行株式数の両方の影響を受ける他の指標とは異なり、株価の変化のみに影響を受ける。

（上記英文はDow Jones&companyのDow Jones Indexesのwebサイトから抜粋）

3章 株式投資の実務

7 内部者（インサイダー）取引
Insider Trading

　インサイダー取引を一言で定義すると "Trading by management or others who have special access to inside information."（内部情報を特別に入手し得る立場にある経営者などの人が行う株取引）となります。また、inside information の定義は "material information about a company that has not yet been made public (http://www.marketvolume.com)"（会社が公表していない重要な情報）とあります。つまり、株価に影響を与えるような未公開情報が公表される前に、会社の内部情報（insider information）を知り得る立場にあるもの（内部者＝insider）がその情報を利用して行う株式取引で、これに対しては厳しい罰則が科せられます。ちなみに material infomation は、Mcmillan English Dictionary では "important enough to notice or to have an effect" となっています。日本では「会社関係者」が insider に相当します。会社関係者には、①会社役員とその配偶者や2親等内の血族　②会社の代理や従業員　③会社の大株主　④金融検査官など法律で内部資料を見る立場にある人　⑤会社と株価に影響を与えるような契約当事者などが当てはまります。また、未公表の重要情報を会社関係者から得た人（一次情報受領者）もインサイダー取引の対象となります。

　内部情報とは、その情報が公表されると株価に影響を与えると考えられる重要な情報を指します。たとえば、①合併や会社の分割、新製品・新技術の企業化などの決定事項　②主要株主の異動や主要取引先との取引停止など会社意思にかかわらず発生した事項　③大幅な損益や売上高の変動などの決算情報事項などが含まれます。

　米国のインサイダー取引の適用範囲は日本より広くなっています。Tipper や tippee という聞きなれない単語がインサイダー取引ではしばしば登場します。Tipper とは "A person who informs another person of material information that has not been made public relating to a public company." で、tippee とは tipper から内部情報を受取って、インサイダー取引をした人を指します。米国では、tippee だけでなく、情報を与えた tipper も同罪となります。Nasdaq の Web サイトにも "Under the US Securities Exchange Act of 1934, the tipper is jointly liable with his or her tippee who trades on the basis of the inside information" とあります。Tip には「チップ（心づけ）」という意味だけでなく、「秘密情報、垂れ込み」などという意味もあります。

● 英文で理解しよう

QUESTION: What is insider trading?
ANSWER: Trading when you know something "material" about a company that is not public information. Even if you're not an insider yourself, trading is illegal if you know or should have known that the information came from an insider and should not have been disclosed.

Q: What makes information "material"?
A: The likelihood that a reasonable shareholder would consider it important in making an investment decision. Some examples: information about earnings, mergers, acquisitions, changes in management or auditors, new products, developments regarding customers or suppliers, defaults on securities, bankruptcy filings.

Q: What if a broker tells you that he thinks a stock is about to go up or down?
A: That's no problem. Brokers pass along opinions and rumors all the time. But if the broker shares real inside information -- say, about a pending but still secret merger that he heard about from an insider -- you could be in trouble if you act on it.

Q: What if you have inside information, but you want to make a trade for reasons that have nothing to do with the information?
A: If you are aware of the information when you make a trade, the presumption is that you are acting on the information. However, the SEC allows exceptions for trades arranged in advance. For example, you don't have to stop regular purchases

問い：インサイダー取引とは何か。
答え：未公表の会社に関する重要な情報を知った上で、株取引をすることをいう。あなた自身が会社関係者でなくても、その情報が会社関係者から出たもので公表されていないことを知っているか、あるいは知るべき立場にあると、インサイダー取引に該当する。

問い：重要情報とは何か。
答え：一般の投資家が投資判断をする際に、重要だと考えるような情報をいう。例えば、収益、買収・合併、経営陣や監査役の変更、新製品、顧客あるいは仕入れ業者に関する何らかの進展、発行証券の債務不履行、破産申告などが重要情報といえる。

問い：証券会社の担当者から株の動向について聞いた場合はどうか。
答え：証券会社の担当者は、いつも（アナリストの）見解とか噂を伝えるので問題はない。ただ、担当者が会社関係者から聞いた本物の内部情報、例えば秘密裏に進行中の合併などをあなたに伝え、その情報に基づいて取引すると問題となり得る。

問い：かりに内部情報をもっていたとしても、その情報とは関係ない理由で取引をしたい場合はどうなるか。
答え：取引をするときに、内部情報をもっていたとすれば、その情報に基づいて取引をしたと推定されることになる。ただ、証券取引委員会（SEC）は、前もって取り決められていた取引は認めている。例えば、

of employer stock through a payroll deduction plan

Q : What if I don't trade, but just pass the information to a friend or relative?

A : That could get you in trouble if they use the information to trade even if you don't get any of the profits.

Q : What can happen to me if I trade when I have inside information?
A : One of the stock exchanges or the SEC might investigate your trading. You might be required to give back your profits. You might be fined. You might be sued by another investor who bought when you sold or sold when you bought. If it's a really serious case, you might face criminal charges.

(http://seattlepi.nwsource.com/business/76232_insider27.shtml)

給与天引きで自社株を定期的に買っている場合にはそのまま続けられる。

問い：自分自身は取引はしないが、内部情報を友人や親戚に流すとどうなるか。

答え：たとえあなたがその情報から利益を得ないとしても、情報受領者がその情報に基づいて取引をすると、あなたもトラブルに直面することになる。

問い：インサイダー取引をするとどうなるか。
答え：証券取引所またはSECがあなたの取引を調査する。取引からの利益の返却を求められたり、罰金が科せられることになろう。反対取引をしたほかの投資家から訴えられるかもしれない。より深刻なケースだと、刑事罰を科せられるかもしれない。

| 英文読解のポイント |

- Materialには、「重要な」のほかにも「物質の、物質的な、実質的な、実体の、物欲的な」という形容詞や、「材料、原料、素材、物質」などの名詞もある。「重要な」では、material factor（重要な要素）、material event（重要な出来事）と使われる。Significantも同じように使われる。
- Changes of management or auditorsは「経営陣や監査役の変更」で、悪材料と解釈されることが多く、株価下落を引き起こす。
- Defaults on securitiesは「発行した債券などの元金や利息の債務不履行」。債務不履行は会社の財務内容が悪いことを意味するので、株価下落要因となる。
- Bankruptcy filesは、裁判所に対して「会社更生」など倒産にかかわる届出を行うこと。
- Payroll reduction planは、社員持株プランなどのように、投資必要資金を給料から自動的に引き落とすこと（給料天引き）のこと。
- ここにある質問 "What if I don't trade, but just pass the information to a friend or relative?" がまさしくtipperとなる状況をいう。
- Criminal chargeは「刑事責任」を問われることだが、民事責任の場合はcivil liability。

コーヒーブレイク

人事と英語

　会社に入ると社員（employee）となり、会社（employer）と雇用関係（employment relationship）を持つことになります。会社の目標を共有する仲間になるわけです。上役が社員に呼びかけるときにfolksという言葉をよく使いますが、これは親しみを込めていう言い方です。社員の報酬（compensation）や福利厚生（fringe benefit）の面倒を見る部署が人事部です。日本企業ではpersonnel departmentというところも多いようですが、米国などでは、人材が会社にとって重要であるという意味を込めてhuman resources（人財部）と呼んでいます。日本では人事部が主体となって採用を行いますが、米国企業などでは採用部門が主体となり、職務内容（job description）を合意したうえで入社します。採用する場合に3〜6ヵ月程度試用期間（probationary period）を設けるのが一般的です。

　社員の報酬は基本給（base salary）と業績（performance）に応じて支払われるボーナス（bonus）が基本です。基本給はjob descriptionやjob grade（職級）に応じて市場水準を考慮して決定されます。福利厚生には年金プラン（pension plan）、有給休暇（paid holidays）、健康保険（health insurance）などが含まれます。Perquisite（基本給以外の特典）も基本給に上乗せされるfringe benefitでperkと略して呼ばれます。教育費、法律関係費、社用車の利用などがperkの例です。

　ボーナスは業績評価（performance appraisal）で大きく変動します。主な評価項目には、収益の貢献度（financial results）、顧客との取引関係（customer results）、事務能力（operational efficiency）、指導力（leadership）や主要能力（key competencies）などがあります。公平な評価を得る目的で上司（boss、supervisor）だけでなく、同僚（colleague）や部下（subordinate）も評価する360度評価（360 degree appraisal）が広く利用されています。米国では多くの日本企業が採用しているような終身雇用（life-time employment）や年功序列（seniority system）ではなく、実績と専門性（skill set）が昇進（promotion）の鍵となります。多くの米国企業では、基本給とボーナスに加えて、長期インセンティブ・プラン（long-term incentive plan）を用意します。これは優秀な人材の流出防止が目的で、ストック・オプション（stock option）などがあります。米国などでは人材のスカウト業（executive searchとかheadhunter）が活発なので長期プランが重要となります。

　会社は生き物（going concern）ですから、業績次第ではリストラ（合理化）の一環として人員整理が行われることもあります。これをredundancy（余剰人員整理）といいます。対象となった社員には、通常の退職手当のほかに、勤務年数（period of service）に応じてseverance package（退職手当、解雇手当）が支給されます。また、転職支援会社（outplacement firm）を紹介する場合もあります。

3章　株式投資の実務

8 信用取引
Margin Trading

　信用取引とは顧客が証券会社に一定のお金や有価証券（委託保証金＝margin money）を預けることで、証券会社から資金や株式を借りて取引をする形態をいいます。信用取引のメリットは、少額の投資金で大きな利益をあげられることですが、当然その逆のケースもあります。たとえば、あなたがA社株（株価500円）1,000株を信用取引で売るとします。売却代金の30％の150,000円の委託保証金を証券会社に預け、A社株1,000株を証券会社から借りて売却します。売却代金（500,000円）は全額証券会社に預けます。もし、3ヵ月後にA社株が400円に下がったとすれば、400円で株を買い戻して証券会社に返却すれば、当初売却価格（500円）との差額100円（合計で100,000円）の儲けとなります。150,000円の資金で100,000円の利益をあげたことになります。しかし、逆に株価が700円に上昇した場合には、200円（合計で200,000円）の損となります。株価の上昇には限度がありませんから、理論的には無限大のリスクがあることになります。

　信用取引にはmarginという単語が使われます。信用取引はmargin trading、信用取引勘定はmargin account、保証金が不足した時に求められる追加保証金（追証）はadditional marginあるいはmargin call、最低委託保証金はminimum margin requirementなどです。

　信用取引で株を買うことをbuy on margin（信用買い）、売ることをsell on margin（信用売り）といいます。「空売り」とは信用取引を通じた売りを指すこともありますが、主に機関投資家や大口投資家が貸株市場で株を借りて売る場合を意味します。short saleとかselling shortが「空売り」を意味し、空売りの状態をshort positionといいます。空売りには一定のルールが課せられるのが一般的です。例えば、米国ではshort sale ruleがあり、①株価が直前の取引価格より高い（uptickまたはplus tick）か、②直前の取引価格と同じだがその前の価格よりは高い（zero-plus tick）場合のみから売りが許されます。tickは「値動き」を意味し、直前価格より低い場合が、downtickあるいはminus tickで、直前価格と同じだがその前より低い場合がzero-minus tickといいます。

● 英文で理解しよう

Use of margin accounts : A customer who purchases securities may pay for the securities in full or may borrow part of the purchase price from his or her securities firm. If the customer chooses to borrow funds from a firm, the customer will open a margin account with the firm. The portion of the purchase price that the customer must deposit is called margin and is the customer's initial equity in the account. The loan from the firm is secured by the securities that are purchased by the customer. A customer may also enter into a short sale through a margin account, which involves the customer borrowing stock from a firm in order to sell it, hoping that the price will decline. Customers generally use margin to leverage their investments and increase their purchasing power. At the same time, customers who trade securities on margin incur the potential for higher losses. (http://www.nasdr.com/2535.asp)

信用取引勘定の利用：証券を購入する顧客は購入代金全額を支払うか、あるいは、取引証券会社から購入価格の一部を借り入れすることができる。顧客が証券会社から資金を借り入れる場合、証券会社に信用取引勘定の口座を開くことになる。顧客が預ける購入価格の一部は委託保証金と呼ばれ、顧客の最初の自己資金となる。証券会社からの貸し出しは、顧客が購入した証券によって担保される。株価が下落することを期待して、信用取引勘定で空売りを行うこともできる。その場合には、証券会社から証券を借り入れることになる。顧客は購買力を増大させるために信用取引を利用する。同時に、信用取引を使って株の取引する場合には、より大きな損失をこうむることもあり得る。

英文読解のポイント

- Securities firmは「証券会社」firmには「会社」の意味があり、law firm（法律事務所）などと使われる。
- Initial equityのequityはここでは「自己資金」と解釈してもよい。Equityは「持分」の意味で、そこから発展してcommon equity（普通株式）、equity capital（株主資本）、debt and equity（負債と資本）などと使われる。
- Securedは「担保される」。Securityには「保全、安全、安全保障」などに加え、「担保」の意味がある。複数形（securities）は「有価証券」。
- Purchasing power やbuying powerは、購買力。purchasing powerが上昇しない限り株価は上昇することはない。

力試し4 — 英文金融記事を読みこなす

Third bank bailout looming for Japan
Public money may be used to write off $754b of debt

WASHINGTON - Japan may be moving closer to its third bank bailout in four years, with the government considering helping lenders write off the 52 trillion yen (S$754 billion) in bad loans that are stifling growth, Finance Minister Masajuro Shiokawa said.

Japan 'should use public funds for banks if necessary', he told reporters on his arrival in Washington on Friday to meet his counterparts from the Group of Seven industrial nations.

His comments came a week after the Bank of Japan said it would buy some of the lenders' US$200 billion (S$355 billion) in stockholdings, signalling its view that banks need government help to survive.

He is trying to win global financial leaders' support for the Bank of Japan's controversial plan to buy shares from banks, saying it would have the same effect as monetary easing.

Mr Shiokawa, in a meeting with United States Treasury Secretary Paul O'Neill, said the Bank of Japan policy had its merits, especially in an economy where banks and companies had a tradition of cross-shareholding, he told a press conference.

Japan will also consider ordering the state-backed Resolution and Collection Corporation to pay higher prices for bad loans to entice banks to speed write-offs.

It paid an average of just 12.6 per cent of face value for loans in the three months ending Sept 30.

'Japan has too many banks and some regional banks should be merged,' he added.

To help resolve this over-banking problem, 'public funds should be injected' to encourage mergers.

Bad debts are paralysing Japan's banking system, starving the world's second-largest economy of the fresh credit it needs to expand.

Bank lending has not increased since October 1996.

Bad and at-risk loans may total as much as 150 trillion yen, ratings agency Standard and Poor's said on Thursday.

（出所：Reuters appeared on The Straits Times in Singapore dated Seotember 29, 2002）

訳

3度目の銀行救済が浮上
公的資金が7540億ドルにのぼる不良債権の償却に使われる可能性も

　ワシントン発—日本政府は過去4年間で3度目となる銀行救済の方向に傾いている。日本の経済成長のネックとなっている52兆円（7540億Sドル）にのぼる銀行の不良債権の償却を、政府が支援することを検討していると、塩川正十郎財務相は語った。日本は「必要であれば、銀行のために公的資金を使うべき」と、先進7カ国（G7）の財務相と会談するために金曜日にワシントンに到着した同財務相は記者団に述べた。財務相のコメントの1週間前に、日本銀行は民間銀行が保有している2000億米ドル（3550億Sドル）にのぼる株式のうちいくらかを買い取る意向がある旨述べたが、これは銀行が生き残るためには政府の支援が必要だとの考えを示唆したものである。日銀が株を民間銀行から買い取ることには賛否両論があるが、財務相は、株の買い取りは金融緩和と同じ効果があると述べることで、G7会議出席の金融・財政のリーダーからサポートを得るつもりである。

　塩川財務相は、伝統的に銀行と企業が株式持合いをしているという経済環境では、特に今回の日銀の政策はメリットがある旨、オニール米財務長官との会談で述べたと、記者会見で語った。さらに、日本政府は不良債権の償却を促進させるために、国家機関であるRCC（整理回収機構）に対して不良債権を高い価格で買い取る旨指示することも検討している。RCCが9月30日までの3ヵ月間で行った買い取り金額は、ローンの表面金額の平均12.6％にすぎなかった。

　「日本の銀行の数が多すぎる。何行かの地方銀行は合併されるべきだ」とも財務相は述べた。またオーバー・バンキングの問題を解決するためにも、合併を促進する目的で「公的資金が注入されるべきだ」とも語った。不良債権は日本の銀行システムを麻痺させ、世界第2位の経済大国から成長のために必要な新たな信用供与能力を奪っている。銀行与信残高は1996年10月以来増加を示していない。

　不良債権とリスクの高いローンは150兆円にのぼる可能性もある、と格付会社のスタッフは木曜日に語った。

Key Word

　前記の英文は、シンガポールのThe Straits Timesにロイター発として掲載された新聞記事である。したがって、通貨がシンガポール・ドルとなっている。米国以外の記事を読むときには、通貨単位にも気をつけよう。

Bailoutは「救済、緊急援助」という意味で、ここでは銀行救済を意味する。Bailout plan（救済策）、bailout fund（緊急援助資金）、bailout loan（救済貸出）などと使う。

Write offは「償却」でバランス・シートから引き落とすことをいう。

Stifle growthのstifleは「息の根をとめる、窒息させる」という意味だが、ここでは「経済成長を阻害している」という意味となる。

Group of seven industrial nationsは先進7カ国（G7）と訳される。Developed nations（country）やadvanced nationsも同じ意味。

Monetary easingは「金融緩和」。Credit expansion、credit relaxationも同じ意味となる。反対に、金融引締めはtight money、money squeezeなどという。

Cross-shareholdingは「株式持ち合い」、つまり、銀行と企業、あるいは企業同士がお互いに相手の株を持ち合うことをいう。

Resolution and Collection Corporation（整理回収機構）は、米国のRTC（Resolution Trust Corporation）にならって設立された政府機関で、不良債権の買取などを行う。

Over-bankingは銀行の数が多すぎる「銀行過多」の状態をいう。Overbook（予約の取りすぎ）、overload（加重負荷）、overbill（過大支払）などと使う。

Fresh credit it needs to expandは「日本がさらに経済成長していくために必要な新規の貸出」という意味。ここでいうfresh creditは「新規にお金を貸し出すこと」。

Bad and at-risk loansのat-riskは文字通り「リスクにさらされている」という意味で、ここではリスクの高いとしたが、日本の銀行の自己査定による「注意先債権」とも解釈できよう。

解　説

　日本の銀行が抱える不良債権問題について報道している上記の新聞記事は比較的読みやすいうえ、時事用語がふんだんに登場するので取上げた。Bailout、public money、write off、bad loans、cross-shareholding、Resolution and Collection Corporation、over-bankingなど、日本の金融問題では頻繁に出てくる単語である。ただ、字面だけを見ても、中身を理解していないとなかなか理解できないこともあるので、日本の新聞と比較しながら読むことも有益である。金融英語という特殊な英語があるのではなく、その中身にもっとも相応しい英単語が使われていることを理解していただきたい。

第五部

金融マーケットの行方

　まとめとして、現在の金融問題にとどまらず政治、経済、社会問題など全般の問題となっている不良債権とは何か、その処理方法などについて述べる他、金融業界の環境の変化、これからの方向、あり方について考えます。金融は国の経済の血流ですから血管に滓が溜まったり、血栓ができたりしては、肝心の血液がうまく循環してくれません。金融業が新しい産業として生まれ変わり、その役割を十分果たすにはどうすれば良いかを考えます。

金融マーケットの行方

1 不良債権
Bad Debt

　不良債権とは元本や利息の支払いが遅延したり返済不能となった貸出金のことで、non-performing loansとかbad loans といいます。Non-performing loanは「機能していないローン」つまり「不良貸出」となります。Bad debtも「不良債権」を意味しますが、debtは「債務、借入金」という意味なので、直訳すると「不良借入金」となりそうですが、「不良債権」と訳します。Debtという単語は、debt capital（株主資本＝equity capitalに対する借入資本）、debt burden（債務負担）、debt assumption（債務引受け）、debt accumulation（累積債務）など金融では頻繁に登場する単語です。日本の銀行の貸出債権に占める不良債権比率（delinquency ratioあるいはbad debt ratio）は異常に高く、金融システム全体を揺るがす大きな問題となっています。

　巨額な不良債権は日本がバブル経済（bubble economy）に踊った1980年代後半に発生しました。Bubbleは「泡」ですから、まさに泡のように膨らんだ実体の伴わない経済だったわけです。1985年9月の先進5カ国蔵相会議でドル安誘導が合意された結果、急激な円高（appreciation of yen）がもたらされたことがバブル経済発生の発端です。なお、この会議は開催場所であるニューヨークのPlaza Hotelからプラザ合意（Plaza Accord）と呼ばれます。日本は円高対策として大幅な金融緩和策（easing of monetary policy）を採り、その結果過剰流動性（excess liquidity）が発生、余剰資金（surplus fund）は土地と株式に向かいました。大企業の銀行離れが進むなか、銀行も積極的に不動産関連貸出を推進しました。こうして地価（land price）や株価（stock price）の上昇、担保価値の上昇、貸出の増加とバブル経済へ突入していったのです。

　その後1989年から公定歩合（official discount rate）の引き上げなどの金融引締め策（tight monetary policy）によりバブルの崩壊（collapse of bubble economy）が始まり、地価や株価の大幅下落、貸出債権の不良債権化、銀行破たん（bank failure）、金融システム不安（systemic risk）へと進んでいく結果となりました。不良債権問題で体力の衰えた銀行に対して、政府が公的資金（public money）を投入して銀行救済策（bailout plan）がとられました。

英文で理解しよう

(http://www.investorwords.com)

Non-performing asset：A loan or lease that is not meeting its stated principal and interest payments. Banks usually classify as non-performing assets any commercial loans which are more than 90 days overdue and any consumer loans which are more than 180 days overdue. More generally, an asset which is not producing income.

不良資産：貸付金またはリースで、約定通りに元本および利息の支払いがなされていないものをいう。銀行は通常90日を超えて延滞した商業貸出や180日を超えた消費者貸出を不良債権として分類する。より一般的には、収入を生まない資産のことをいう。

Public fund：In the bad debt context, the term public fund refers to the creation by the government of a budget for use in assisting banks in writing off bad debt. The purpose of a public fund is to support the financial system by avoiding the severe consequences that would result from bank failures.

公的資金：不良債権との関係からいうと、公的資金とは銀行の不良債権償却を支援するため、政府が予算措置を講ずることをいう。公的資金の目的は、銀行の倒産から起こりうる厳しい事態を避けることで、金融システムを支えることである。

英文読解のポイント

- Non-performing assetのassetは、loanやleaseの債権を指す。銀行の不良債権は、non-performing loan、bad loan、bad debtという。
- Meeting its stated principal and interest payments のmeetは「応ずる、支払う」の意味。Meet expensesは「費用を支払う」となる。
- Stated principal and interest payments のstatedは「契約などで決められた」。
- Overdue のdueは「支払い期限がきた」の意味
- Public fund は「公的資金」の英語訳として使われるが、国民の税金で金融システムを支えるのが目的なのでpublic moneyまたはtaxpayers' moneyの方が適切。
- ここでは、creation by the government of a budgetは、個別目的の予算（for use in assisting banks in writing off bad debt）を意味するので、「予算措置を講ずる」と訳した。

金融マーケットの行方

2 | 不良債権処理方法
Bad Debt Disposal

　日本の不良債権の定義は銀行の自己査定や金融再生法などで異なっているので注意が必要です。たとえば、金融再生法では開示債権（assets classified）と呼び、①破綻またはこれに準ずる債権（bankrupt or de facto bankrupt）②6ヵ月以上利払いが延滞している危険債権（doubtful）③3ヵ月以上の延滞あるいは条件を緩和した要管理債権（special attention）を不良債権としています。また、銀行の自己査定ベースでは、問題のない債権を第1分類（正常債権＝normal asset）とし、3ヵ月以上の利払い延滞債権および貸出条件緩和債権を第2分類（要注意債権、要管理債権＝substandard loan）、経営改善の見込みが立たない債権などを第3分類（回収懸念債権、危険債権＝doubtful asset）、倒産債権または事業の再建が不可能な債権を第4分類（回収不能債権、破産更正等債権＝bankrupt and quasi-bankrupt asset）としています。なお、金融庁による分類は右のページを参照してください。

　不良債権の処分にはいくつかの方法があります。不良債権の回収不能見込み金をあらかじめ引当金（allowance for bad debt、loan loss reserve）として計上する方法をreserve methodといいます。引当額は回収見込み額により異なってきますが、破綻債権などではほぼ100％、回収懸念債権では30％程度の引当を計上します。日本の銀行は税金の問題もあり、大半の不良債権を引当金計上で処理してきましたが、この方法では、不良債権は引き続き資産として残るので、担保価値が下がると不良債権額が増加するという問題を含んでいます。一方、不良債権を完全にバランスシートから引き落とすdirect charge-off methodという処分方法もあります。貸出金の償却（write-off）がその代表格です。破産法（Bankruptcy Law）などに基づいて法的に処理する方法と、債権の棒引きを認める債権放棄（debt forgiveness）があります。法的処理では会社に対する債権全体を償却しますが、債権放棄は不良債権の一部帳消しに過ぎず将来再度業績が悪化して二次損失が生ずる怖れもあります。また、複数の不良債権と担保不動産をまとめて第三者に売却するバルクセール（bulk sale of bad debt）という方法もあります。この場合には、通常大幅な割引（discount）で第三者に売却します。外資系金融機関が積極的に購入しました。

● **英文で理解しよう**

Write-off : A write-off occurs when an asset is charged as an expense or loss on the books of the owner. This has the effect of reducing or eliminating the value of the asset, which reduces profit. Write-offs are taken in accordance with allowable tax depreciation of a fixed asset, and with the amortization of certain other assets. In the context of bad debt, a write-off means that the lender no longer expects to be able to collect either principal or interest on the debt and it is recognized as being unrecoverable.

償却：償却が発生するのは、ある資産がその所有者の帳簿上経費ないし損失として計上されるときである。この結果としてその資産の価値は縮小ないし削除され、また利益も縮小する。償却は固定資産の税償却限度や他の資産の償却に従って行われる。不良債権でいう償却とは、貸し手が最早債権に対する元本も金利も取り立ての見込みが無いと考え、したがって回収不能と認識したことを意味する。

英文読解のポイント

● Write-off は動詞のwrite off（帳消しにする、資産を減価償却する）の名詞形。一般に固定資産の償却は税法上決められたallowable tax depreciation（税法上の減価償却限度）に従って行われる。なお、allowance はaccounting（会計）用語では引当金に当たる。An allowance for profit（利益引当金）。
● 米国では不良債権の償却は、回収不能と認識される（recognized as being unrecoverable）のは貸し手の判断で実施できる（the lender no longer expects to be able to collect --）が、日本では整理や会社更生法などの法的手続きがなされないと無税で償却できない。

〈金融庁による不良債権の分類〉

破綻先債権	Loans to borrowers in legal bankruptcy	借入人が法的に破産状態にある債権
延滞債権	Past due loans in arrears by 6 months or more	利払いが6ヵ月以上延滞している債権
3ヵ月以上延滞債権	Past due loans in arrears by 3 months or more and less than 6 month	利払いが3ヵ月以上6ヵ月未満延滞している債権
貸出条件緩和債権	Restructured loans	貸出条件を緩和した債権

金融マーケットの行方

3 金融機関を取り巻く環境の変化
Changing Environment Facing Financial Industry

　銀行の不良債権問題だけでなく、金融市場は大きく変化しています。まず、金融庁（Financial Services Agency）などの行政機関が金融機関全体を保護する護送船団方式（convoy system）から事後検査方式にシフトしています。金融機関が行政に頼らず自己責任原則を求められる時代になったのです。

　会計原則も取得原価主義（acquisition cost basis、historical cost basis）から資産や負債を現在の価値で修正する時価主義会計がグローバル・スタンダードとなっています。時価会計はcurrent value accounting、market value accounting、mark-to-market accountingなどといいます。時価会計では、株価が下落するとバランスシート上の株価を評価替えしますが、取得原価会計では下落した株価はバランスシートに表れません。これを含み損（unrealized loss）といいます。日本の金融機関は取引関係強化や敵対的買収（hostile takeover）防止の目的で取引先企業と互いに株式の持合い（cross-shareholding）を行ってきましたが、時価会計の導入やBISの自己資本規制（capital adequacy requirements）などにより株式持合いの解消が進んでいます。

　財務内容の開示（disclosure）も、従来の単独財務諸表（unconsolidated financial statements）から連結財務諸表（consolidated financial statements）主体となりました。あわせて子会社（subsidiary）や関係会社（affiliate company）の定義も変更され、関係会社を利用した決算操作（window dressing）が容易にできないようになりました。

　さらに、純粋持ち株会社（pure holding company）の解禁、会社分割（corporate divestiture）や株式交換（stock for stock）の導入など、業界の再編（industry restructuring）を促進する法律の改正もなされました。M&Aアドバイザリー業務（M & A advisory business）など、業界の再編の過程で金融機関が果たす役割も大きく変化しようとしています。

　金融機関自体も持ち株会社を設立することで、銀行、証券、信託業務に参入できるようになりました。また証券会社が免許制（licensing system）から登録制（registration system）になり、インターネット銀行に異業種から参入するなど、金融業界を取り巻く環境は大きく変貌しています。新しい金融が求められる時代となったのです。

● **英文で理解しよう**

Cross-holdings :The holdings by one corporation of shares in another firm. One needs to allow for cross-holdings when aggregating capitalizations of firms. Ignoring cross-holdings leads to double-counting.　　　　　　　　　　　　　　(http://www.bloomberg.com)

持ち合い：ある会社が別の会社の株式を保有すること。複数の会社の総資本額を合計するときには、持ち合い分を割り引く必要がある。持ち合い分を無視すると二重計上になる。

Market price : A security's last reported sale price (if on an exchange) or its current bid and ask price (if over-the-counter); i.e. the price as determined dynamically by buyers and sellers in an open market. Also called market value.　　　　　　　　　(http://www.investorwords.com)

市場価格：有価証券の最新の公表売値（上場されている場合）または現在の呼値（店頭取引の場合）をいう；即ち、公開された市場で買い手と売り手が活発に取引して決まった価格である。時価とも呼ばれる。

英文読解のポイント

- Cross-holding は cross-shareholding ともいう。会社同士がお互いに株式を持ち合うことで、安定株主（stable shareholder）として貢献した。「株式の持ち合いが解消する」ことは unwinding of cross-shareholdings という。
- One needs to allow for cross-holdings の allow for は「考慮に入れる」。
- Aggregating capitalizations of firms は、「連結対象会社（consolidated companies）の場合など、複数の会社の総資本額を合計する」ことを意味している。Market capitalization は、現在の株価に発行株数を掛けて算出する時価総額を意味する。
- If on an exchange は詳しく言えば if the security is listed on an exchange ということで、exchange は stock exchange の略称で株式取引所。Reported sale price は取引所で公表されている売値が時価となる。
- If over-the-counter は「店頭市場の場合では」という意味で、market makers が提示する bid and asked price（買い呼値・売り呼値）が時価となる。
- Market value＝時価が今重視されるのは、時価が open market で、活発な売買の結果決まるもので、現在の価値を示すのにこれ以上のものはない、との考えによる。

金融マーケットの行方

4 | 低くなる業界の壁
Lower Firewall between Segments of Finance

　1929年に起こった米国大恐慌（Depression）の反省から、1933年銀行法（Banking Act of 1933）、通称Glass-Steagall Actで規定された銀行業務と証券業務を隔離した壁をfirewallといいます。Firewallは「防火壁」という意味ですが、金融の世界では銀行・証券間の壁をいいます。同じような単語にChinese wallがありますが、これはインサイダー取引などの不正取引を防ぐ目的で、同じ会社の部門間（例えば、M&A部門と株式販売部門）における情報の壁を意味します。中国の万里の長城に由来しています。日本でも証券取引法（Securities and Exchange Law）により銀行と証券のfirewallが規定されました。しかし、金融自由化の進展に伴い1992年の金融制度改革関連法では銀行、信託、証券各業務への相互参入が子会社経由で認められるようになりました。米国でも1999年11月にGramm-Leach-Bliley Actが制定され、銀行と証券の垣根が事実上撤廃されました。今後、銀行・証券だけでなく、保険業務や投資信託業務など幅広い金融分野における垣根はさらに低くなるでしょう。金融のone stop shoppingをねらって、銀行、証券、保険、消費者金融を巻き込んだ大再編は不可避でしょう。

　金融自由化の流れに伴い、金融業界には異業種や外資からの参入が相次いでいます。保険業界では事業会社としてソニーが最初に外資との合弁（joint venture）の形で参入したほか、オリックスなども進出しています。また外国の有力保険会社が、1990年代後半から相次いで破綻した生命保険会社の買収を通じて日本市場に参入しています。銀行業については預金者保護（protection of depositors）や銀行経営の健全性などから、異業種による新規参入に対して金融庁などの監督当局（regulator, regulatory body）が慎重な姿勢を維持していますが、破綻銀行の株主として複数の外資系投資ファンドや日本企業グループなどが参入しています。また、ネット・バンキング（on-line banking）やコンビニ銀行（in-store banking）を通じて、ソニーやイトーヨーカ堂などの異業種が銀行分野に参入を果たしています。証券の分野でも、破綻した山一證券の大半の支店や従業員をMerrill Lynchが購入したほか、Citigroupが日興證券と合弁で投資銀行を設立する（日興シティグループ証券）など、外資の積極的参入が顕著です。

英文で理解しよう

Glass-Steagall Act: The Glass-Steagall Act is a US law passed in 1933 as part of a program to enhance public confidence in the US banking system. Under the Act, a system of deposit insurance was created and banks were prohibited from brokering and underwriting stocks and corporate bonds. The financial market was divided into three sectors: banking, insurance and securities. Institutions in one sector were generally prohibited from doing business in the other two sectors as a way of reducing the risk of a major financial collapse. However, the recent trend has been to eliminate regulation and to allow financial institutions to offer a full range of financial products. Many banks, for example, now own discount brokerages, sell mutual funds and participate in underwriting securities, while insurance companies and securities companies engage in business activities that were traditionally the exclusive province of the banks.

グラス・スティーガル法：グラス・スティーガル法は、米国の銀行制度に対する国民の信頼を高める計画の一環として1933年に通過した米国の法律である。この法律の下で、預金保険制度が創設され、銀行は株式や社債の委託売買や引受けを行うことを禁じられた。金融市場は銀行、保険および証券の三分野に分割された。大規模な金融崩壊のリスクを軽減する手段のひとつとして、ある分野の会社が他の二分野で業務を行うことが一般的に禁じられた。ところが、最近は規制を取り除き、金融機関があらゆる金融商品を取り揃えて提供することを認める傾向にある。例えば多くの銀行は今ではディスカウント・ブローカーを所有し、投資信託を販売し、有価証券の引受けに参加している。他方、保険会社や証券会社は、伝統的に銀行の独占的な分野であった業務に進出している。

英文読解のポイント

- Glass-Steagall Act は1933年銀行法の通称で立法者の名前をとったもの。
- Confidence in the banking system は「銀行制度に対する信頼」の意味。Act with confidence は「大胆に行動する」。
- Banks were prohibited from brokering and underwriting stocks and corporate bond は「銀行が証券業務（株や社債の取次ぎや引受け）を禁止された」。
- Eliminate regulation は「規制の撤廃」で deregulation は規制緩和。

金融マーケットの行方

5 新しい金融業へ
Toward a New Financial Industry

　金融機関を取り巻く環境は大きく変わりつつあり、自己責任をもった特色のある経営が求められています。株主や監督官庁などの利害関係者（stakeholder）は会社業績や法令遵守体制に厳しい目を向けています。ROE（株主資本利益率）などの財務指標が低迷すると株価に直接響くだけでなく、ペイオフを嫌って預金が流出することになります。また法令遵守違反は評判リスク（reputation risk）を傷つけ信用を失います。強固なリスク管理体制（risk management system）を維持しつつ、高い収益を達成しなければなりません。従来のような横並び経営はもはや通用しません。それでは、特色のある経営とはなんでしょうか。

　世界を舞台とするglobal bankをめざしてmegabank（巨大銀行）となるのも一つの選択肢でしょう。あるいは、規模は小さくとも真似の出来ない技術やサービスで「すきま」（niche）を狙って業績を挙げているniche-playerをねらうことも考えられます。また、地域に密着したregional bankや大銀行に負けないsuper regional bankというビジネス・モデルもあります。富裕層（wealthy individual）を対象としたprivate bankingや一般の個人投資家を対象としてon-line bankingに徹する方法もあります。あるいは、若い成長企業を対象として出資や劣後融資（subordinated financing）を行い、将来のキャピタル・ゲインをねらうmerchant bankingやプライベート・エクイティ（private equity）も選択肢となります。

　もはや会社は永久に存続する存在ではありません。M&A（合併や買収）を通じて会社が変化する時代です。買収対象会社の資産を担保に借入をして買収をするleveraged buyout（LBO）、従業員が会社や一部門を買収するmanagement buyout（MBO）や敵対的買収（hostile takeover）が当たり前の時代になるでしょう。日本の家計（household）が保有する資産は1,400兆円になっていますが、大半が銀行預金や保険・年金準備金に充当され、債券、株、投資信託には13%しか投資されていません。米国の55%とは対照的です。巨額の家計資産は将来資本市場（capital markets）に向かいます。その時にはさまざまな投資リスク商品が登場するでしょう。高利回り債（high yield bond）や仕組み商品（structured product）も大きなシェアを占めるかも知れません。

● 英文で理解しよう

Private equity : The term private equity refers to equity investment in private companies, including start-ups, new ventures, acquisitions and expansions. These investments are not offered to the general public and do not trade publicly. Typically a very small number of investors, often just one, participate in any single transaction. Typical transactions include: Management buy-out and buy-in (Divestitures, succession planning) and takeover of an under-performing public company by new management. (http://www.iamgroup.ca/ac_privateequity.asp)

Niche player : A niche player is a financial institution that offers a narrow band of services or products to a carefully targeted customer market. The basic theory of the niche players is to provide cost efficient and state of the art service and products to knowledgeable customers in a single market or service and product segment.

プライベート・エクイティ：会社設立，新たなベンチャー業務、買収、業務拡張などを目的として未公開企業に出資をすることをいう。通常は一般投資家には投資機会は与えられず、市場で売買されることもない。極めて少数の投資家（一人のことが多い）が、一案件に出資するのが一般的。取引例としては、マネジメント・バイアウト、マネジメント・バイイン（会社分割や会社承継）や業績が低迷している公開企業を買収して新たな経営陣を送ることなど。

ニッチ・プレイヤー：ニッチ・プレイヤーとは、注意深く狙いを定めた顧客市場に対して限られた範囲のサービスまたは商品を提供する金融機関をいう。ニッチ・プレイヤーの基本的理論とは、単一の市場ないしサービス・商品分野における目利きの顧客に対して費用効率の高い最高水準のサービスと商品を提供することである。

英文読解のポイント

- Private equity は「株式が public（公開）されていない」という意味で private とよばれる。General public は「一般投資家」。
- Management buy-out は「出資によって支配権を獲得するが、現経営陣がそのまま続ける」場合で、management buy-in は「新経営陣を送る」場合をいう。
- A narrow band of services or products の narrow は「限られた」という意味。
- Cost efficient and state of the art service and products：原価に相応の値段で、最高水準の売り物。Knowledgeable customers in とは「博識の、ものごとに精通している」。

金融マーケットの行方

6 情報産業としての金融業
Banking as Information Industry

　Someone whose job is to lend money to people in exchange for a valuable object that they can sell if the person does not return the money.　これはMacmillan English Dictionaryのある言葉の定義です。「お金を返さなかった場合には売れる価値のあるものと引き替えにお金を貸すことを職業とする人」、これは戦後日本の銀行マン、と思われる方もあるかも知れませんが、答えはpawnbroker（質屋）です。戦後日本の銀行業は本質的に質屋と余り違わないものであった、と言われてもやむを得ない面があったといえます。一方、欧米の有力銀行にはengineerと呼ばれる人が何人もいます。技師とか技術者という意味ですが、engineer達はそれぞれ専門があり、oil drilling（石油掘削）のための貸出案件やパソコンのsoftware開発会社向けの新規案件などを、現場で調査（field research）する傍ら審査する仕事をしています。石油会社やコンピュータ会社で勤務していたその道のプロです

　これからの金融機関は資金を融通するだけでなく、情報産業としての役割を担っていくでしょう。通信技術の飛躍的な発展に伴い、金融業務はますますボーダレス化しています。市場情報（market information）や経済情報（economic information）の提供だけでなく、インターネットを活用して各々の顧客層が求めているテイラーメイド（customized）な商品や情報を迅速に提供するなどのサービスが当たり前になるでしょう。顧客の情報をただ集めるだけでなく、それを分析・活用して顧客のニーズに合わせた商品提供をするCRM（customer relationship management）が不可欠です。つまり、CRMを活用して顧客のlife time value（生涯価値）を把握することです。同じことは企業にも適用できます。設立間もないventure stage（ベンチャー段階）からmezzanine stage（メザニン段階）を経て、growth stage（成長段階）さらにmature stage（円熟段階）という成長段階に合わせた金融サービスを提供できなければなりません。Mezzanineは「中二階」という意味で、設立段階と成長段階の中間という意味です。さらにknowledge/intelligence（知恵）を活用したknowledge managementも不可欠です。競争相手と差別化できるcore competence（中核能力）を有することが新しい金融業界で勝者となる最低条件でしょう。

● **英文で理解しよう**　　　　　　　　　(http://www.innovate.com)

Information technology (IT) : Information technology or IT is a general term that encompasses matters concerned with the furtherance of computer science and technology, design, development, installation and implementation of information systems and applications. The goal of IT is to deliver to managers and investors, on a timely basis, all information necessary to allow informed judgments to be made.

Electronic banking : With the advent of the Internet, customers can now perform most, if not all, of their banking needs from a personal computer without having to visit the bank. The major concerns with electronic banking are verification of banking instructions and security. Banks and financial institutions have embraced electronic banking as a way of reducing costs and reaching customers that might otherwise not be reachable. On-line banking is another term for electronic banking.

情報技術（IT）：情報技術またはITとは、コンピュータの科学技術、情報システムの設計、開発、設置および実施、ならびに応用などの促進に関する事項を包含する一般的な用語である。ITの目標は、十分理解した上で判断出来るようあらゆる必要な情報をタイミング良く運用責任者や投資家に届けることである。

エレクトロニック・バンキング（電子化された銀行業）：インターネットの出現に伴い、今では顧客は銀行に足を運ぶことなく、全部ではないが殆どの、銀行でやるべきことをパソコンで行うことができる。エレクトロニック・バンキングの主な懸念材料は銀行への指示の確認と安全の問題である。銀行や金融機関はエレクトロニック・バンキングを経費削減の手段や連絡のむずかしい顧客への連絡方法の一つとしてとらえてきた。オンライン・バンキングはエレクトロニック・バンキングの別名である。

英文読解のポイント

● Encompassは「含む」という意味だが、The terrorists were emcompassed by the army.（テロリスト達は軍隊に包囲された）と「取り囲む」という意味もある。
● With the advent of は、特に目立ったものや人が出現したときに用いられる。
● Verification of banking instructionsは、銀行に対する送金、振替などの指示が正しい口座の名義人からなされたことを検証すること。

力試し5 — LOI（覚書）を読む

CONFIDENTIAL
NON-BINDING LETTER OF INTENT

xxxxxx, 2003

Nihon Securities K.K.
Nihonbashi xxxxx, Chuo-ku
Tokyo 100-0001 Japan

Gentlemen:

The purpose of this non-binding letter of intent is to set forth our mutual understanding regarding the terms and conditions pursuant to which American Securities, Inc. ("Buyer"), a Delaware corporation having its principal place of business at 12345 Wall Street, New York, NY, will purchase all of the issued and outstanding shares of Nihon Securities Financial Services K.K. ("Target") owned and possessed by Nihon Securities K.K. ("Seller"). Both the Target and the Seller are Japanese corporations having their principal places of business at Nihonbashi 1-1-1, Chuo-ku, Tokyo 100-0001 Japan.

We have agreed, in principle, to the following points, which are intended to guide our future negotiations, but not to create legally binding obligations until such time as all of the conditions precedent contained herein have been satisfied and a definitive agreement, including any and all ancillary agreements, regarding the transaction contemplated herein (collectively, the "Definitive Agreement") shall have been signed and delivered by the duly authorized representatives of the Buyer and Seller.

Article I. Background.

1.01 Target has 10,000 shares of common stock issued and outstanding. Seller owns 10,000 shares (the "Shares").

訳

対外秘
法的拘束力のない覚書

2003年×月×日
日本証券株式会社
東京都中央区日本橋×××
郵便番号100-0001

拝啓
　この法的拘束力のないLOI（覚書）の目的は、デラウエア法人であるアメリカンセキュリティ株式会社（"買主"）（本社：ニューヨーク州、ウォールストリート12345番地）が、日本証券株式会社（"売主"）の子会社である日本証券ファイナンス・サービス株式会社（"ターゲット会社"）の発行済株式のすべてを購入することに関する諸条件に双方が合意したことを示すことである。ターゲット会社および売主とも日本法人で、本社の所在地は東京都中央区日本橋×××である。

　我々は、以下の点について基本的に合意した。この合意事項は今後の交渉の指針となることを意図するものであるが、本覚書に含まれるすべての前提条件が満足されるまで、また、本取引にかかわるすべての補足契約書を含む最終契約書（これらの契約書をまとめて"最終契約書"と呼ぶ）が両社の署名権限者によって署名・交付されるまでは、法的な拘束力を持つことを意図するものではない。

第1条　背景
1.01　ターゲット会社は普通株式を10,000株発行しており、売主は10,000株全株（"株式"）を所有している。

1.02 Seller desires to sell 100% of its Shares in Target to Buyer, and Buyer desires to purchase 100% of such Shares from Seller.

Article II. Sale and Purchase

2.01 Subject to the terms and conditions set forth herein, on the Closing Date (as defined below), Seller will sell, and Buyer will purchase 10,000 shares of common stock of Target (the "Acquired Shares") for an aggregate purchase price of ¥_____ (the "Purchase Price") by way of a bank draft, certified cheque or wire transfer of immediately available funds. The Purchase Price is based upon the Buyer's equity valuation for the Business of ¥_____ (the "Valuation")

Article III. Key Employees

3.01 Seller will use its best efforts to have all employees of Target identified by Buyer as key employees (the "Key Employees") to agree to continue their employment at Target for a period of at least two years from the Closing Date on terms and conditions that are equal to or better than they enjoy at the Closing Date.

3.02 Buyer will cause Target or its successor to guarantee employment of all other Target employees for a period of at least five years after the Closing Date. No employees of Target may be terminated for a period of at least five years after the Closing without individual cause.

[Articles IV, V, and VI have been omitted]

Article VII. Non-Competition

7.01 Seller and each of its affiliates will enter into a non-competition agreement for the benefit of Buyer and Target in which Seller and each of its affiliates will agree for a period of seven years after the Closing Date not to enter into or conduct any business similar to the Business.

Article VIII. Conditions Precedent

8.01 The obligations of the parties to enter into and consummate the final purchase agreement will be subject to the following:
(a) Board of Directors approval for each of Seller and the Buyer;
(b) Representations and warranties of the counter-party remain

1.02 売主は所有しているターゲット会社の株式を100％買主に売却する意図があり、買主は売主からその株式を100％購入する意図がある。

第2条　購入及び売渡

2.01 （以下に定める）クロージング日に、以下に述べられる条件に従って、買主は売主が売却するターゲット会社の普通株式10,000株を総額＿＿＿＿＿＿＿＿円（"購買価格"）で購入し、銀行為替手形、支払保証小切手又は即時現金化可能な電信送金のいずれかの方法で支払いをする。購買価格は買主によるターゲット会社の株式評価額（"評価額"）＿＿＿＿＿＿＿＿円に基づく。

第3条　中核となる従業員

3.01 買主によって中核となる従業員（"中核従業員"）とみなされたターゲット会社のすべての従業員が、クロージング日から少なくとも2年間は、クロージング日時点の条件と同等ないしはそれより良い条件で、引続き雇用契約を継続することに合意するよう、売主は最大限の努力をする。

3.02 買主はターゲット会社あるいはそれを引き継ぐものが、中核となる従業員以外のすべての従業員の雇用をクロージング日から少なくとも5年間は保証するようにさせる。ターゲット会社のいかなる従業員もクロージング日から少なくとも5年間の間は個人的理由以外で解雇されない。

［条文4，5，6は省略］

第7条　競業禁止

7.01 売主とその関連会社は、買主とターゲット会社の利益のために競業禁止に合意する。

競業禁止条項に基づき売主とその関連会社はクロージング日以降7年間は、ターゲット会社の事業に類似するいかなる事業にも参入せず、又行わないことに合意する。

第8条　前提条件

8.01 双方が最終的な株式購入合意書を契約する義務は、以下の諸条件が満たされなければならない。

　　（a）売主と買主各々の取締役会による承認
　　（b）両社の表明・保証が契約調印日とクロージング日においても正確

true and correct as of the Signing Date and the Closing Date.

(c) Receipt of all material consents, approvals, exemptions, authorizations and regulatory clearance to complete the contemplated transactions.

(d) The absence of any material adverse change in the Business.

Article IX. Definitive Agreement

Promptly following the execution of this Agreement, the parties will in good faith seek to reflect the terms of this Letter of Intent consistently and fairly in the Definitive Agreement. The parties will use their best efforts to execute and deliver the Definitive Agreement on or before October 31, 2003 (the "Signing Date") and to close the sale and purchase of the Shares on or before December 31, 2003 (the "Closing Date").

Article X. Confidentiality

The parties have entered into a Non-Disclosure Agreement dated xxxx, 1, 2002, by which they are bound and which is incorporated by reference herein. The parties confirm that they shall make no public disclosure regarding the transactions contemplated hereby until the execution of the Definitive Agreement. The content of any public disclosure shall be subject to prior mutual consultation and agreement.

Article XI. Miscellaneous

11.02 This Letter of Intent constitutes the entire understanding between the parties and is intended solely for the purpose of guiding the future negotiation and conclusion of the Definitive Agreement.

Sincerely,

xxxxxxxxxx
CEO and President
American Securities, Inc.

AGREED AND ACCEPTED
Nihon Securities K.K.

By: _____

xxxxxxxxx
President and Representative Director

　　　　　で事実に反していないこと
　　（c）本件取引を完了させるために必要なすべての実質的合意、承認、免除措置、規制当局の許認可を取得すること
　　（d）重要な業況悪化が発生していないこと

第9条　最終合意書
本覚書成立後直ちに、両社は最終契約書が本覚書の条件と整合性がありかつ公平な形で締結されるよう誠意を持って交渉する。両社は2002年10月31日（"調印日"）以前に最終契約書を署名・交付して、2002年12月31日（"クロージング日"）以前に株式の売買を終了するよう最善をつくす。

第10条　秘密保持
　両社は、ここに記載されている2002年5月1日付け守秘義務契約書に署名したので、この契約書に法的に拘束される。両社は最終契約書が最終的に調印されるまで、本取引に関する情報を公開しないことを確認する。すべての公開内容は、互いに事前に相談をし、かつ合意されなければならない。

第11条　雑則
11.02　本覚書は両社間の完全な了解事項であり、今後の交渉と最終契約書締結のための指針となることのみを目的としたものである。

　　　　　　　　　　　　　　　　　　　　　　　　　　　　敬具

　　　　　　　　　　　　　　　　　　　　――――――――――――――
　　　　　　　　　　　　　　　　　　　　　　　　　　CEO、社長
　　　　　　　　　　　　　　　　　　　アメリカンセキュリティ株式会社

合意し受諾する

日本証券株式会社

――――――――――――
代表取締役社長

参考文献

朝日現代用語『知恵蔵』朝日新聞社
英和・和英『金融・証券・保険用語辞典』WAVE出版
神田秀樹・蝋山昌一・貝塚啓明・吉原省三(編集代表)「金融実務大辞典」金融財政事情研究会
菊地義明『英和契約・法律基本用語辞典』洋販出版
菊地義明『和英契約・法律基本用語辞典』洋販出版
『経済新語辞典』日本経済新聞社
武田昌輔他『金融証券用語辞典』BSIエデュケーション
西村信勝『外資系投資銀行の現場』　日経BP社
日経文庫『保険の基本』日本経済新聞社
日経文庫『保険用語辞典』日本経済新聞社
日経文庫『金融用語辞典』日本経済新聞社
日経文庫『金融証券英語辞典』日本経済新聞社
日経文庫　さくら銀行調査部編『金融の基本』日本経済新聞社
日経文庫　熊谷巧『証券の基本』日本経済新聞社
日経文庫　北地達朗・烏野仁『M&A入門』日本経済新聞社
三菱総合研究所『手にとるように金融用語がわかる本』かんき出版
三宅輝幸『金融のすべてがわかる事典』日本実業出版社
吉本秀人　『金融の英語』　ノヴァ
『ランダムハウス英和大辞典』小学館
『ロイター最新金融用語辞典』ピアソン・エデュケーション
『英辞郎』アルク
Dictionary of Finance and Investment Terms, Barron's Educational Series Inc.
Encyclopedic Dictionary of Business Terms, Prentice Hall
Macmillan English Dictionary, Macmillan Education

英語索引

A

acceleration clause ……………199
accident insurance ……………130
account executive ……………21
account payable ……………162
account receivable …60, 158, 162, 184
accounting ……………………171
accredited investor ………28, 29, 120
accrued interest ………………8, 83
acquired company ……………175
acquisition……………………172, 174
acquisition cost basis …………252
acquring company ……………175
active fund management………119
active investing approach ………118
active management ……………24
active market ……………………20
actuary ……………………………122
additional margin ………………242
additional type investment trust …110
adjusted book value………………180
administration ……………………171
administrative action ……………200
administrative charge ……………117
administrative penalty ……………200
advance line ………………………60
affiliate …………29, 177, 223, 252
affiliated person ……………………223
agency auction market ……………39
agency securities ……………………74
agent…………………………………64
aggressive growth fund …………112
agreement ……………………………199
agricultural cooperatives …………26

alliance ………………………………22
allocation ……………………161, 171
allowance ……………………250, 251
alphabet stock………………………96
alternative investment ……………120
American style option ……………150
amortization…………………………66
announcement effect ………………16
annual interest rate …………………205
annual percentage rate ……………8
annualized rate ………………204, 225
annuitant ……………………………124
annuity……………124, 125, 128, 129
appraisal ……………………………241
appreciation of yen ……12, 196, 248
arbitrage………………………………169
arm's length …………………………223
articles of incorporation ……………96
asked ……………………………38, 70
asset backed securities（ABS）
………………………………162, 168
asset liability management（ALM）
………………………………155, 196
asset purchase ………………………174
asset stripper ………………………135
asset under management …………217
assets classified ……………………250
assignability …………………………158
assignable ……………………………88
assignment …………………………64
assurance ………………………23, 125
at a premium …………………………82
at discount …………………………82
at par …………………………………82
at-risk loan……………………………246
auction ………………………38, 40, 74
AUD ……………………………………71
authorized shares ……………………96

auto insurance ··126
auto loan ···66
average daily balance method ······66

B

back office ···171
back-end load ··116
back-testing ···216
backup facility ··192
back-up servicer ···166
bad debt ··163, 248
bad loan ···248
bailout ···58, 246, 248
balance of capital account ··········14
balance of current account ··········14
balance of payments············14, 194
balance of services ····················14
balance of trade ·······················14
balance sheet ··························90
balanced fund ························112
balloon payment ·······················64
bank ·····································18
bank debenture ························18
Bank for International Settlements
　(BIS) ·························139, 192
Bank of England ························4
Bank of Japan ··························4
Bankers Association····················4
Banking Act of 1933 ··············· 253
bankruptcy ············36, 90, 194, 240
bankruptcy remote ················· 164
barrier option ·················156, 157
base currency ·························70
base rate ································9
base salary ··························· 241
basic earnings per share············230
basis point ·················10, 141, 216
basis point value（BPV）············ 216

basis swap·································148
bear hug····································187
bear market ·······························30
bearer bond ··················56, 80, 81, 82
bearer check ····························56
benchmark ························74, 118
beneficiary ·······················23, 106
beneficiary certificate ·············110
Bermuda style option ···············150
bid ·································38, 70
bid and ask ··························253
Big Board ·····························37
bill ····································56
bill of exchange ······················60
bill of lading ··························68
BIS ·····································4
blend fund ···························112
block trading ························147
blue chip ············105, 119, 147, 196
board of directors ····················94
bond ··························2, 30, 138
bond fund ·····················112, 113
bond investment trust ·············112
bond market ·························30
bond rating ··························87
bonus ·······························241
book value ····················180, 231
book-runner ·····················64, 161
borrower ······························60
borrowing short and lending long···198
bottom-up approach···················118
bounced check······················56, 57
breakout·······························235
break-up······························186
bridge loan ····························61
broker ·····················4, 20, 22, 37
brokerage commission ···············20
brokerage firm························20

broker-dealer	20
bubble economy	172, 248
Building Societies	9
bulk sale of bad debt	250
bull market	30
Bulldog bond	80
bullet payment	64
bullish	235
business	177
business day	70
business unit	102, 219
bust	194
bust-out	194
buy on margin	242
buy out	174
buy side	172
buyer	152
buying power	242
bylaws	105

C

CAD	71
call	32
call market	32
call option	150
call rate	16
callable	32, 78, 79
cancer insurance	22
cap interest rate	59
cap loan	59
capital	90
capital adequacy requirement	252
capital appreciation fund	112
capital asset pricing model (CAPM)	182, 214
capital expenditure	8, 62, 182
capital gain	100, 114, 120, 178, 204, 225
capital loss	225
capital market	30, 34, 256
capital stock	90, 223
capital structure	90
capital surplus	90
capital transaction	6
capitalization	34
captive agent	22, 122
captive insurance company	22
carve-out	176
cash currency	6
cash flow	144
cash settlement	71, 140
cash surrender value	122
cashier's check	3
cash-rich	136
casualty insurance company	22
CBO	78, 79
central bank	4
CEO	181
certificate of incorporation	97
certified check	56
CFO	181
change	6
charitable trust	165
chart	226, 235
charter	90
chartered	89
chartist	235
chattel mortgage	62
check	54, 56
checking account	12, 53, 56
CHF	71
Chinese wall	254
CHIPS	7
churning	36
city bank	18
Class A share	96

classified stock	96, 97
clearing function	4
clearing house	4, 56
clone fund	112
close out	197
closed-end	25, 108, 110, 111
closed-end credit	66
closed-end lease	110
closed-end mortgage	110
closing date	262
closing price	227, 231
CNY	71
coin	6
co-lead manager	161
collateral	62, 63
collateral security	62
collateralisation	167
collateralized mortgage obligation (CMO)	78, 79
collateralized loan obligation (CLO)	78
collection	61
commercial bank	5, 18, 52
commercial loan	60, 158
commercial paper (CP)	26, 32,33
commercial real estate	115, 158
commingling risk	166, 167, 194
commitment fee	60, 64
commodities	71
commodities market	30
commodity swap	148
common stock	90, 92, 96, 105
communications	171
community bank	26
company type investment trust	106, 108, 114
comparable peer company analysis	180
compensation	241
compliance	171, 200
composition	119, 236
compound	10, 204
compulsory automotive liability insurance	126
conditions precedent	262
conduit	162
confidence level	216
confidentiality agreement	184
confirmed line	60
conflict of interests	5
conglomerate	136
conglomerate merger	180
consolidated financial statements	223, 252
consolidation	174, 175, 235
consumer credit	26, 67
consumer finance	26
consumer loan	66
consumer price index	15
contingent liability	174, 184
continuous auction	147
contract	139, 199
contract month	141
contractual type investment trust	24, 106, 114
contrarian	234
control premium	180
controlling interest	93, 102, 180
conversion parity	14
conversion price	76
conversion rate	6
convertible bond (CB)	76, 77, 230
convertible currency	6
convertible preferred stock	98
convexity	214
convoy system	252

coordinated intervention ……………17	cross currency swap ……………149
core business ……………136, 236	cross default ……………… 194, 199
core competence ………………258	cross rate………………………70
corporate acquisition ……………236	cross-border M&A ………………186
corporate bond ………76, 148, 192	cross-currency interest rate swap
corporate client …………………49	……………………… 146, 148
corporate earnings ………………191	cross-holding………………………253
corporate governance……………… 4	cross-shareholding …………246, 252
corporate risk …………………194	cumulative preferred stock……98, 99
corporation ………22, 88, 89, 115	cumulative stock investment program
corporation type investment trust…24	……………………………232
correction ………………………235	cumulative voting………………94, 95
correlation…………………210, 213	currency ……………………………6
correspondent…………………………12	currency exchange risk ……………7
cost of capital ……………182, 218	currency option ……………………138
counterpart ……………………194	currency risk ………………72, 156
country limit ……………………194	currency swap ……………144, 145
country risk …………64, 65, 194, 195	current account ………12, 53, 56, 57
coupon ……………31, 82, 83, 146	current asset………………………11, 91
coupon swap ………………… 148	current liability ………………11, 91
covariance ……………211, 212, 213	current value accounting ……… 252
covenants ………………………199	current yield………………………84
coverage ……………………122, 127	customer exchange rate …………70
covered call ………………152, 153	customer relationship management
credit card ………………………19	(CRM) ……………………258
credit derivatives ………………139	
credit enhancement ……………166	**D**
credit function …………………4	
credit line ………………………60	daily ………………………………117
credit product …………………50	de facto bankrupt asset ………… 250
credit rating …144, 162, 166, 168, 194	dealer………………………………20, 37
credit risk…………141, 168, 194, 195	death benefit ……122, 124, 125, 128
credit risk management……………50	debenture ………………………2, 76
credit union …………………27, 59	debt accumulation ………………248
credit watch ……………………195	debt assumption ………………248
creditor………………………………90	debt capital ………………34, 170, 182
creditworthiness …………168, 199	debt capital markets ……… 171, 223
cross check ………………………56	debt forgiveness ………………250
	debt instrument ………………11, 197

debt obligation	11, 113
debt service ratio	194
debtor	163
debtor	62
deep discount	31, 182
default	65, 142, 166, 240
deficit unit	2
deficit-covering	74
defined benefit pension plan	108, 128
defined contribution pension plan	108, 128
definitive agreement	264
delinquency ratio	248
demand	14
demand deposit	52
denominated	80
deposit	2
deposit at notice	52
deposit currency	6
depreciation	12, 183, 228
deregulation	22, 255
derivatives	78, 121, 138, 154
descending triangle	226
detachable coupon	81
developed economies	195
DGP	16
diluted earnings per share	230
dilution	76
dilutive securiies	185, 230
dip	235
direct charge-off method	250
direct financing	2
direct investment	14
director	126, 200
directors & officers liability insurance	126
disability income insurance	130, 131
disclosure	46, 47, 192, 252
discount broker	20
discount rate	182, 205
discounted cash flow (DCF)	182
dishonored check	56, 57
disposal	173
distribution	20
distribution market	36
diversification	107, 169, 196, 210
diversified	24, 58, 106
divestiture	35, 103, 176, 252
dividend	92, 96, 98, 204
divisor	236
documentary bill	68
documentary credit	68
dollar cost averaging	232
dollar terms	13
double bottom	235
double taxation	114
double top	235
dough	6
doubtful asset	250
Dow Jones Industrial Average	236
down tick	141
down-trend	235
downtick	242
drawdown	64
drawee	56
dual currency bond	78, 156
due date	54
due diligence	172, 184
duration	214
delivery against payment	202

E

early redemption	109
earned surplus	90

earnings multiple	229
earnings per share (EPS)	180, 228
easy money policy	16
EBITDA	180
ebullient mood	191
ECN	42
economic capital	220, 222
economic fluctuation	227
economic loss	126
economic recovery	191
economic trend	16
education loan	66
efficient frontier	210
electronic banking	259
emerging market	192, 195
employee	241
employer	241
employment relationship	241
endorser	62
endowment assurance	125
endowment fund	29
enterprise value	168, 178
equity	35, 88, 93, 175, 223, 243
equity capital	34, 182, 218, 230
equity capital markets	171, 223
equity fund	113
equity index	140, 148, 156
equity index linked note	156
equity investment trust	112
equity ownership	91
equity REIT	114
equity swap	148
established	105
EUR	71
Eurobond	80, 144
eurodollar	64
Euromoney	80
European style option	150, 157
European terms	13
EVA	168, 218
event of default	65, 142, 194, 199
excess liquidity	248
exchange	37
exchange contract	72
exchange control	194
exchange rate	6, 72
exchangeable bond	156
execution	202
execution capability	173
executive search	241
exercise price	100, 150, 152
exotic	146
expected rate of return	208, 210
expiration	157
expiring month	141
exposure	122, 216
extraordinary general meeting	94
ex-warrant bond	76

F

face amount	82
face value	77
failure	58, 194
fair market price	38
fair market value	101
fairness opinion	173
fallen angels	86
FDIC	58
federal fund	16
federal income tax	74
Federal Open Market Committee	4
Federal Reserve Bank	4
Federal Reserve System	4
FHLMC	78
fiduciary	18, 106

finance	2, 171
finance company	27
financial intermediary	2
financial advisory	35
financial futures	140
financial indicator	224
financial institution	2, 4
financial instrument	2, 11, 138, 144, 198
financial intermediary	30
financial leverage	154, 218
financial market	30
financial ruin	194
Financial Service Agency (FSA)	252
financial structure	90
financial year	2
fire insurance	126
firewall	254
first-loss insurance	130
fiscal reform	74
Fitch ratings	86
fixed amount benefit	130
fixed annuity	128
fixed asset	91
fixed deposit	52, 54
fixed exchange rate	13
fixed income	35, 76, 83, 224
fixed interest rate	10, 146, 192
fixed liability	91
float	56
floater	11
floating interest rate	10, 146
floating rate	76, 192
floating rate note	11
floor	59
floor trading	38
foreign currency	6, 70
foreign exchange	12, 30, 68, 138, 224
foreign reserve	194
Forex	73
fortuitous event	126
forward	138, 142, 196
forward cost	72
forward exchange	73, 142
forward exchange rate	72
forward integration	142
forward margin	72
forward PER	142, 228
forward rate	142
forward spread	72
forward swap	72
forward yield curve	142
FRA	142, 154
free cash flow	182
fresh credit	246
friendly takeover	174
fringe benefit	241
front office	171
front running	36
front-end load	116
full faith and credit	74
fully diluted earnings per share	230
fully valued stock	118, 147
function group	171
fund management	19
fund manager	106, 110
fund of funds	112
fundamental analysis	226
fundamentals	15
funding	144, 168, 169
future value	204, 205
futures	71, 73, 138, 140, 196
FX	73

G

GBP	71
general creditor	67
general liability insurance	126
general partner	89
general public	257
gensaki	16
Glass-Steagall Act	5, 254, 255
global fund	112
GNMA	158
going concern	231, 241
going private	46
going public	46, 102
golden parachute	187
good delivery	198
good money	56
goodbye kiss	187
good-this-month order	147
good-till-canceled order	147
goodwill	231
governing law	64, 199
government agency	74, 80
government bond	74
grace period	64
Gramm-Leach-Bliley Act	5, 254
gray knight	187
greenmail	187
growth and income fund	112
growth company	47, 228
growth fund	47, 112
growth stock	118, 224
guarantee	62
guarantor	62
guidance line	60

H

half-yearly	117
hard currency	6
hazard	122
head and shoulder	235
headhunter	241
health insurance	241
hedge	196
hedge fund	120
hedging function	140, 154
hidden liability	174, 230
high rsik high return	157
High Street	9
high yield bond	256
high-priced stock	147
historical cost basis	251
historical simulation	216
HKD	71
holding company	223
home currency	70
home equity	66
horizon return	84
horizontal merger	179
horizontal price movement	235
hostile takeover	94, 174, 187, 230, 253, 256
hourly	117
household	256
human resources	171, 241
hybrid REIT	114
hypothecation	62

I

IDR	71
immunization	214
imputed interest	83
in force	122
in the money	152, 153
incentive plan	241
incentive stock option	100

income fund	112, 224
income gain	204, 224
income indemnity insurance	22
income stock	224
income tax	100, 224
incorporation	88
indemnity	122
indenture	76
independent agent	22, 122
index	118
index fund	112
indirect financing	2
individual investor	28
internal audit	200
inflation rate	14
information technology	259
initial margin	140
initial public offering (IPO)	46, 103, 120, 166, 176
INR	71
inside information	238
insider trading	238, 239
insolvency	194
installment credit	67
installment time deposit	54
institution	28
institutional investor	28, 29, 44, 194
in-store banking	254
insurance	122
insurance agent	122
insurance broker	122
insurance policy	122
insurance premium	22, 28, 122
insured	23, 122, 124
insured deposit transfer	58
intangible property	63
inter-bank	32
inter-bank exchange rate	12, 70
interest	8, 85
interest advanced	8
interest payable	8
interest rate	8, 84, 224
interest rate product	139
interest rate swap	146, 148
interest-bearing	74
international fund	112
intrinsic value	152, 226
inventory	8, 60
inverse V formation	235
inverted yield curve	10
investment	2
investment advisor	24
investment advisory service	18
investment bank	5, 20, 80, 162, 172
investment banking	35, 171
investment company	24, 108, 114
Investment Company Act 1940	24, 107, 108, 116
investment dealer	20
investment grade	79, 86
investment letter	44
investment objectives	147
investment trsut	24, 25, 30, 106
investment trsut management company	106
investor	2
invoice	68
IRS	100
ISO	70
issue market	36
issue price	82, 83
issued securities	36
issuer	36

J

JASDAQ ··40
JGB ··17
job description ································ 241
job grade ·· 241
joint and several ·····························62
joint stock corporation ···············88
joint venture···················· 173, 254
JPY ··· 71
junk bond ···86
jurisdiction ·······································64
jurisdiction ···························64, 199
juvenile insurance ·················124

K

key currency ·····································6
kite bill ···57
knock-in ··156
knock-out ······································156
know your customer rule ······36, 147
KWN ··· 71

L

large capital stock ···················147
law of large numbers ········122, 123
lead manager ··············64, 80, 161
lease asset ································ 158
leasing company······························26
legal action ································201
legal binding·····························184, 199
legal entity ·····························89, 199
legal opinion································ 200
legal risk ····························· 200, 201
legal tender ···6
lender ··60
lending ··2
letter of credit（L/C）···············68

letter of guarantee ·····················69
letter of intent（LOI）··············184
level premium ····························124
leverage effect ····························154
leveraged buyout（LBO）
·················· 121, 154, 256
liability for damage ··················· 200
LIBOR ····································65, 148
licensing system ···················· 252
lien ···62
life assurance ·····················125, 126
life isnurance ·······················22, 124
life time value ····························258
life-time employment ·············· 241
limit order ····································147
limited liability ·····························88
limited partner ·····························89
line of credit ·······················60, 66
liquid asset ································ 170
liquid deposit ································52
liquidation ······················98, 103, 194
liquidation value ·······················231
liquidity···8, 38, 40, 49, 169, 196, 234
liquidity risk ················49, 166, 196
listed company ·······························38
listing ··80
listing requirement ···············38,46
load··116
load fund ······································116
loan agreement ·························· 199
loan asset···························26, 78, 184
loan loss reserve···················· 250
loan mortgage ····························160
loan on note·····································60
loan syndication ·····························65
loan trust ··18
local currency ·····································6
long position ······················ 121, 196

long-term care insurance ········130
long-term credit bank ················18
long-term debt························11
long-term fund·······················18
long-term loan ················18, 62
loss ······························122

M

mail transfer························68
majority interest ················180
majority shareholder ············95
making loans ······················19
management ·········168, 178, 180
management fee ················117
mandate ···························64
margin account ············140, 242
margin call ················140, 242
margin money ····················140
margin trading ····················242
marine insurance ················126
market capitalization
·················34, 136, 146, 180
market capitalization weighted index
································236
market fluctuation ·········115, 227
market interest rate ···············9
market intervention··············14
market maker ················20, 40
market making ·····················35
market order ·····················147
market portfolio ·········· 214, 215
market price ·······28, 104, 180, 252
market risk ···153, 168, 196, 197, 212
market value ···········47, 105, 231
market value accounting ·········252
marketable securities ········30, 136
mark-to-market accounting········252
material ················238, 239, 240

matrix reporting line ·············· 171
mature stage························258
matured market ················· 195
maturity ·················10, 54, 83, 84
maturity-designated time deposit
································ 54
mean ···························· 208
medical care insurance ···············22
medicare ························ 130
mega bank························256
merchant bank ····················80
merchant banking ············35, 256
merger···················· 172, 174, 175
mergers and acquisitions（M&A）
··············· 35, 50, 172, 178
merit of scale ···················· 175
mezzanine bond ··················· 166
mezzanine finance ················166
mezzanine stage ·················258
middle office····················· 171
minimum margin requirement ···242
minimum payment ··················66
minimum price fluctuation ········141
minority interest ·················180
minority shareholder ···········95, 173
minus tick ······················141, 242
mismatch ························197
MMDA ····························52
MMF····························32, 112
monetary policy ·············· 8, 248
money····························6
money center bank················18
money market ···········16, 32, 33
money market fund ···············52
money market instrument ········112
money order ·····················12
money supply ·····················16
money trust ·······················18

Monte Carlo simulation ············ 216
monthly ·································117
Moody's ·································86
moral obligation ·················184
mortgage ·······························67
mortgage backed securities（MBS）
································ 109, 158
mortgage loan ·······················114
mortgage pool ·······················109
mortgage REIT ·······················114
moving average········· 226, 227, 235
multiple ···························· 229
multiple purpose bank account ···52
multiplier ·······························236
municipal bond ·······················74
municipal bond fund···················112
munis ·································75
mutual company ·······················22
mutual fund ······24, 30, 108, 109, 112
mutual life insurance company······23
MYR ·································71

N

naked call ···························152
NASD ·································40
NASDAQ ·································40
nationalization ······················ 194
negative amortization···················66
negative carry ·······················154
negative pledge ·······················76
negative publicity ···················201
negative yield curve ······10, 84, 206
negotiable certificate of deposit
（NCD） ···························32, 54
negotiable securities ···················20
negotiation·····························172
net asset ·················29, 180, 230
net asset value ···············109, 111

net book value ·······················230
net income ·······················224
net operating profit ···················218
net worth ···············29, 111, 230
neutral hedge ·······················213
new account report ···················147
niche ···························26, 27, 256
Nikkei 225 ···························156
no load fund ·······················116
no par value stock ···················104
noise ································· 227
non-bank finance company ······4, 26
non-competition ···················262
non-core business ············136. 176
non-disclosure agreement（NDA）
································ 184, 264
non-guaranteed term life············124
non-life insurance···················126
non-performing loan ············3, 248
non-profit ·································27
non-recourse ·······················62, 63
non-systematic risk ···················212
normal curve ·······················208
normal yield curve ···················10
note ·································6, 54
notional principal ···············142, 154
NOW account ·······················52
nursing care expenses insurance
································ 130
nursing care insurance ············22
NYSE ·································39, 47
NZD ································· 71

O

obligor ············162, 163, 164, 168
OCC ································· 201
odd lot ·································147
off-balance sheet ···················154

offer, offered ············· 32, 38, 65
off-exchange transaction ············ 147
off-floor order ······················ 147
officer ······························ 126
official discount rate ············· 8, 248
official rate ·························· 9
official discount rate operation ······ 16
on demand ·························· 111
on-floor order ······················ 147
on-line banking ··············· 254, 256
open market ················· 32, 153
open market operation ············· 16
open order ·························· 147
open outcry ························ 147
open-end ············ 25, 108, 110, 111
open-end credit ················ 66, 110
open-end lease ····················· 110
open-end mortgage ················ 110
opening price ······················ 227
operating margin ··················· 140
operation risk ····················· 202
option ············· 150, 151, 152, 196
option premium ············· 150, 152
ordinary bank ······················· 18
ordinary resolution ·················· 94
ordinary savings account ··········· 52
organization chart ·················· 171
organized stock exchange ········ 40
originator ················ 162, 163, 164
OTC deribatives ················ 40, 139
out of business ···················· 231
out of the money ··················· 152
outplacement firm ·················· 241
outside director ···················· 136
outstanding shares ·················· 96
over par ··························· 82
over the counter ··· 20, 38, 40, 80, 252
overall rate of return ················ 224
over-banking ······················ 246
overbought ························ 196
overcollateralization ··············· 166
overdraft ····················· 56, 60, 61
overdue ···························· 249
overvalued ···················· 118, 226

P

paasive fund management ······ 119
packing list ························· 68
paid holiday ························ 241
pak-man strategy ··················· 187
par ································· 15
par value ··························· 82
par value stock ····················· 104
parent company ··················· 223
pari passu ····················· 64, 177
parity ··························· 14, 15
participating preferred stock ········· 98
partnership ····················· 88, 89
passive investing approach ······ 118
passive management ··················· 24
pass-through securities ············ 158
past due loan in arrears ············ 251
past-due loan ························· 3
pawnbroker ························ 258
paying agent ······················· 81
payment order ······················ 68
pay-off ····························· 58
payroll reduction plan ············· 240
pay-through securities ············· 158
PBR ··························· 118, 230
peg ································· 13
penalty clause ····················· 54
penny stock ························ 119
pension fund ······················· 24
pension plan ················· 129, 241
pension trust ······················· 18

people pill	187
perfection	164
performance	96, 103, 241
peril	122
period of service	241
perquisite	241
personal accident insurance	126
personal laon	66
personal property	62
personal security	62
personnel department	241
PHP	71
piggyback	46
plain vanilla	146, 217
Plaza Accord	248
pledge	62, 63, 181
plus tick	141, 242
poison pill	187
policyholder	122, 124, 127, 128
pool	78, 109, 158
portfolio	106, 121, 210
portfolio manager	217
positive carry	154
positive yield curve	10, 84, 206
possessory right	62
power of attorney	94
praecipuum	64
preemrtive right	92
preference stock	98
preferred dividend	229
preferred stock	90, 98, 99, 105
preliminary prospectus	45
prematurity redemption	109
prepayment	109, 158
present value	10, 34, 182, 204, 205
prevailing	105, 111,
prevailing interest rate	9, 198
previous balance method	66
price book-value ratio	230
price priority	147
price weighted index	236
price/book value	231
price-earnings ratio (PER)	118, 180, 228
price-to-cash-flow ratio	228
primary distribution	44,45
primary market	36
primary offering	20, 44, 45
prime rate	60
prime rate fund	112
principal	8, 10, 43, 78, 109, 146
principal investment	35
private banking	18, 256
private company	46
private equity	120, 256, 257
private placement	21, 28, 44, 120
privately held	38, 115
privatization	173
pro rata	160, 177
probationary period	241
proceeds	61
profit	85
profit and loss statement	228
profit margin	140
profit-making corporation	27
promissory note	60
proportional representation	95
proprietary trading	35
prospecturs	28, 44
protection	122
proxy	94
proxy campaign	135
proxy fight	94, 187
proxy statement	94
PTS	42

public	44
public company	238
public fund	249
public investor	28, 194
public limited company	88
public money	98, 248, 249
public notice	164, 188
public offering	74, 80
public purpose bond	74
public relations	171
publicly held	38
publicly traded	93, 115
purchasing power	14, 242
purchasing power parity	14
pure endowment	124
pure holding company	252
purpose of fund	60
put	32
put option	150
puttable	32, 78

Q

qualified institutional investor	29
qualified opinion	100
qualified stock option	100
qualitaitve	217
quantitative	217
quarterly	117
quasi-government entity	5
quorum	94
quote currency	70

R

12b-1 fee	116
360 degree appraisal	241
investment return	207
raider	174, 187
random number	213
random variable	213
rate of return	85, 182, 207, 224, 225
rating	86
rating agency	86
real estate	18, 62, 114
realized gain	225
realty	31
receivable	164
recourse	62
red herring	45
redeem	109
redemption	76, 109
redemption by lottery	77
redemption fee	116
redundancy	241
reference rate	10
refinance	136
refinancing bond	74
regional bank	18, 256
regional fund	112
registered bond	82
registered representative	21
registration statement	44, 181
registration system	252
regulatory authority	4, 80, 188, 200
regulatory body	254
regulatory capital	170
reinsurance	22, 127
reinvestment	83, 158, 225
REIT	114
remittance check	68
rental income	114
reorganization	18
repackaged bond	78
repayment	64
repayment capacity	62
replacement	142, 198
reporting line	171

representations and warranties ⋯199
repurchase agreement ⋯⋯⋯17, 32
reputation risk ⋯⋯⋯ 200, 201, 256
research⋯⋯⋯⋯⋯⋯⋯⋯⋯⋯⋯⋯⋯107
research and development（R&D）
⋯⋯⋯⋯⋯⋯⋯⋯⋯⋯⋯⋯⋯⋯⋯228
reserve method ⋯⋯⋯⋯⋯⋯⋯ 250
reserve requirement opearion ⋯⋯⋯16
residential mortgage⋯66, 67, 154, 158
residential real estate ⋯⋯⋯⋯⋯115
residual claim ⋯⋯⋯⋯⋯⋯⋯⋯⋯92
residual interest payment ⋯⋯⋯⋯79
residual value ⋯⋯⋯⋯⋯⋯⋯⋯231
resistance level ⋯⋯⋯⋯⋯⋯⋯ 235
resolution ⋯⋯⋯⋯⋯⋯⋯⋯⋯92, 94
Resolution and Collection Corporation
⋯⋯⋯⋯⋯⋯⋯⋯⋯⋯⋯⋯⋯⋯⋯246
restructured loan ⋯⋯⋯⋯⋯⋯⋯251
restructuring ⋯⋯⋯⋯⋯⋯⋯35, 252
retail banking ⋯⋯⋯⋯⋯⋯⋯⋯⋯18
retail house ⋯⋯⋯⋯⋯⋯⋯⋯⋯⋯20
retail investor ⋯⋯⋯⋯⋯⋯⋯20, 44
retained earnings ⋯⋯⋯⋯⋯⋯⋯90
retainer ⋯⋯⋯⋯⋯⋯⋯⋯⋯⋯⋯172
retaining fee⋯⋯⋯⋯⋯⋯⋯⋯⋯ 172
retire ⋯⋯⋯⋯⋯⋯⋯⋯⋯⋯⋯⋯⋯97
retirement ⋯⋯⋯⋯⋯⋯⋯⋯⋯⋯158
return ⋯⋯⋯⋯⋯⋯⋯⋯⋯⋯⋯⋯204
return check ⋯⋯⋯⋯⋯⋯⋯⋯⋯207
return of capital⋯⋯⋯⋯⋯⋯⋯⋯204
return on asset（ROA）⋯154, 204, 218
return on capital（ROC）
⋯⋯⋯⋯⋯⋯⋯⋯⋯ 50, 170, 218
return on equity（ROE）
⋯⋯⋯⋯⋯⋯ 154, 168, 170, 218
return on invested capital ⋯204, 218
return on investment（ROI）⋯⋯⋯204
revenue⋯⋯⋯⋯⋯⋯⋯⋯⋯⋯⋯ 178

reverse dual currency bond ⋯78, 156
reverse yield ⋯⋯⋯⋯⋯⋯⋯⋯⋯84
revolving credit ⋯⋯⋯⋯⋯⋯66, 110
rider ⋯⋯⋯⋯⋯⋯⋯⋯⋯⋯⋯⋯127
right ⋯⋯⋯⋯⋯⋯⋯⋯⋯⋯⋯⋯⋯76
risk ⋯⋯⋯⋯⋯⋯⋯⋯⋯⋯⋯122, 206
risk adjusted return on capital
　（RAROC）⋯⋯⋯⋯⋯⋯⋯220, 221
risk aversion ⋯⋯⋯⋯⋯⋯⋯⋯⋯207
risk averter⋯⋯⋯⋯⋯⋯⋯⋯⋯⋯206
risk capital ⋯⋯⋯⋯⋯⋯⋯ 220, 222
risk capital allocation ⋯⋯⋯⋯⋯220
risk lover ⋯⋯⋯⋯⋯⋯⋯⋯⋯⋯206
risk management⋯⋯⋯⋯⋯⋯4, 171
risk neutral ⋯⋯⋯⋯⋯⋯⋯⋯⋯ 206
risk premium⋯⋯⋯⋯⋯⋯⋯183, 214
risk tolerance ⋯⋯⋯⋯166, 206, 207
risk weighted asset ⋯⋯⋯⋯⋯⋯236
risk-free⋯⋯⋯⋯⋯⋯⋯⋯⋯182, 214
riskless ⋯⋯⋯⋯⋯⋯⋯⋯⋯182, 214
risky asset ⋯⋯⋯⋯⋯⋯⋯⋯⋯215
rollover ⋯⋯⋯⋯⋯⋯⋯⋯⋯⋯⋯60
round lot⋯⋯⋯⋯⋯⋯⋯⋯⋯⋯147
rubber check ⋯⋯⋯⋯⋯⋯⋯56, 57
rules of fair practice ⋯⋯⋯⋯⋯⋯37

S

sales ⋯⋯⋯⋯⋯⋯⋯⋯⋯⋯⋯⋯178
sales proceeds ⋯⋯⋯⋯⋯⋯⋯⋯61
salvage value ⋯⋯⋯⋯⋯⋯⋯ 231
Samurai bond ⋯⋯⋯⋯⋯⋯⋯80, 81
Saturday night special⋯⋯⋯⋯⋯187
savings account ⋯⋯⋯⋯⋯⋯⋯52
savings and loan association ⋯9, 59
savings bank ⋯⋯⋯⋯⋯⋯⋯⋯⋯52
scorched-earth defense ⋯⋯⋯⋯187
screening ⋯⋯⋯⋯⋯⋯⋯⋯⋯ 172
seasoned issue⋯⋯⋯⋯⋯⋯⋯⋯105

SEC ·············24, 28, 74, 116, 181	shareholder's equity ················91
secondary distribution ···········44, 45	shareholders' representative suit···92
secondary offering ········20, 44, 45	shares issued and outstanding
sector ······························· 224	······························ 96, 230
secured ···············19, 62, 76, 242	shares outstanding ················180
Securities and Exchange Law ···254	shark repellent ·····················187
securities company········20, 63, 162	shinkin bank ························26
Securities Dealers Association ······4	shogun bond ························80
Securities Exchange Act ············20	short position ···········197, 198, 242
securities firm ·······················242	short sale···················· 121, 242
securities investment trust ········112	short sell ······················· 147
securitization ·························26	short-term debt·················11, 33
security ················33, 62, 63, 242	short-term government bond···10, 214
security company ····················63	shreholders' meeting ···············92
security market line ················214	sickness insurance ················130
security specific risk················212	sideways price movement ········235
self-regulatory organization············4	sight bill ·····························54
sell on margin ······················242	simple interest·······················10
sell side ·····························172	skill set ·····························241
selling climax ····················· 235	slate of directors ····················94
selling group ·······················161	sleeping beauty ····················187
selling short ·························242	small business banking ·············18
semi-annual ·························205	small capital stock ················147
senior bond ······················· 166	smash································194
seniority system ····················241	sole proprietorship ··················88
sensitivity ····························214	solicitation ···························86
servicer ·······················162, 163	source of fund ······················26
settlement ·······················12, 171	sovereign ························64, 80
settlement risk ······················ 202	sovereign rsik ················ 194, 195
severance package················· 241	sovereign spread···················· 192
SGD································· 71	special purpose company（SPC）
share ·······················2, 88, 220	···························· 78, 162
share broker ·························20	special purpose vehicle（SPV）
share certificate ······················88	······················ 158, 162, 164
shareholder	special resolution ···················94
········ 88, 91, 92, 93, 168, 223	specialist ····················20, 35, 39, 40
shareholder derivative action ······92	specified check ······················56
shareholder lawsuit ················92	speculation ····················15, 121

speculator ················· 86
spin-off ············ 35, 103, 173, 176
split-off ····················173, 176
split-up ························ 176
spot exchange ················70, 73
spot market ·······················71
spread ···························39
stakeholer························ 256
Standard & Poor's ·················86
standard deviation ·········· 208, 211
start-up ························ 166
state and local income tax ········74
statutory voting ··················94
stock··················2, 8, 30, 88, 223
stock analyst ··················· 192
stock certificate ············103, 223
stock exchange ········4, 30, 38, 188
stock for stock ···············174, 252
stock index ·····················236
stock market ················30, 196
stock option ················230, 241
stock purchase ·················· 174
stockholder
······ 88, 90, 91, 92, 93, 168, 223
stockholder's right ················28
stop limit order ·················147
stop order ······················147
straight bond·················76. 77
straight deposit payoff ············58
strategic investment··············173
stress-testing····················216
strike price ················150, 151
structured bond ··················78
structured product ··········156, 256
stub stock ·····················147
subordinate ···················· 224
subordinated bond ···············166
subordinated financing ··········256

subordinated position···············92
subscriber's yield ················85
subsidiary ······19, 102, 177, 223, 252
substandard loan ················250
success fee ················116, 172
suitability rule ····················36
Super NOW account ···············52
super regional bank ··········· 18, 256
supernational agency···············80
supply ···························14
supporting level ················· 235
surety ························62,63
surplus fund ················64, 248
surplus unit ·······················2
surviving company ··············174
sustained growth ················236
swap··················138, 144, 148
swing loan ······················61
syndicate···················80, 161
syndicated loan ··················64
synergy ························178
systematic risk ···196, 212, 213, 215
systemic risk··················202, 248

T

takeover ·······················174
Take-over ······················189
takeover bid（TOB）·············188
takeover defense ················173
Take-under ·····················189
taking deposits ···················19
tangible property····················63
target compnay ············175, 188
tax return ···················· 207
tax-exempt ············· 74, 112, 113
tax-free ·······················75, 112
technical analysis ··········226, 235
technology ···················· 171

telegraphic transfer	68
tender offer	188, 189
term life insurance	124
termination	199
terms and conditions	64, 122
THB	71
the first maket	42
the fourth market	42
the second market	42
the third market	42
thin market	30
third party guarantee	166
thrift institution	59
TIBOR	141
tick	141
tier	79
tight money policy	16, 248
time deposit	54
time priority	147
time value	152
tippee	238
tipper	238
tombstone	161
top-down approach	118
TOPIX	118, 236
total return	204
tracking stock	102, 107, 173
trading floor	30, 147
trading hours	147
trading pattern	226, 235
trading unit	141, 147
trailing PER	142, 228
tranche	158
transaction cost	225
transfer	31, 196
transfer agent	18
transfer risk	194
transferable	88
transit insurance	126
Treasuries	74
Treasury bill	10, 74, 214
Treasury bond	17, 74
Treasury note	17, 74
trendline	226, 235
tresury stock	96, 97, 230
trigger	156
true sale	164
trust account	24
trust bank	18, 24, 106
trustee bank	81
TTB	12
TTS	12
TWD	71

U

ultra long-term	74
uncertainty	206
uncollected fund	56
unconsolidated	252
under par	82
underlying	78, 123, 138, 152
undervalued	118, 147, 226, 230
underwriting	2, 20, 35, 65, 122
underwriting syndicate	161
undiversifiable risk	212
unemployment rate	14, 16
unique risk	212
unit type investment trust	110
universal life insurance	124, 128, 129
unlisted company	39
unpaid	56
unqualified opinion	100
unqualified stock option	100
unrealized gain	225
unrealized loss	252
unscured	19, 33, 60, 76

unsecured overnight call ············16
unsolicited rating······················86
unsystematic risk··············212, 213
unwinding of cross-holding ········253
uptick ·····························141, 242
up-trend ·······························235
USD ·····································71

V

V formation ···························235
valuation ············172, 180, 182, 262
value at risk (VaR) ················216
value broker····························20
value date ·····························70
value hunter ·························231
value stock ····························19
value tomorrow ·······················70
variable annuity ·····················128
variable cost ·························128
variable interest rate ················10
variable life insurance········124, 128
variance ············208, 210, 211, 212
variance-covariance approach ···216
versus ·································177
vertical merger ······················179
vice versa ····························177
volatility ··············65, 152, 206, 209
voting right····················92, 94, 96
voting stock·······················92, 223

W

warrant ································77
warrant bond ·························76
wealthy individual ··············28, 256
weighted average cost of capital
  (WACC) ······················182, 218
white knight ··························187
whole life insurance ················124

wholesale banking ····················18
window dressing ···················· 252
wire house ····························20
withholding tax ·······················80
work fee ······························ 172
working capital ················60, 182
write off ······························ 246
write-off ·························3, 251
writer ·································152

Y

Yankee bond ··························80
yearly ································117
yield ····································84
yield curve ······················84, 216
yield spread ····························84
yield to maturity ······················84

Z

zero coupon bond ···········31, 82, 83
zero-minus tick ······················242
zero-plus tick·························242

● 著者紹介

●**西村　信勝**（にしむら　のぶかつ）
▶ 1967年大阪外国語大学イスパニア語学科卒業、早稲田大学大学院MBA取得。
▶ 三菱銀行（現、三菱東京UFJ銀行）、CIBC World Marketsなどで勤務の後、安田女子大学現代ビジネス学部助教授。現在、文京学院大学外国語学部教授。
▶ 著書：『外資系投資銀行の現場』（日経BP社）
　　　　『金融先端用語事典』（共著、日経BP社）
　　　　『バロンズ金融用語辞典』（監訳、日経BP社）

●**清水　和明**（しみず　かずあき）
▶ 1934年生まれ。1958年東京大学卒業。
▶ 三菱銀行（現、三菱東京UFJ銀行）入行。海外3拠点の開設を初め主として国際業務に従事、国際金融法人部長、欧州部長歴任の後、東京証券（現、東海東京証券）で国際本部長、専務取締役。その後日清製油（現、日清オイリオ）監査役を経て現在（有）ステラ・コンサルタンツ代表取締役。2000年から2008年3月までインター・スクール（同時通訳・翻訳専門学校）で金融講座講師。
▶ 著書：『マーケットの目で読む英米の金融・経済記事』（日興企画）

●**ジェラルド・ポール・マクリン**（Gerald Paul McAlinn）
▶ ペンシルバニア大学で法学博士号取得後、ケンブリッジ大学で国際公法の法学修士号を取得。
▶ 日本の代表的法律事務所で弁護士として勤務後、ARCOケミカル、日本Motorolaでアジア太平洋相談役、青山学院大学法学部教授を勤めた。
▶ 専門は国際ビジネスロー及びアメリカ法とアメリカ社会。

基礎からわかる金融英語の意味と読み方

2003年4月10日…初版発行	発行者…竹尾直文
2018年10月23日…5版発行	制作者…尾崎　泉
	発行所…株式会社日興企画
	〒104-0032 東京都中央区八丁堀4-11-10
	電話＝03-6262-8127　Fax＝03-6262-8126
	郵便振替＝00110-6-39370
著者…西村信勝	印刷所…株式会社シナノ
清水和明	定価……カバーに表示してあります。
Gerald Paul McAlinn	

ISBN978-4-88877-637-0 C0082
©Nobukatsu Nishimura, Kazuaki Shimizu, G.P.McAlinn　Printed in Japan